1 MONTH OF
FREE
READING

at
www.ForgottenBooks.com

By purchasing this book you are eligible for one month membership to ForgottenBooks.com, giving you unlimited access to our entire collection of over 700,000 titles via our web site and mobile apps.

To claim your free month visit:

www.forgottenbooks.com/free596335

ISBN 978-0-656-38723-6
PIBN 10596335

Ideen=Taktik

der

Reuterei

von dem

General Grafen von Bismark.

Durch bildende Gedanken wirkt der Geist.

Mit vierundzwanzig Planen.

Karlsruhe,
in Chr. Fr. Müller's Hofbuchhandlung.
1 8 2 9.

744891 - 175

Inhalt.

Druckfehler.

Seite 5 Zeile 5 v. o. lies triumphieren statt triumphieren

— 30 — 12 v. o. l. Kräfte st. Kräften

— 73 — 7 v. u. fehlt über der Zahl 8 ei Querstrich, welcher die Addition anzeigt. Die „8 Combattanten!" sind nichts anderes als da Resultat der Zusammenzählung des Regiments Stabs-Personals.

Seite 83 Zeile 7 v. o. l. wird nie das st. wird das

— 177 — 6 v. u. l. Hülfswaffe st. Hülfsmaffe

— 231 — 6 v. u. l. Triumphe st. Triumpfe

— 256 — 3 v. o. l. kriegsunerfahrene statt Kriegsunerfahrene

— 307 — 3 v. o. l. waren st. war

— 324 — 2 v. o. l. d'aller nous frotter st. d'aller frotter

— 329 — 7 v. u. l. gieng st. giengen

— 332 — 5 v. u. l. die Reuterei des 6ten und 11ten Armee-Korps.

— 351 — 5 v. o. l. Coalisirten st. Coalifirten

— 407 — 7 v. o. und S. 411 3. 3 v. o. lies Wald von Eclance st. Wald vor Eclance

---

Ideen-

Ideen-Taktik

der

Reuterei.

———

Prolog.

Die Taktik der Reuterei ist noch einer großen Entwicklung fähig. Diese Entwicklung ist jedoch an eine Bedingung geknüpft: Das Vorurtheil erhalte Fesseln, das Urtheil werde frei.

Wer in träger Selbstzufriedenheit sich rühmt, in der Taktik am Ziele angelangt zu seyn, hat von den Bedürfnissen der Kriegskunst, von ihren Fortschritten, und von ihrem Einfluß auf das Schicksal der Staaten, eben so wenig einen klaren Begriff als derjenige, welcher in der Politik keine Labyrinthe mehr sieht, und die goldene Zeit nahe glaubt, wo ein ewiger Friede die Völker an den Eingang von Eldorado setzen soll.

A 2

Ein Reuter-General hat im Kriege, an jedem Gefechtstage neue Probleme zu löfen. Es ist also wichtig, daß ihm Ideen zu Gebot stehen, Ideen, welche ihm Hülfstruppen zusenden, Ideen endlich, an die er die jedesmal neuen Schöpfungen anknüpfen kann, und die ihn mit ihrem begeisternden Einfluß unterstützen, um, mittelst improvisirter Manöver, die Auflösung der Probleme zu finden.

Eine Taktik für Reuter-Generale fehlt noch, eine Taktik, welche als Impuls wirkt, unter dem die Generale vorwärts schreiten. Der Krieg fordert Ungewöhnliches. Sollen die Leistungen folchen Forderungen entsprechen, so muß die Zeit anticipirt werden. Nur demjenigen wird der Sieg, welcher der Zeit voraustritt, welcher sich den Vortheil der Jugend zu geben weiß. Jemehr der Gegner hinter der Zeit zurückgeblieben, jemehr er bei dem Nachtheil des Alters beharrt, je leichter wird dieser Sieg. Hierin, so wie in den Verschiedenheiten der Talente der Generale, liegen unberechenbare Wechselfälle, Chancen übrigens, welche dem Genie zu Gunsten kommen.

Diese Betrachtungen erhöhen die natürliche Zuversicht des Tapferen; nie ist ein solcher verlegen: der Geist sagt ihm, wenn die glückliche, lang ersehnte Stunde der Thaten kommt, was er thun soll. Klare Ideen triumphiren über Vorurtheile und Herkommen.

Der Geist der Ideen durchdringt den Geist der Chefs. Die Reuterei durchläuft eine neue Thaten-Reihe, wenn die Nähe hoher Meisterschaft Einfluß ausübt.

Der Reuter-Befehl ist das gewagteste Hazard-Spiel, aber auch die glänzendsten Erfolge erwarten dem Kühnen, der mit Klugheit einleitet. Ihm fällt das große Loos, seine Talente und den Ruhm der Reuterei, mit dem Glück und dem Ruhm seines Königs zu verbinden.

Die Praktik des Kriegs ist eine breite Heerstraße, auf der sich die Führer der Truppen größtentheils in prosaischen Zirkeln herumtummeln. Durchs elfenbeinerne Thor führt ein magischer Lichtstrahl in das Reich der Ideen: wenigen

erscheint der Lichtstrahl; wenige nur sehen das
Thor, noch wenigere gehen durch. Auf der Heerstraße läßt sich die Kunst des Kriegs nicht finden: es giebt da nur Handwerker, keine Künstler:
Hinter dem elfenbeinernen Thor wohnen die un-
sterblichen Ideen; dort ist Berührung mit dem
Genius. Verpuppt im Feuer liegt die Kunst,
bis das Genie, Sternen gleich, aus der Sonne
niederschießt. Gluthen strömen dann aus den
Ideen, welche als Kriegsthaten sich in der Geschichte cristalisiren.

Der Handwerker arbeitet unterdessen auf
der Heerstraße sich mühsam ab, um nur einen
Gedanken zu finden; die prosaische Gelahrtheit,
die Klugheit die sich an Regeln bindet, um den
Zufall auszuschließen, läßt kein Schaffen
aufkommen. Und fällt auch einmal ein Gedanke
aus der Lichtmasse nieder, so zeigt die Eiskälte
seine weite Entfernung von der Sonne der
Ideen — es ist Lappländisches Produkt.

Die großen Kriegs-Uebungen im Frieden,
und mehr nicht als nothwendige Vorschulen,

können aber nie zu wirklichen Kriegs-Scenen erhoben werden. Sie zeigen, auf welchem Grad der Bildung eine Armee steht, welche Hoffnungen daraus erwachsen; allein der Krieg selbst kann in und durch sie so wenig erreicht werden, als kein Gemählde die Natur erreichen und darstellen kann. Je näher der Künstler das Bild der Natur bringt, je getreuer er nachbildet und copirt, je mehr ist er Künstler — aber wirkliche Natur vermag er nicht zu geben.

Die Ideen-Taktik versucht Ideen zu Kriegs-Scenen darzulegen. — Auch haben ihre Schlachtordnungen das nothwendige Moment des Kriegs, daß sie nämlich so einfach sind, daß ihre Anwendung gar keine Vorübung bedarf.

Die Bildung der Reuter-Korps im Frieden wird nicht nothwendig bedungen. Diejenige von Brigaden und Divißionen aber wird wünschenswerth erscheinen. Hingegen kann die Annahme des Systems, sowohl die taktischen Elemente, als die technische Form nicht umgangen werden, soll die Reuterei dem Ziele einer höhern Taktik ent-

gegen reißen. Nur durch sie sind die Ueber=
schungen zu gewinnen, welche den Sieg fesseln.

Auf hartnäckige Beharrung der alten Formen,
läßt sich das neue System nicht bauen.

Die Ideen-Taktik versammelt dies System
in einen großen taktischen Blick.

Herrschende Vorurtheile liegen indessen noch
wie Verhaue, auf dem Wege zum Ziele. Der
Genius der Reuterei hat die freie Bewegung
noch nicht erkämpft. Sobald die Vorurtheile
fallen, gewinnen die besseren Köpfe offenere Wege.

Die Anciennetät unterwirft das Schicksal
der Reuterei der Vorherbestimmung, wie im
Orient. Die Ancienetät scheidet die Führer=
Stellen in unüberspringbare Klassen, wie bei
den Hindus. Die Ancienetät erstarret alle Be=
wegung wie in China.

Ohne Bewegung giebt es keine Thätigkeit,
und ohne Spielraum keine Bewegung; das Be=
harrungsprincip aber gestattet und giebt keinen

Spielraum. Dies Beharrungsprincip ist der
größte Feind der Armeen.

Die Elemente der Taktik sind einer steten
Umwandlung unterworfen. Das Wesen der Taktik
zwar ruht auf unwandelbaren Principien, allein
die Formen der Taktik sind in einer beständigen,
obgleich nicht immer allen Augen wahrnehmba-
ren, Bewegung begriffen. Rein mechanische Formen giebt es nicht. In der Taktik ruht eine
gewisse magische Schwungkraft, die aber nur an
großen Gefechtstagen, von großen Taktikern gefunden wird. Diese magische Kraft leistet immer
Ungewöhnliches. Allein ihre Wirksamkeit ist so
vorübergehend, indem die stete Umwandelung in
ihrem ewigen Prozeß, sie eben so schnell weg-
spült als sie zum Vorschein kam, daß dem
Beobachter kaum erlaubt wird zu sagen: diese
oder jene Form hat gesiegt; wenn man anfängt
sie zu betrachten, ist sie schon nicht mehr dieselbe.

Es ist mithin von augenscheinlicher Wichtigkeit, bei der Wandelbarkeit der Formen, das
Beharrliche, Feste, Unwandelbare der Taktik,
welches sich immer erhält, und, über allen Wechsel

erhaben, die Veränderungen der Formen bestimmt und beherrscht, zu finden. Dies Beharrliche, Feste, Unwandelbare fanden die großen Generale zu allen Zeiten, in ihrem Genie: es lieferte ihnen den unerschöpflichen Stoff, zu ihren Arbeiten; die Zeit hat Grundsätze daraus zusammengetragen. Diese Grundsätze, eben so einfach als unvergänglich, und unvergänglich weil sie einfach sind, diese Grundsätze, welche die großen Feldherrn der Taktik gegeben haben, sind das Wesentliche derselben. Diese Principien erklären sich in der Offensiv-Taktik und Defensiv-Taktik.

Die Taktik ermüdet nicht, mit Abweichungen, die das Wesentliche nie betreffen, immer wieder neue Gefechts-Verhältnisse zu erschaffen. Jahrhunderte sind wie Tage vergangen und werden noch vergehen; der Strom der Zeit hat Feldherrn auf der Weltscene zum Vorschein gebracht und wieder verschlungen; aber die Grundsätze derjenigen großen Krieger, die mit eigenem Genie Schöpfer waren, bleiben mit beweglichen Lettern immer dieselben. Alle Nachfolgenden setzen mit ihnen immer ähnliche Werke zusammen. Die

Zeit zerstört die Formen, um immer wieder neue, nach denselben Grundsätzen hervorzubringen.

Jene Grundsätze der großen Krieger finden sich nicht auf mechanischem Wege: sie gehen nur durch eigene Thätigkeit auf. Nur wer die nie vollendete Arbeit der kriegerischen Thätigkeit, und das vorrückende Ziel seines Laufes nie verläßt, gelangt zum Zweck. Angelangt am Ziel, erkennt jeder, daß ihm nicht gelehrt werden konnte, was auf dem Wege der Erfahrungen, des Selbstdenkens und durch die Evidenz im Gefühl allein zu erreichen stand.

Eingang.

Ideen sind von Natur nicht Stereotypen; sie sind ein stetes Werden; und können zu verschiedenen Zeiten verschieden gestaltet und aufgefaßt werden. Indem man sie einmal mit beständigen, ein andermal mit veränderlichen Größen differentiirt, gelangt man zu sehr verschiedenen Resultaten. Könnte man alle Verhältnisse, Proportionen und Gesetze der Reuterei in einen einzigen Blick zusammenfassen, so würde die Idee der Wahrheit in ihrer Reinheit zum Vorschein kommen; so aber können wir nur successiv und approximativ dahin gelangen; denn die Wahrheit wird nicht in ihrem ganzen Umfange, auf einmal und von allen zugleich erkannt.

Die Idee ist das, durch das Reuter System hindurchgezogene Band, was die Trias, aus der solches besteht, zusammenhält.

In diesem Sinne nennt man Ideen-Taktik, was zwar unerreichbar, in ihrer Vollkommenheit, doch aber als ein System zur Einheit zu verknüpfen ist. Das System ist nur das Bild des Ideals, wohin der Geist strebt.

Die Taktik besteht in der physischen Kraft, oder in der moralischen Ueberlegenheit, oder in der Intelligenz. Diese drei Elemente, vereinigt oder vereinzelt, werden die Quellen ihrer Macht, oder ihrer Schwäche.

Dies ausforschen, bestimmen, auffassen und darstellen, heißt den Geist der Taktik entdecken oder errathen, indem man nämlich die Ideen entdeckt oder erräth, welche die Taktik beherrschen.

Indem man z. B. den Geist entdeckt oder errathen hat, wurde es möglich die Taktik des General Seydlitz zu erkennen. Diesen Namen aussprechen, heißt ein System ausdrücken.

Die großen Generale der Vergangenheit erscheinen als höhere Wesen uns heilig und verklärt. Wir sehen, durch den Wärme=Grad der Kultur gesteigert, in den Knospen ihrer Genialität mehr zusammengedrungene Fülle, als ihre eigene Zeit zu erkennen vermochte. Weil wir sie nicht in nackter Gegenwart vor unsern Augen haben, so glänzt Alles an ihnen, und der Zauber erstreckt sich sogar auf ihre Persönlichkeiten.

In gleichem Verhältniß werden die kleinen Generale immer kleiner, je größer der Raum ist, der sie von der Gegenwart trennt.

Die Partheilichkeit für oder wider hört auf, wenn die Unterschiede zwischen groß und klein ausgemessen werden können.

Betrachten wir die Taktik des General Seydlitz, so fällt sogleich auf, daß Alles an ihr Harmonie ist. Dies kommt daher, weil das geistige Element in ihr das herrschende ist.

Es giebt auch taktische Systeme, in welchen ein geistloser Geist herrscht. Ein solches geistloses

System giebt nur Formen, aus denen Thaten
hervorgehen sollen.

Gäbe es keine Intelligenz, welche die Taktik
belebt, so gäbe es auch keine Thaten.

In der Taktik nimmt die Idee den Indif-
ferenz-Punkt ein, und giebt ihr eine eigenthümliche und unerschöpfliche Kraft. Die Idee hebt
Raum und Zeit auf. Sie wirkt in allen Zeiten
gleich. Der Geist der großen Feldherrn vermag
noch eben so lebendig in uns zu wirken, als in
Alexander, Hannibal, Cäsar, während jedoch die
Form ihrer Taktik verlebt ist. Diesen Vorzug
haben die intellektuellen Potenzen vor den physischen.

Die leere Form oder die physischen Potenzen
sind veränderliche Größen: ihre Wirkung vermindert sich, je weiter und je länger sie sich von
der Quelle entfernt.

Der volle Geist oder die intellektuellen Potenzen sind beständige Größen: ihre Kraft ist eine
unwandelbare und unabhängig von Zeit und Ort.

Die Annahme, daß aus dem Geist die That hervorwachse, scheint keines Beweises zu bedürfen. Um das Wundervolle des intellektuellen Einflusses wegzuläugnen, müßte bestritten werden, daß die Idee die Einheit in einem System repräsentire.

Könnte der Verstand die Idee erreichen, und den Geist übertragen, so wäre sie nicht mehr Idee, der Geist nicht mehr Geist, sondern Begriff.

Positiver läßt sich dies noch ausdrücken, wenn man sagt, daß die Ideen, die das Handeln erzeugen, jedem Menschen eigenthümlich sind, und weder aus der Erfahrung abstammen, noch durch Lehre und Unterricht beigebracht werden können.

Allein, obgleich eigenthümlich, muß die Intelligenz geweckt, die moralische Kraft entwickelt und die physischen Vermögen geleitet werden. Die Einsicht in diese Wahrheit ist das Licht, das aller Erkenntniß voranleuchtet.

Dies Licht kann durch die Wolken der Vorurtheile, der unrichtigen Ansicht, der bösen Absicht,

ver=

verdrungen, und die ewige Würde der Ideen dem Wechsel vergänglicher Irrthümer und Vorstellungen Preis gegeben und geopfert werden, aber nie werden sie ganz erlöschen. Sie sind das Uebersinnliche der Taktik, die Geistesfunken, gegeben, den Krieger in einer höheren Bahn zu leiten, aber in freien, ungebundenen Richtungen.

Die Ideen sind hell oder dunkel; hell demjenigen, der sich mit Anstrengung und Mühe erhebt, um in ihrem Horizonte zu stehen, dunkel demjenigen, der sich erniedrigt, und unter ihrem Horizonte verweilt. Wer sie aber einmal hell und klar, und in ihrem unvergänglichen Lichte gesehen hat, der wird die Mühe nimmermehr scheuen, jene Höhen zu erreichen, wo sie nicht mehr untergehen.

Wer eine höhere Taktik einmal liebgewonnen, der läßt die Blüthen seiner Gedanken, gerne an der Sonne der Idee reifen.

Manches, was in der Reuter-Taktik früher noch im Dunkel eingehüllt war, ist indessen klarer geworden, manches, was unvollständige Beweise nur leise andeuteten, ist nun reif, um bestimmter ausgesprochen zu werden.

Farbe und Gestalt mag jeder wechseln, nach eigenem Geschmack. Die Richtung wird bleiben, und das Eine ewige Lichtgestirn, die Idee geht nicht mehr unter.

Die Ideen-Taktik gleicht dem Gotte Terminus auf dem Capitol: sie macht ihr Gebiet selbst der Allmacht streitig. Welche Masse von Zweifeln die Divergenz der Meinungen mithin auch erzeugt, wenn die Idee der Erhabenheit das Handeln leitet, so zerstreut das Licht der darstellenden Macht des Kriegs, den beweglichen Nebelduft, in den die Theorie die Taktik hüllt. Bevor aber der entscheidende Einfluß des Kriegs, die Verschiedenheiten der Ansichten schlichtet, wird das lebendige Wort, die Ideen-Taktik durch alle drei Labyrinthe ihrer Verhältnisse, die sie zu durchlaufen hat, führen. Diese Verhältnisse zeigen

in ihrem raftlosen Fortschreiten die Technik, Taktit
und Praktit.

Die Ideen-Taktit hat keinen mechanischen
Theil. Die Triplicität der Ideen, Wahrheit,
Tapferkeit und Erhabenheit scheint das Wesentlichste der ganzen Reuter-Taktit, und ohne die
Annahme ihres Einflusses wird kein durchgeführ-
tes Sphstem möglich. Es giebt noch Zwischen-
Exponenten, allein die ursprünglichste Basis aller
taktischen Konstruction ist der dreiastige Stamm,
von dem sich die Abtheilungen, Gliederungen,
bis zu den äußersten Zweigen ausdehnen. In
dem Geheimniß der Dreieinigkeit liegt das ganze
Reuter-Wissen eingehüllt.

Die Ideen behaupten eine verschiedene Dignität gegeneinander.

Die Technik bildet die Reuterei, und die
Idee der Wahrheit muß durch alle Verhältnisse
ihrem Inhalt einen eigenthümlichen Karakter auf-

drücken, so daß alle ihre Werthe lauter Wurzel-
Verhältniffe darbieten.

Die Taktik bewegt die Reuterei, und die
Idee der Tapferkeit muß allen Formen unendliche
Fülle und Leben geben, so, daß alle ihre Werthe
lauter quadratiſche Verhältniffe darbieten.

Die Praktik funktionirt als Handlung,
und die Idee der Erhabenheit, macht die Geſchichte der Reuterei mit allen ihren Begebenheiten, Kräften und Thaten, und die Werthe die
das moraliſche Wollen und Vollbringen darbieten,
müſſen noch in ihren Verhältniſſen als cubiſche
fortdauern.

So geben Bildung, Bewegung und
Handlung eine Proportion, und dieſe drei
Elemente ſtehen zueinander, wie Wurzel, Quadrat
und Cubus.

Man bringt nun die Ideen-Taktik ſelbſt in
dem Wurzelſchema eines Reuter-Korps zum Vor-

schen. Jede Taktik muß in einer Form auftreten, und dieß Schema, das man im „System
der Reuterei" (Berlin und Posen: bei Ernst
Siegfried Mittler. 1822) anticipirte, ist zugleich
der Urtypus, in welchem das Gleichgewicht des
ganzen Systems ruht.

Dieses Schema ist auf den Uebungsfeldern
bei Berlin, Annäherungsweise gesehen worden.
Die Geschichte der Reuterei wird den Ruhm darstellen, den ein erhabener König sich erwarb,
indem er die Reuterei von der Neben-Rolle, zu
der sie hinabgedrängt war, wieder zum Rang
der Exponenten erhob.

Diesen Ruhm schon jetzt anerkennen, heißt die
Discretion und die Ehrfurcht nicht verletzen, welche
man der geheiligten Person eines lebenden Monarchen schuldig ist.

Soll die Idee jedoch real werden, so besteht die schwierigste Aufgabe darin, dem Orga-

nichmus im Kriege, durch die Wahl des Chefs, Leben zu geben. Wann ward erst Mensch, als Gott dem geschaffenen Leib die Seele beigesellte, und beide verbunden ins Leben rief.

Dieses Reuter-Korps ist ein Ganzes, und nur dieses soll hier betrachtet werden.

Eine volle lebendige Einheit und keine todte, wie sie in Zahlen und Linien erscheint, keine Formeln, sondern eine solche Einheit, in welcher Stoff, Form und Wesen in Harmonie erscheinen. Deshalb muß man das so eben angeführte „System der Reuterei" ins Gedächtniß rufen.

Bei den Elementen kann man nicht wieder anfangen: das, was die Vorlesungen vorbereitet, die Elemente der Bewegungskunst, das Reuter-System und das Schützen-System entwickelt, die Reuter-Biblio-thek aber vertheidigt hat — steht, und steht der Ideen-Taktik als Basis. Wie ja würde der Mathematiker den Raum durch Linien begränzen, wie in seinen Verhältnissen ein Minus und ein Plus setzen können, wären nicht schon ursprüngliche Grenzen und ein ursprüngliches Plus und Minus als Prämissen gesetzt.

Der Werth jener früheren Arbeiten, mit allen reglementarischen Bestimmungen und Vorschriften, über die technische Bildung, das Exerzieren, den innern Dienst, den Feldbienst, die Feldbienst-Instruktion rc. wird noch wichtiger, wenn eingesehen werden wird, daß diese ganze analytische Reihe, eben das System bildet, auf deren Pfeilern sich die Ideen-Taktik erhebt.

Der Zweck dieser Arbeiten ist die Vollkommenheit der Reuterei, ein Ideal, nach welchem man beständig strebt, ohne es je zu erreichen; allein sie nähert sich demselben durch ein stetes Vorrücken auf der nie vollendeten Bahn.

Dieser systematische Gang führt uns nicht allein zur Theorie, er führt uns zugleich zur Praktik. Insofern ist er auch allein fähig uns über die Grenzen bloßer Spekulation, wie bloßer Empirie hinauszuführen.

Betrachten wir die Stufenbahn, die die Reuterei zu durchlaufen hat, so sehen wir drei Verhältnisse, durch welche sie hindurch muß. Die unterste Stufe oder das erste Verhältniß ihrer Exponenzialgröße ist das Technische: welches die **Bildung** giebt. Die zweite Stufe, ist die taktische: die zur **Bewegung** führt. Weiter kann die Thätigkeit des Friedens nicht vorschreiten: hier ist ihre Grenze. Das dritte Verhältniß oder die letzte Stufe ist die Praktik des Kriegs, wo beide erstere in Harmonie kommen, und in einem Höhern, der **Handlung**, Eins werden. Dies Verhältniß macht die Geschichte allein klar, indem sie uns Begebenheiten und Thaten giebt. Dies praktische Verhältniß bildet gleichsam die Spitze der Pyramide, in welcher Alles zur Anwendung der Grundsätze, und Brauchbarkeit der Reuterei vor dem Feind zusammen läuft.

Soll

Soll dies Verhältniß aber ein vollkommenes werden, soll die Geschichte sich mit Thaten füllen, sollen die Funktionen und die Vermögen der Reuterei zur Wirksamkeit kommen — so muß der belebende Centralpunkt, in der Persönlichkeit des Generals zum Vorschein kommen.

Damit diese Wahrheit nicht weiter bestritten werden könne, ließ man der Ideen-Taktik die Geschichte des General Seydlitz vorangehen. Wer durch dies Reich des Lichtes mit Klarheit gegangen, wird alle Irrthümer darin ausgetreten haben. Er wird auch zu der Einsicht gelangt seyn, daß die Geschichte der Reuter-Generale, die Geschichte der Reuterei in sich schließt.

Dieser Maßstab führt auf den Standpunkt, wo das Gebiet der Reuterei zu überschauen ist. Weniger jedoch durch die Funktion des Denkens, als durch die Evidenz im Gefühl.

Im Gefühl ist Innigkeit und was uns auf
diese Weise ergreifft, wirkt tiefer, als jene kalte
Wahrheiten, die blos unser eitles Wissen be-
schäftigen, zu unserem höhern Können aber
nicht den geringsten Beitrag liefern.

Erſter Exponent.

Technik.

⸺

Wo rohe Kräfte planlos walten,
Da kann ſich kein Gebild geſtalten.

⸺

Technik.

Die Technik der Reuterei entsteht zwar nicht aus Prinzipien, aber sie wird nach Prinzipien erklärt, gerechtfertigt, geleitet, ausgebildet, und vervollkommnet: sie ist ein Werk der Kunst, ein Ganzes, in welchem viele mannigfaltige Theile zur Einheit verknüpft sind; sie ruht auf zuverlässigen Erfahrungen.

Daher ist das wesentlichere und wichtigere in ihr, die Idee, welche der Technik zum Grunde liegt, so wie den Zweck derselben aufzufinden, darzustellen und gehörig zu entwickeln.

Die Idee, die der Technik zum Grunde liegt, ist die Wahrheit.

Ihr Zweck ist Bildung, d. h. alle Kräfte, die in der Reuterei liegen, zu bestimmen, vorzubereiten, zu organisiren, zu entwickeln und durch Wirkungen zu offenbaren. Eine jede Kraft soll nach einem, ihr eigenthümlichen Wirken und Handeln, streben. Der Stoff empfängt die Form.

Alle Kräfte und Vermögen, die in der Reuterei verborgen liegen, und ihre Eigenthümlichkeit ausmachen, soll die Technik nach dieser Eigenthümlichkeit zur Aeußerung bringen, und bildend in Thätigkeit setzen.

Alle Kräften sollen wirken, also müssen sie sich wechselseitig beleben und beschränken. Nicht einseitig, sondern vielseitig ist die Eigenthümlichkeit der Reuterei. Vielseitige Entwickelung ist also ihre Bestimmung, und mithin die Aufgabe der Technik.

Harmonisch muß die technische Ausbildung der Reuterei geleitet werden.

Diese harmonische Entwickelung und Ausbildung der Kräfte und Vermögen in ihrer höchsten Lebendigkeit, muß den Grad der Energie erlangen, welche eine gewisse Anzahl Regimenter, durch ihre gegenseitige Berührung und ihre Wechselwirkung, als ein verbundenes Ganze — als ein Reuter=Korps — erscheinen läßt, fähig taktische Zwecke zu erreichen.

So wie die Theile einer Orgel im Verhältniß zu einander stehen, obgleich verschieden unter sich, in Hinsicht des Tons, wie der Wirkung, aber alle zusammen eine Harmonie bildend, großer Wirkungen fähig, je nachdem ein Talent sie beherrscht, also ein Reuter=Korps. Die Harmonie der Kräfte muß vollständig seyn.

Die einzelnen Theile müssen durch ihre gegenseitige Wechselwirkung, und ihre Berührung das Ganze zu dem Grad der Stärke und der Energie erheben, ohne welchen keine Wirkung der Reuter=Thaten verbürgt werden kann.

Die Technik soll die ächten Grundsätze der Reitkunst verbreiten, Instruktoren, Offiziere Unteroffiziere, Hufschmiede, kurz die Reut bilden, und somit die Elemente für ihr Glück im Kriege, schon im Frieden darlegen und bebauen. Die Technik ist mithin ein Gegenstand von hohem Interesse, und aller Aufmerksamkeit werth.

Da indessen die einzelnen Parthien der Technik, Stoff und Form, nach ihren Gesetzen als einzelne Systeme betrachtet, d. h. der Reuter und sein Pferd bis zur Formation und Bildung der Schwadronen und Regimenter, deren Administration, Exerzier-Vorschrift, innerer Dienst, Felddienst, überhaupt Ausbildung des einzelnen Reuters, bis zum Ganzen eines Regiments — da alle diese Einzelnheiten der gegenwärtigen Arbeit vorangegangen sind, und zur leitenden Norm bei der technischen Bildung einer guten Reuterei gedient haben; da mithin das Reich der Bildung hinlänglich bebaut ist, so kann man hier gleich mit der Zusammensetzung eines Reuter-Korps beginnen.

Man ist also überhoben, mit Leser, die zur Waffe gehören, den Reuter-Cadaster neu zu durchwandern, jenes Gebiet technischer Details, die, so nothwendig an sich, doch selbst denen Langeweile machen, die daraus lernen könnten, was sie noch nicht wissen.

Indem die früheren Vorbereitungen geschlossen wurden, versammelt sich nun alle Wirkung um den Mittelpunkt des Reuter-Korps.

Man hat mithin keinen Zwischenraum mehr auszufüllen, und kann, mittelst einer flüchtigen Zeichnung des Einzelnen, gleich das Ganze aus diesem Einzelnen zusammensetzen.

Die Technik eröffnet die Ideen-Taktik, und mit der Praktik schließt sie. Wenn jene niederblickt zum Tiefern, wo der Begriff und die Wahrnehmung das Besondere und Einzelne auffaßt und zergliedert, so blickt diese aufwärts zum Höhern, wo die Resultate gewonnen werden.

Ein Reuter-Korps kann bestehen aus:

4 Regimentern Harnisch-Reuter,

4 Regimentern Lanzen-Reuter,

4 Regimentern Leichte-Reuter, welche in sich

12 Pulks Reuter-Schützen begreiffen.

1 Regiment reitender Artillerie und

1 Schwadron Sapeurs oder Pionniers. *)

Jede Gattung Reuterei bildet Eine Division, welche wieder in zwei Brigaden zerlegt wird. Auf diese Weise bleiben die Befehlspersonen immer an ihrem Platze, ohne dem Wechsel unterworfen zu seyn. Divisions- und Treffens-Kommandant werden dadurch synonym; alles nach dem Prinzip der Einfachheit und der Einheit, dem Grundgesetz aller taktischen Kunst.

Man hat also: drei Divisionen, oder 6 Brigaden, oder 12 Regimenter, oder 48 Schwadronen, oder 240 Züge, exclusive der Sapeurs.

---

*) Pionniere ist bezeichnender; Sapeurs ist indessen eben so kollektif angenommen und geltend.

Die Schützen-Pulks bilden sich aus den 5ten Zügen der Schwadronen, so daß jedes Regiment einen Pulk Schützen hat, ohne daß die Anzahl der Schwadronen dadurch eine Aenderung erleidet.

Jede Division hat mithin Ein 5tes Regiment — Schützen, ohne daß es jedoch als solches eine Einheit macht. Durch die Schützen — welche nur bis zur Einheit von Schwadronen sich erheben — soll bezweckt werden, daß die Einheit und Geschlossenheit der Regimenter nie unterbrochen werden darf. Dies ist für die großen taktischen Zwecke, welche man vor Augen hat, wesentlich. Man hat aus dem Grunde den Ausdruck: Pulk! gebraucht, um die taktische Abgeschlossenheit der Schützen-Schwadronen, zu bestimmen, und um zu verhindern, daß kein Mißbrauch sie in Regimenter formirt. Um die technische Bildung der Schützen aber auf den höchsten Grad zu erheben, formirte man die Schützen-Pulks aus den Schützen-Zügen. *)

---

*) Schützen-System Seite 131 und 181.

Das reitende Artillerie-Regiment nimmt man
zu 4 Batterien oder 20 Züge an, jede Batterie
zu 10 Geschütze, nämlich 4 Züge Sechspfünder-
Kanonen und 1 Zug 7 oder 10pfündige Haubitzen.
Diese 5ten Züge werden bei den großen taktischen
Gefechten von den Batterien genommen und
bilden einen eigenen Haubitzen-Pulk, nach dem-
selben System, wie man die Schützen von den
Schwadronen trennt, und sie nach der Idee im
Großen verwendet.

Sollten die Batterien von 10 Geschütze für
die Aufsicht, Administration rc., also für die
technische Ordnung zu stark erscheinen, so wird
der Haubitzen-Pulk als eine 5te Batterie des
Regiments, eben so technisch für sich bestehend
formirt, als sie nach der Ideen-Taktik, taktisch
abgesondert besteht und verwendet wird. Nie
sollen Haubitzen mit den Kanonen untermischt
werden.

Es versteht sich indeß ungesagt, daß man
bei der Reuterei keine fahrende Artillerie zu ver-

wenden weiß, sondern nur wirklich reitende
Artillerie. *)

In Hinsicht von Stoff, Form und Wesen
dieses reitenden Artillerie-Regiments verweiset
man auf das „System der reitenden
Artillerie" des Obersten Monhaupt (Leipzig,
1823 in der Baumgärtnerschen Buchhandlung).
Dieses, im Geiste der Ideen-Taktik geschriebene
Werk, zieht man als einen integrirenden Theil
hier bei, welches jedoch für sich selbstständig ist,
gleichwie die reitende Artillerie einen integrirenden aber selbstständigen Theil des Reuter-Korps
ausmacht. Dadurch wird man, was hier das
wesentlichere ist, Details enthoben, die, wie

---

*) Wäre hier der Ort seine Meinung über Artil-
lerie auszusprechen, so würde man die mit
der Reuterei verbundenen Artillerie-Regimenter beritten machen, die übrigen 6pfünder
Batterien in fahrende Artillerie-Regimenter.
formieren, und nur die 12pfündige Batterien als
Fuß-Artillerie-Regimenter behalten.

Parenthesen, so leicht dem Eindruck des Ganzen
störend entgegen treten.

Eben so verweiset man auf die „Gefechtslehre der beiden verbundenen Waffen, Reuterei und reitende Artillerie," des Major von Decker, *) jenen
Schriftsteller, der nicht nur ein Freund der
Reuterei ist, und sie aufrichtig liebt und achtet,
sondern der auch überaus fruchtbar in der
Richtung des Verstandes, die Reuterei nach
ihren einzelnen Verhältnissen richtig betrachtet.

Der Ruhm der Thaten, so glänzend er
auch ist, hat noch niemals undankbar gegen die
aufhellende Macht der Schrift gemacht. Die
Nachwelt sagt die Namen wieder, welche das
Feld der Taktik bearbeiten, welche aus der Tha-
ten-Erscheinungen das Beharrende auffinden, und
aus der Masse der Thatsachen den geistigen
Reichthum durch das Gewebe verschleiernder

*) Berlin, 1819. Bei Ernst Siegfried Mittler.

Meinungen, Zweifel und Ungewißheiten zum dämmernden Licht der Erkenntniß führen.

Die Sapeur- oder Pionnier-Schwadron hat ebenfalls 5 Züge, nämlich 4 Züge Pionniers und einen 5ten Zug Gensd'armes.

Stoff.

Harnisch = Reuterei.

Größe des Pferdes: 5 Fuß 2 bis 4 Zoll, oder 15¼ bis 16 Faust. (Rheinisches Stockmaaß.)

Größe des Reuters: 5 Fuß 6 Zoll (Mini-mum) Rheinisch.

Truz=Waffen.

Der Pallasch des Harnisch=Reuters ist vom Stichblatt an gerechnet 2 Fuß 11 Zoll lang, unten 1,33 oben 0,86 Zoll breit, unten 0,33 Zoll stark, und hat eine gerade oder hohlgeschlif-fene Rückenklinge. Das Gefäß hat einen halben Korb mit drei Parirstangen. Der Schwerpunkt des Pallasches liegt 4,70 Zoll vom Stichblatte; er wiegt ohne Scheide 2 Pfund 31 Loth und mit der eisernen Scheide 5 Pfund 28 Loth.

Die

Die Lanze des Harnisch-Reuters ist 11 Fuß
lang., mit der eisernen Spitze, welche 6 Zoll
hat; sie ist etwa 1 Zoll dick und von Buchen-
oder Eschen-Holz. Unter der vierschneidigen eisernen Spitze ist ein Fähnchen angebracht. Ein
eiserner Schuh hält den untern Theil des Schaf-
tes zusammen.

Die Pistole schießt 18 bis 20 Kugeln auf
ein Pfund Blei. Der Lauf ist 10 Zoll, die
ganze Pistole 17 Zoll lang und wiegt 3 Pfund.

Schutz-Waffen.

Helm und ganzer Harnisch aus' Eisen ge-
schmiedet und polirt. *)

Pferds-Rüstung.

Deutscher Sattel, mit Pistolhulftern und
Eisentaschen für die Reserve-Eisen und Nägel.

---

*) Werden 2 dünne Blatten Eisen aufeinander
gelegt, dazwischen Leder, so gewinnt der
Harnisch so sehr an Stärke, daß auf 12 Schritt
keine Kugel durchgeht.

Unterlage ein wollener, sechsfach zusammengeleg-
ter Teppich.

An den Steigbügeln befinden sich Lanzenschuhe.

Die Schabracke ist viereckigt, von Tuch,
und kommt unter den Sattel zu liegen.

Der Zaum besteht aus dem Zaumgestell,
welches sowohl oben am Kopfe als an den Sei-
tenstücken mit eisernen Panzer-Ketten besetzt ist;
einer Stange mit Kinnkette, einem Trensen-
Gebiß mit eisernen Klötzchen, das wie an dem
Ungarischen Zaume, in das Reisehalfter einge-
hängt wird; dem Stangen- und Trensen-Zügel,
und dem Vorder- und Hinter-Zeug.

Lanzen-Reuterei.

Größe des Pferdes: 5 Fuß bis 5 Fuß 2 Zoll,
oder 15 bis 15½ Faust.

Größe des Reuters: 5 Fuß 4 Zoll (Minimum).

Waffen.

Lanze 10 Fuß 6 Zoll, im übrigen wie die der Harnisch-Reuter.

Der Säbel hat einen halben Korb, mit zwei gekrümmten Spangen, die von der Parirstange gegen den Säbelknopf herauf zusammenlaufen; ferner ein 2 Zoll breites Stichblatt. Der Griff ist 4 Zoll 2 Linien lang, und mit gefurchtem Leder überzogen. Die Klinge ohne Angel 2 Fuß 7 Zoll lang, und ist zu Vermeidung der Flachhiebe gehöhlt. Damit derselbe zum Hauen und Stoßen gleich geschickt ist, so hat solcher gegen die Spiße hin nur eine unbedeutende Krümmung. Gewicht samt der Scheide 4 Pfund.

Die Pistole hat einen Lauf von 9 bis 10 Zoll, und gehen 18 bis 20 Kugeln auf 1 Pfund Blei.

Pferds-Rüstung.

Ungarischer Bock mit ledernem Sitzkissen. Die Unterlage desselben besteht aus einem neunfach

zusammengelegten, wollenen Teppich. Die Steig-
bügel nach Ungarischer Form mit Lanzenschuhen
versehen. Vorder = und Hinter=Zeug und Pistol-
hulfter. Ungarische Untergurt mit Rollschnallen
und Strupfen; Ungarische Obergurt mit Roll=
schnallen und Umlauf=Riemen.

Die Satteldecke wird über den Bock gelegt,
besteht aus einem weißen Schaaf=Fell mit Tuch=
vorstoß und ist nach Ungarischer Form geschnitten.

Der Zaum ist gleichfalls nach Ungarischer
Art, oben am Kopfgestell mit Panzerketten be=
setzt, nur leichter als der der Harnisch=Reuter.

Leichte = Reuterei.

Größe des Pferdes: 4 Fuß 10 Zoll bis 5 Fuß,
oder 14½ bis 15 Fauft.

Größe des Reuters: 5 Fuß 3 Zoll (Mi=
nimum).

Waffen.

Der Säbel wie der der Lanzen=Reuter.

Der kurze Karabiner hat einen Lauf von 1 Fuß 8 Zoll. Das Korn ist auf dem obern Bund. Er ist durchaus geschäftet. Das Kaliber ist mit der Pistole und dem Schützen-Karabiner gleich.

Pistole wie die Lanzen-Reuter.

Pferds-Rüstung.

Die Pferds-Rüstung der leichten Reuterei und Schützen ist ganz dieselbe wie die der Lanzen-Reuterei, mit Ausnahme, daß sich an den Bügeln keine Lanzenschuhe befinden.

Schützen.

Größe des Pferdes: 4 Fuß 10 Zoll bis 5 Fuß, oder 14$\frac{1}{4}$ bis 15 Faust.

Größe des Schützen, im Allgemeinen wie die leichten Reuter; doch entscheidet nicht die Größe, sondern entwickelte Fähigkeit, natürliche Anlage, und tadellose Aufführung. Diese Elite wird unter der, am längsten gedienten Mannschaft gewählt. Der Schütze hat täglich 1 kr.

mehr als der Reuter: es ist die erste Stufe der Leiter auf welcher der Reuter aufwärts steigt. Man giebt ihnen daher auch ein Grad=Zeichen, welches sie vom Reuter unterscheidet.

Waffen.

Der Säbel wie die Lanzen=Reuterei.

Der Schützen = Karabiner hat einen 2 Fuß 2¼ Zoll langen Lauf, und auf der Schwanz=Schraube ein 2 Linien hohes Visir, das Korn auf dem Lauf. Der Ladstock wird am Bandolier getragen. Das Schloß ist mit einem Kegelchen, und außerdem mit einer Strebfeder zu Feststellung des Hahns versehen. Das Kaliber ist wie bei dem kurzen Karabiner. Der Karabiner ist nicht durchaus geschäftet. Derselbe ist mit einem Haken-bügel versehen und wird im Gefecht am Karabinerhacken getragen.

Hat man gezogene Karabiner, desto besser; die Patrone sitzt fester, und wird durch die Bewegung des Pferdes weniger erschüttert. Die Vorsicht ist zu beobachten, daß die Patrone leicht sich in den Lauf bringen läßt, damit das Laden nicht zu beschwerlich fällt. Ueber Annahme der Percussions-Schlösser, müssen die Erfahrungen entscheiden.

Das Schützen-System hat die Wichtigkeit hervorgehoben, welche auf die technische Bildung der Schützen zu legen ist. Jenes Werk giebt Aufschluß, welche Idee bei ihrer Schöpfung das Primat hat, und warum sie als 5te Züge und nicht als 5te Schwadronen formirt wurden. (Seite 131 und 181).

Schützen müssen die Wirkung des Karabiner-Feuers bis zum Grad der Sicherheit bringen. Sie müssen zu Fuß, wie zu Pferd fechten.

Pistole wie die leichte Reuterei.

Schützen und Reuter haben nur Eine Pistole; im zweiten Hulfter wird das Putzzeug verwahrt. Die Unteroffiziere haben zwei Pistolen.

Reitende Artillerie.

Größe des Artilleristen: 5 Fuß 4 bis 5 Zoll.

Größe des Pferdes: von 4 Fuß 10 bis 5 Fuß 2 Zoll, oder 14¼ bis 15¼ Fauſt.

Waffen.

Die eigentliche Waffe der reitenden Artillerie iſt das Geſchütz; außerdem führt der reitende Artilleriſt noch den Säbel und Piſtole, welche denen der leichten Reuterei gleich ſind.

Die ſiebenpfündige Haubitze hat ein Rohr, welches mit Ausſchluß der Traube 6¼ Kaliber der Granate lang, 5,64 Zoll weit iſt und ungefähr ſieben Centner wiegt. Die hintere Kammer faßt 1¼ Pfund Pulver, iſt 3 Zoll weit und 7 Zoll lang. Die Granate iſt von Außen 5,50 Zoll groß, an Eiſen 0,80 Zoll ſtark und wiegt mit Pulver gefüllt 15 Pfund.

Der leichte engliſche Sechspfünder ſcheint dasjenige Geſchütz zu ſeyn, welches dem Zwecke am am meisten entspricht, und wird durch die, in dem System der reitenden Artillerie S. 52 angegebenen Modifikationen, wo der Verfasser die Ladung von 2¼ Pfund auf 1¼ Pfund herabsetzt, noch mehr an Leichtigkeit und Beweglichkeit gewinnen. Das Rohr eines solchen Geschützes wiegt bei 1¼ Pfund Ladung 650 Pf. Berl., die Laffette mit allem Zubehör, ohne Räder 584 Pfund, die Protze mit Gabel, Schanzzeug und 40 Schuß — 812 Pfund, die vier Räder zusammen 695 Pf., das ganze Geschütz daher 2741 Pfund.

Für ein solches Geschütz sind 6 Pferde hinreichend, auch kann es im Nothfalle von e i n e m Manne abgeprotzt werden.

Bei der Affütirung des englischen Geschützes fällt die vortreffliche Einrichtung, der an der Laffette wie an der Protze gleich hohen Räder von 4 Fuß 10 Zoll, in die Augen. Mit Rädern von der angegebenen Höhe wird man in jedem Boden fortkommen, auch durch das Höherstehen der Axen weit leichter Hohlwege passiren können.

Wird endlich der an der Mittelaxe befind-
liche Protzhaken an dem Protzsattel angebracht,
so wird der Vortheil gewonnen, den Munitions-
kasten weiter zurücksetzen zu können, wodurch
die Deichsel horizontal zu stehen kommt, und die
Kluftdeichsel vermieden wird, in sofern sich nicht
damit befreundet werden kann.

Die, nach der Ansicht des Verf. des Systems der reitenden Artillerie, bei dem englischen
Sechspfünder dem Zwecke nicht entsprechenden
Einrichtungen, wie das Gehen des Pferdes in
der Gabel, der Mangel des bei der Blocklaffette
nicht füglich anzubringenden Laffettenkastens u. s. w.
setzt Oberst Monhaupt Seite 57, 58, 59 und 60
auseinander, und giebt zugleich die Mittel an,
wie diesen Mängeln abzuhelfen wäre.

Der Vorschlag, den beinahe überall abge-
kommenen Keil anstatt der schraubenförmigen
Richtmaschine wieder einzuführen, erscheint nicht
als zweckmäßig.

Munition.

Auf jedes Geschütz werden 80 Schuß gerechnet, nämlich 50 Kugel, 30 Kartätschen; davon sind 25 Kugel-, 15 Kartätsch-Schuß im Protzkasten, die übrigen im Munitionswagen. Dieser Vorrath wird auch bei der größten Expedition des Reuter-Korps ausreichen.

Ladung — beim Kugel- und Kartätsch-Schuß 1¼ Pfund; die dreilöthigen Kartätschen sind am geeignetsten.

Munitionswagen.

Die geeignetsten scheinen dem Obersten Monhaupt zwar die französischen sogenannten caissons à munition, jedoch mit höheren Vorderrädern.

Der Wagen wiegt ungefähr 1680 Pfund, die Munition 1200 Pfund; mit der etwa darauf befindlichen Fourage wird das Pferd nur 600 Pfund zu ziehen bekommen. Durch die höheren Vorderräder wird auch der Zweck erreicht, daß die

Wagen dem Reuter=Korps weit leichter folgen
können.

Man sieht jedoch keinen Grund warum nicht
auch die Munitionswagen nach dem englischen
System angenommen werden könnten; da über=
haupt die Annahme des ganzen Systems ent=
schiedene Vortheile hat, Vortheile, die in größe=
rer Geschwindigkeit in den Manövern, in schnel=
lerem Auf= und Abprotzen, und größerer Leich=
tigkeit alle Terrain=Hindernisse zu besiegen, be=
stehen, Vortheile, die bei Artillerie, welche die
Bestimmung hat mit der Reuterei zu fechten, von
dem größten Einfluß sind.

Eine genaue und fortgesetzte Beobachtung,
entscheidet für die Annahme des englischen Artil=
lerie=Systems, dem die Gabel=Deichselbespannung
nicht fehlen darf.

Nach dem Englischen wäre der Preußische
Sechspfünder, wie ihn Major von Decker in sei=
ner „Gefechtslehre der beiden verbundenen Waffen,
Reuterei und reitende Artillerie," Seite 34 bis 42
beschreibt, zunächst zu beachten.

Dieses Geschütz hat wenigstens den Vortheil einer langen Bekanntschaft, und die preußische reitende Artillerie steht auf einem so hohen Grad der Bildung, daß man sie mit Recht als Vorbild aufführen kann.

Pionniers oder Sapeurs.

Die Pionniers müssen mit Rücksicht auf den Dienst, den sie leisten sollen, aus den Regimentern gezogen werden, und aus Handwerkern, als: Schiffbauern, Zimmerleuten, Wagnern, Schmieden, Schlossern, Nagelschmieden, Sailern und Sattlern bestehen. Sie sind ganz wie die Schützen bewaffnet, und reiten auch Pferde von derselben Größe.

Ausserdem ist noch jeder Sapeur mit einem Faschinenmesser und einem Handbeil versehen, welche vornen an dem Sattel vermittelst Riemen rechts und links befestigt sind.

Die Pferds-Rüstung ist wie bei der leichten Reuterei.

Die Sapeurs befinden sich entweder im Hauptquartier oder bei der Artillerie. Sie stehen unter den Befehlen des Chefs vom Generalstab; in
technischer Beziehung aber unter dem Artillerie-
Kommandanten.

Ihre Bestimmung ist, sowohl im Gefecht
als auf dem Marsche, ungangbare Wege aus-
zubessern, Laufbrücken über Gräben zu schlagen
u. s. w., überhaupt aber Terrain-Hindernisse,
welche die Bewegungen des Reuter-Korps hemmen,
aus dem Wege zu räumen.

Im Gefecht erhalten sie ihren Platz so, daß
sie, je nach Bedürfniß verwendbar sind. So
oft ihre Mitwirkung keinen Zweck hätte, werden
sie außer der Wirkung der Feuerwaffen gehalten.
Diese Fälle lassen sich jedoch selten vorher sehen.

Der Zweck der Reuter-Pionniere ist jedoch
nicht Brücken über große schiffbare Flüsse zu
schlagen, sondern nur über Graben, kleine Flüsse
und Gewässer u. s. w. Laufbrücken anzulegen und
Uebergänge zu machen.

,Der Kaiser Nicolaus, hat bei der Kaiserlichen Garde-Reuterei das Muster einer Sapeur-
Schwadron errichtet.

Zu Fortbringung der nöthigen Materialien
und Geräthschaften, erhält die Schwadron zwei
vierspännige Laufbrücken-Wagen, welche
nachfolgende Gegenstände für zwei vollkommene
Laufbrücken enthalten:

Brücken-Geräth.

Böcke mit beweglicher Pfette	1
Streckbalken	10
Bohlen	40
Abweichhölzer	4
Röbelhölzer	12
Pflöcke mit eisernen Ringen und Schuhen	8
Stichsel oder Vorschlag-Pflöcke	2
Klammern	40
Schnür- oder Bindeleinen	24
Röbelleinen	16
Bindestränge	12

Werkzeug.

An jedem Wagen 1 Art . . . . . =
An jedem Wagen 1 Haue . . . . =

Die übrigen Geräthschaften, als: Spaten, Hauen u. s. w. und nöthigen Vorrathsstücke, werden auf einem zweispännigen leichten Fourgon-Wagen fortgebracht.

Der Bock bestehet aus zwei Beinen und einer Pfette (chapeau). Jedes Bein ist ein, ohne den Zapfen 9 Fuß 5 Zoll langer, 6 Zoll breiter und 7 Zoll dicker Balken von Tannenholz, welcher auf zwei Sohlenschwellen steht. Die Sohlenschwellen von Tannenholz sind 4 Fuß lang, 6 Zoll breit und 7 Zoll hoch, und sind in der Mitte, wo der 3 Zoll lange Zapfen des Beines eingesetzt wird, kreuzförmig zusammengeplattet. Die ganze Höhe des Beines mit den Sohlenschwellen beträgt demnach 10 Fuß. — Das Bein wird durch zwei lange und zwei kürzere Büge von Tannenholz gestützt. Die langen haben 3 Fuß 6 Zoll, und die kürzern 2 Fuß 6 Zoll Länge,

und beide sind 5 Zoll breit und 3 Zoll 6 Linien
hoch. Die langen Büge werden in das Bein
3 Fuß 3 Zoll, und die kürzeren 2 Fuß weit,
von der Sohlenschwelle an gerechnet, mit 3 Zoll
langen Zapfen eingesetzt, und durch eiserne Bol=
zen mit einer Schraube befestigt; in die Sohlen=
schwellen werden dieselben gleichfalls mit Zapfen
3 Zoll weit von der Spitze der Sohlenschwellen
eingesetzt, jedoch durch einen eisernen Haken, der
auf der oberen Seite des Zapfens angebracht ist,
festgehalten. Durch die zwei Beine werden auf
der Seite, auf welcher sich die kürzeren Stützen
befinden, in gleicher Höhe mehrere Löcher ge=
bohrt, um durch dieselben die, 9 Zoll langen
und 1 Zoll im Durchmesser haltenden, an
dem einen Ende mit einem Kopfe und an dem
andern mit einer Schraube versehenen eisernen
Bolzen zu schieben, auf welchen die Bockpfette
und die Brückendecke ruht.

Die Pfette ist ein, 11 Fuß 6 Zoll langer,
7 Zoll breiter und 9 Zoll hoher Balken von
Tannenholz, dessen beide Enden mit 4 Zoll brei=
ten, 9 Linien dicken und 3 Fuß 9 Zoll langen

eisernen Platten (Spangen), auf beiden Seiten
so zu beschlagen sind, daß die Platten auf jeder
Seite 7 Zoll weit über das Holz hinausragen.
In der Mitte dieser hervorragenden Theile der
Platten, also 3 Zoll 6 Linien von dem äußeren
Ende, werden Löcher in dieselben gebohrt, durch
welche der eiserne Bolzen zu stecken ist, wenn
der Bock aufgeschlagen werden soll.

Ein auf diese Weise construirter Bock wiegt
8 Centner.

Die Brückendecke.

Die Streckbalken der Laufbrücken sollen 17
Fuß lang, 5 Zoll breit und 6 Zoll hoch seyn.
Dieselben sind von Tannenholz, und haben an
den Enden eiserne Bänder, mit welchen sie auf
dem Wagen an die Stecknägel befestigt werden.
Ein Streckbalken wiegt 124 Pfund.

Die Abweichhölzer sind von Tannenholz,
17 Fuß lang, 6 Zoll breit und $2\frac{1}{2}$ Zoll hoch,
und an den Enden ebenfalls mit eisernen Bän-
dern versehen. — Ein Abweichholz wiegt 62 Pf.

Die Bohlen haben 13 Fuß Länge, 1 Fuß Breite und 1 Zoll 6 Linien Dicke, und sind von Tannenholz. Eine Bohle wiegt 57 Pfund.

Die Röbelhölzer sind 2 Fuß lang und haben 1 Zoll im Durchmesser. Ein Röbelholz wiegt 1¼ Pfund.

Die Bindeleinen sollen 3 Klafter lang seyn und drei Linien im Durchmesser haben. Dieselben werden nicht getheert, und wiegt das Stück 1¾ Pfund.

Die Röbelleinen müssen 12 Fuß lang seyn und drei Linien im Durchmesser haben. Dieselben werden ebenfalls nicht getheert, und wiegt das Stück 1 Pfund.

Der Laufbrückenwagen.

Der Vorderwagen soll an Holztheilen haben: 1) 2 Vorderräder von 3 Fuß 3 Zoll 9 Linien Höhe, die Dicke der eisernen Reise mit eingerechnet; 2) ein unteres Gestell, welches besteht aus einem Achsenfutter, einer Schaale, gleicher Länge und Breite wie das Achsenfutter, jedoch nur halb so hoch wie dasselbe, zwei unteren Kranzfelgen, zwei Deichselarmen und einer Deichsel; 3) eine vordere und hintere Wage, jede mit 2 Zugscheiten.

Das Wagengestell ist zusammengesetzt aus: einem oberen Gestell, welches enthält a) einen Schemel, b) sechs obere zusammengefügte Kranzfelgen, c) zwei Zwieselarme, d) zwei starke Stützen, auf welchen die Tragbäume ruhen, e) vier kleinere Stützen auf den Zwieselarmen, f) zwei obere Träger, welche die kleineren Stützen verbinden.

Das Gerüst besteht aus zwei Tragbäumen von 17 Fuß 8 Zoll Länge, 5 Zoll 6 Linien Höhe, und 5 Zoll 3 Linien Breite. Dieselben stehen von außen nach außen zu gemessen, 3 Fuß 1 Zoll weit auseinander, stehen vorne 3 Fuß 4 Zoll und hinten 3 Fuß 4 Zoll weit über die Mitte der Achsen hinaus. Vier Riegel zur Verbindung der Tragbäume. Eine 4 Fuß lange ste von dem hintern Theile der beiden Trag

bäume bis zu der Stelle, wo die Bohlen anfan-
gen, so hoch als diese sind und so breit als der
Raum zwischen den Tragbäumen ist — Eine
Thüre zum Zuklappen an dem hintern Ende der
Tragbäume

Der Hinterwagen hat an Holztheilen:
1) zwei Hinterräder, 4 Fuß 5 Zoll 6 Linien hoch,
die Dicke der eisernen Reife mit eingerechnet;
2) ein Gestell, welches zusammengesetzt ist aus
einem Achsenfutter und zwei starken Stützen, auf
welchen die Tragbäume ruhen.

An Eisentheilen enthält der Vorderwagen: 1) die Vorderräder: a) ein voll-
ständiges Beschläg, b) zwei Vorstecker (Lunja-
pfen), c) vier Stoßscheiben, zwei an dem äußern
und zwei an dem innern Ende der Naben. 2) Das
untere Gestell: a) eine Achse, 6 Fuß 1 Zoll lang
und so unterächst, daß die Spur, von der Mitte
des einen zu der des andern Rades gemessen,
50 Zoll beträgt und die Räder oben 52 Zoll von
einander stehen; b) vier Schraubenbänder; einen unteren Scheidenkranz mit zwei Bo-

d) eine gabelförmige Achseinbindeschiene; e) einen Schließ- oder Protznagel; f) ein Protzkettenband; g) eine Protzkette; h) zwei Stangen zur Unterstützung der Deichselarme; i) zwei Deichselarmringe; k) einen Windesteg und eine Windekette mit Haken zwischen den Deichselarmen; l) auf beiden Seiten der Deichselarme zwei Scheiben und Ringe für Art und Haue; m) zwei Schraubenbolzen nebst Blechen für die Hinterwage; n) das vollständige Beschläg an dem vordern Theile der Deichsel. 3) Das vollständige Beschläg der Hinter- und der Vorderwage. 4) Zwei Aufhaltketten mit einem großen Ring.

Das Wagengestell hat an Eisentheilen, und zwar 1) das obere Gestell: a) zwei Deckbleche des Schemels; b) zwei Schemelbolzen mit Blech und Schraubenmutter; c) zwei Ringe am Schemel; d) vier Winkelbänder zur Verbindung der Stützen mit den Tragbäumen; e) vier schiefstehende Stangen von dem untern Theile der Stützen nach den Tragbäumen; f) zwölf Bolzen mit Schrauben und Schraubenmuttern zu den Winkelbändern und Stangen; g) ein oberer

Scheibenkranz mit zwei Bolzen. 2) Das Gerüst
hat a) acht Strecknägel, 1 Fuß 10 Zoll hoch und
1 Zoll 2 Linien im Durchmesser, wovon 4 vorne
zum Festhalten der Streckbalken und Bohlen mit
einer Spange und 2 Schlüsseln, zwei in der
Mitte des Gerüstes zwischen den beiden Tragbäumen zum Festhalten der Bohlen, und zwei
am hintern Ende der Tragbäume zum Festhalten
der Streckbalken mit 1 Spange und 2 Schlüsseln;
b) vier Bänder mit Spannkette, zwei in der
Mitte des Gerüstes zwischen den Vorder- und
Hinterrädern, und zwei gleiche an dem Vorder-
theile der Tragbäume; c) drei Bänder unter dem
Bodenbrett der Kiste; d) zwei gebrochene Schar-
nierbänder an der Klappthüre.

Der Hinterwagen enthält an Eisentheilen, und zwar: 1) die Hinterräder: a) ein voll-
ständiges Beschläg; b) zwei Vorstecker (Lunza-
pfen); c) vier Stoßscheiben, zwei an dem äußern
und zwei an dem innern Ende der Naben.
2) Das Gestell: a) eine Achse, ist 6 Fuß 2 Zoll
lang und so untersächst, daß die Spur 50 Zoll
beträgt und die Räder oben 57 Zoll von einan-

ber stehen; b) ein Mittelband für die Achse; c) vier Winkelbänder zur Verbindung der Stützen mit den Tragbäumen; d) vier schiefstehende Stangen von dem untern Ende des Achsenfutters nach den Tragbäumen; zwei und zwei Stangen sind miteinander verbünden und laufen unter der Achse durch; e) 32 Bolzen mit Schrauben und Schraubenmuttern für die Winkelbänder und Stangen.

3) Eine Sperrkette und Hemmschuh, nebst Bolzen und 1 Haken für die Kette und 1 Haken für den Schuh.

Ein auf diese Weise construirter Laufbrücken-wagen wiegt 13 Centner.

Die Wagen werden auf folgende Art beladen:

Auf jeden Wagen kommen:

1) Fünf Streckbalken, drei auf den einen und zwei auf den andern Tragbaum.

2) Zwei Abweichhölzer übereinander, auf den Tragbaum, auf welchen nur zwei Streck-balken gelegt werden.

Die

Die Streithalten und Querstücke werden
an ihren Rändern vornen und hinten, durch die
zwei äußern Stecknägel festgehalten.

3) Zwanzig Stück Bohlen, zu 10 und 10
übereinander, in den Raum zwischen die beiden
Tragbäume. Dieselben werden vornen und hinten,
durch die mittelsten Stecknägel festgehalten. Ferner kommt sodann auf den ersten Laufbrücken-
wagen, damit die Laufbrücken zusammen verwendet werden können, ein Bock. — Die Pfette
kommt auf die Mitte der Bohlen, und die beiden Beine links und rechts neben die Pfette zu
liegen. Diese Theile des Bocks werden vorne
durch die Spange und das eine Paar Bänder,
und in der Mitte des Wagens durch das andere
Paar Bänder befestigt, welche zugleich auch zum
Festhalten der Brückendecke dienen. — Die Fah-
lenschwellen und die Büge der Beine des Bockes
werden in dem Raume von dem Ende der Bohlen
bis an die Klappthüre auf die Kiste gelegt.

In diese Kiste kommen, auf jeden der
den Laufbrückenwagen: a) 12 Schrauben oder B

Pünects Pontonier.　　　　　**3**

beleinen; b) 8 Röbelleinen; c) 6 Binbestränge; d) 6 Röbelhölzer; e) 4 Pflöcke mit eisernen Ringen und Schuhen; f) ein Stichsel oder Vorschlagpflock; g) 20 Klammern. — Endlich werden an jedem Wagen eine Winde, eine Axt und eine Haue befestigt.

Der mit einem Bock beladene Laufbrückenwagen wiegt 40 Centner.

Gensd'armes.

Größe des Pferdes: 5 Fuß bis 5 Fuß 2 Zoll, oder 15 Faust bis 15½ Faust.

Bei der Wahl des Gensd'arme entscheidet die Fähigkeit, vorzüglich aber untabelhafte Aufführung und ruhiges, würdevolles Benehmen.

Sie haben Rang und Bezahlung eines Unteroffiziers, und werden unter den Veteranen der Regimenter des Reuter-Korps gewählt.

Waffen und Pferds-Rüstung.

Wie die leichte Reuterei.

Sie bilden wie die Schützen des Reuter-Korps, den 5ten Zug der Sapeur-Schwadron, und sind solcher auch in administrativer Hinsicht einverleibt.

Sie sind immer im Hauptquartier und erhalten die Befehle vom Ober-General oder Chef des Generalstabs.

Ihre Bestimmung ist theils der Ordonanz-Dienst im Hauptquartier des Reuter-Korps, theils die Polizey zu handhaben, weßhalb sie auf Märschen, größtentheils im Rücken des Korps vertheilt sind, auch als Schutz-Wachen verwendet werden, wo sie auf Ordnung zu sehen und zu sorgen haben, daß die Befehle des Ober-Generals aufs genaueste vollzogen werden.

Im Gefecht decken sie die Bagage, und halten Ordnung im Rücken des Korps.

————

Form.

Dem Stoff die Form gebend, erscheint der Zug als diejenige Einheit, auf welche man den Accent legt, und aus welcher als die einfachste Form, diejenige des ganzen Reuter-Korps in progressiver Steigerung hervorgeht. Hat der Zug seine technischen Schulen in systematischer Ordnung gründlich durchgemacht, so wird die künstliche Zusammensetzung, und später, die taktische Evolution des Ganzen sich um so leichter entwickeln.

Der Zug hat:

1 Offizier,
1 Wachtmeister,
1 Trompeter,
4 Unteroffiziere,
32 Reuter (Minimum);
       und
1 Handwerker.

Der Zug darf einige Mann mehr haben, zum Dienst außerhalb bestimmt. Er muß einige Mann mehr haben, um ihn auf der primitiven Stärke zu erhalten. Er kann auch für den taktischen Zweck stärker seyn, ohne zu stören. Aber da Alles zwischen Minus und Plus ein Mittelverhältniß hat, so nimmt man ihn nicht stärker an, als Fig. 1. es darstellt, d. h. 18 Rotten.

Es wäre aber nicht allein kein Fehler, sondern sogar wünschenswerth, wenn der Zug, mit der Unteroffizier-Rotte 20, also 18 Reuter-Rotten zählte.

Die Stärke von 18 Rotten gab Friederich VI., König von Dänemark, den Zügen, als dieser erleuchtete Monarch, Freund und Kenner der Reuterei, mittelst Parole-Befehl vom 14. Januar 1828, das System bei seiner Reuterei zum Gesetz erhob, wie es, mit Schützen und allen Influenzen in den Schriften des Verf. bisher dargelegt wurde. *)

---

*) Dieser Parole-Befehl bestimmt:

Der Offizier hält vor der Front (C.), der Wachtmeister schließt (F.), neben ihm der Trompeter (G.). Die 2 Ober=Rottmeister auf die Flügel des 1ten Gliedes, die 2 Rottmeister hinter ihnen schließend im 2ten Gliede.

---

1) Eine Schwadron besteht künftig aus fünf Zügen, und der fünfte Zug wird Schützenzug (Skyttedeling) genannt.

2) Jeder dieser Züge wird wieder in 2 halbe Züge abgetheilt.

3) Alle Wendungen werden mit halben Zügen gemacht.

4) Jeder Zug zählt 18 Rotten, inclusive der Einfassungs=Rotten.

5) Ein Rittmeister kommandirt die Schützen, und unter diesem stehen 4 Lieutenants.

6) Zur Musterung befindet sich die Schützen=Schwadron auf dem rechten Flügel.

7) Zum Gefecht befindet sich dieselbe hinter der Front.

8) Die besten Leute werden zu Schützen genommen, und erhalten als Auszeichnung eine weiße Schnur auf den Aermeln.

Figur 2. zeigt wie der Zug in zwei halbe Züge rechts abgeschwenkt hat. Der Offizier reitet auf der Grund-Linie des ersten halben Zuges, der Wachtmeister auf der des zweiten halben Zuges. Manöverirend soll der Zug in keine kleinere Theilganze zerlegt werden; dies ist Grundsatz. Diese halben Züge sind diejenigen Manöverir-Abtheilungen, womit das Reuter-Korps alle Wendungen und Schwenkungen macht, es sey Kolonnen zu formiren oder sie zu entwickeln.

Figur 3. zeigt die Kehrtschwenkung eines Zuges.

---

9) Die Schützen-Signale werden durch den Halbmond gegeben.

10) Wird die Reuterei Brigade- oder Divisionsweise versammelt, so kann der General sie anwenden, wie er es am zweckmäßigsten findet.

11) Eine betaschirte Schwadron hat ihre Schützen bei sich.

12) Alle Schützen erhalten Karabiner.

13) Die Offiziere reiten künftig vor der Front.

Aus der Stärke eines Zuges entwickelt das Schema die Stärke einer Schwadron auf folgende Art: (Fig. 4. und 5.)

1 Schwadrons-Chef oder Rittmeister,
1 Oberlieutenant,
4 Lieutenants,
1 Cornet,
1 Oberwachtmeister,
1 Quartiermeister,
5 Wachtmeister,
5 Trompeter,
10 Ober-Rottmeister ⎫
10 Rottmeister ⎭ 20 Unteroffiziere,
1 Schwadronsarzt,
(1 Gehülfe),
1 Schwadrons-Pferdearzt, Oberhufschmid, und
2 Hufschmide,
1 Sattler,
32 Schützen,
128 Reuter. (Minimum.)
———
205 worunter

199 Combattanten und

  6 Noncombattanten,

wobei auf keine Reserve-Mannschaft gerechnet ist,
obwohl man sie voraussetzt.

Stab eines Regiments.

1 Oberst,

1 Stabs-Offizier,

1 Adjutant,

1 Schützen-Rittmeister,

1 Adjutant-Unteroffizier zunächst für den Stabs-
    Offizier,

1 Junker als Standartenführer,

1 Stabsquartiermeister,

1 Stabs-Trompeter,

8 Combattanten.

Die Nichtfechtenden gehören hier nicht her.

Vier Schwadronen:

    — 820.

Mithin in runder Zahl das Regiment 800 Com-
battanten-Pferde taktisch effectiv, mit circa 300
Rotten in Linie.

Dies giebt für die Brigade 1600, für die Division 3200 Pferde zum Gefecht, und für drei Divisionen — 9600 Pferde.

Das reitende Artillerie-Regiment führt seinen Stand so auf:

1	Oberst, Regiments-Kommandeur,	
2	Stabs-Offiziere,	
5	Rittmeister,	
26	Offiziere, inclusive Adjutant,	
2	Adjutanten - Unteroffiziere	2 Pferde.
5	Oberwachtmeister . . .	5 „
20	Wachtmeister	20 „
6	Quartiermeister inclus. 1	
	Stabsquartiermeister, .	6 „
60	Unteroffiziere	60 „
21	Trompeter incl. 1 Stabs-	
	Trompeter	21 „
750	Kanoniere	580 „

— 694 Reitpferde.

— 340 Zugpferde.

— 1034 Pferde.

Die Pionnier- oder Sapeur-Schwadron gleich einer Reuter-Schwadron,

204 Reitpferde,
10 Zugpferde,
_____
214 Pferde.

Der Stand des Reuter-Korps,

61 Schwadronen
und
40 Geschütze,
(4 Geschütze auf 1000 Pferde),

wird also nach einem approximativen Calcul, ohne die Noncombattanten, die Munitions- und Stabswagen-s-Bespannung der Reuterei zu rechnen, folgender seyn:

Reuterei	.	.	.	.	9600 Pferde
Artillerie	.		.	1034	,,
Pionniers	.	.	.	.	214	,,

— 10848 Pferde,

die ins Gefecht geführt werden.

Hier sind keine Depot-Schwadronen, keine Uebercomplette angesetzt, welche jedoch als wesentlich, besonders bedungen werden. Hier ist nur das Minimum aufgeführt, nur was ins Gefecht geht.

Die Depot-Schwadronen marschiren nicht, halten jedoch bewegliche Abtheilungen zwischen sich und der Armee, welche zugleich dienen, die kranken und durch Fatiguen erschöpften Pferde aufzunehmen. Diese beweglichen Abtheilungen müssen daher gut organisirt seyn, um diesem wichtigen Zweck zu entsprechen.

Eigentliche Etats hat man nicht anfertigen wollen, welche zur Zeit auch noch, keinen besondern Nutzen haben.

Was hier gegeben wurde, möge der Leser so geneigt seyn, als einen Entwurf anzunehmen, der zu Modifikationen biegsam ist.

Die Generalität begreifft:

1 Ober-General (General der Reuterei),

3 Divisions-Generale (General-Lieutenants),

6 Brigade-Generale (General-Majore),

der Chef vom General-Stab (Oberst),

nebst General-Stabs-Offiziere, Adjutanten,

Guides und Fouriere.

Bemerkungen.

In ein näheres Zergliedern des Organismusses hat man nicht eingehen wollen.

Die allgemeine Proportion, die sich durch Stoff, Form und Wesen ausdrücken läßt, giebt aus der Vergleichung auch die Kenntniß des Ganzen.

Die einzelnen Schwadronen, Batterien und Regimenter, so lange sie nicht auf dem taktischen Felde vereinigt und verbunden werden, sind Trupps, Aggregate, in isolirter unzusammenhängender Form, noch von keinem Geiste bewegt. Sie gehören noch dem Gebiet des Negativen an.

Der taktische Begriff, Prinzip, der Befehl des Führers, setzt das verbundene Ganze erst in das Gebiet des Positiven.

Das Reuter-Korps soll aus der technischen Bildung zu einer freien taktischen Bewegung ins Leben treten, wie, wenn eine künstlerische Kraft es gebildet hätte. Dies verbundene Ganze ist ein freihandelndes Organ, wie wenn eine üppige kriegerische Einbildungskraft es geformt hätte. Durch den Beitritt eines höhern (geistigen) Faktors, geht es in das Gebiet der Handlung über.

Von der Reuterei, wie von der reitenden Artillerie, kennen wir so ziemlich Stoff, Form und Wesen, die Kräfte und Wirkungen dieser Exponenten, so wie deren Verwendung; aber von den drei Gattungen Reuterei mit ihren Schützen und der reitenden Artillerie zur Einheit eines Reuter-Korps verknüpft, ist uns dies Alles noch unbekannt.

Dasjenige was uns die Geschichte darüber giebt, sind nur annähernde Versuche, wo das ziehende Gewicht, welches Harmonie giebt, und zur Culmination führt, fehlte..

Der nun folgende taktische Exponent hat also auch noch nichts, womit der Einwurf zurückgewiesen werden kann, ob die Schlachtordnungen, die er darlegt, auch anzuwenden seyn werden. Das Schicksal hat ihn noch nicht in dem Grade begünstigen wollen, um diesen Einwurf durch die Praktik zu widerlegen. Ein solches Reuter-Korps ist im Kriege noch nicht gesehen worden. Für die Lösung der hier gegebenen Manöver liegt noch kein früheres Beispiel vor. Es kann mithin nicht verwundern, wenn diese Arbeiten so ganz neuer Art, verschieden Meinungen hervorrufen, und die Kritik wecken. Das Urtheil ist frei.

Auf der höchsten Stufe der kriegerischen Wirksamkeit, nämlich dem Handeln im Kriege,

weichen freilich alle Fragezeichen, alle Einwürfe
zurück, und das Geistige des Gedankens, von
der Praktik getragen, steht in ungebundener Hülle,
in durchsichtiger Klarheit da.

In dem Wort: Ausüben! liegt das Geheimniß des Taktikers. Dies Ausüben setzt die
Weihe angebornen Talents voraus. Wer dieses
heilige Oel empfangen, dem wird auch leicht
werden, das Reuter-Korps durch die taktische Bewegung zur praktischen Handlung zu
führen.

Ihm werden hier Gefechts-Formen darge-
boten, die, wie alle Schlachtordnungen, nur
relativen Werth haben, und von denen sein
Geist nach Zeit, Raum, Terrain und Umständen modificirten Gebrauch zu machen wissen
wird.

Schlachtordnungen stehen tiefer als der Geist,
der sie versteht.

Was dem taktischen Exponenten zur Unterstützung dient, ist der leicht zu erkennende Umstand, daß er auf denselben Grundsätzen ruht, welche durch Seydlitz geheiligt worden sind. So oft dieser große Reuter-General, durch einen großen Meister-Streich, die feindlichen Linien durchbrechen wollte, attakirte er entweder mit mehreren Linien zugleich, die Front des Gegners, oder er faßte eine Flanke desselben.

Seit man so glücklich war, die Taktik des General Seydlitz zu erkennen, wird man nie von den wahren, zugleich einfachen Prinzipien sich entfernen, die ihr zur Grundlage dienten.

Diese ächten Grundsätze, welche der Reuterei Einfluß förderte, und zu seiner Zeit gesichert hat, diese Grundsätze, mächtig, allbewegend und die preußische Reuterei zu den Siegen führend, welche beitrugen, den Thron des großen Königs glorreich und fest zu erhalten, so wie sie seinen Ruhm und sein Glück erhoben; diese Grundsätze

werden ewig der Stolz jeder Reuterei seyn, die
Thaten vollbringen will. Ohne diese ächten Grundsätze wird es auch keiner Reuterei gelingen, ihren
Ruhm unter den Nationen der Welt zu behaupten, und ein General, der dafür nicht beseelt ist,
der sie nicht durch Beispiel für die seinigen pro-
clamirt, wird das Vertrauen der Truppen unter seinem Befehl, mithin niemals Thaten gewinnen.

Die Taktik des General Seydlitz war ein
versiegeltes Buch; sie ist jetzt aber zum lebendigen Buchstaben entwickelt. Sie war nicht das
Eigenthum eines Nachfolgers geworden; sie liegt
nun allen General-Offizieren zum Erbe ausge-
breitet. Ihre Anwendung jedoch, wird auch
noch künftig, wie bisher, die Schwierigkeit
haben, daß es nur einem höhern Faktor gelingen wird. Seydlitz's Ruhm aber, kann keine
Zeit verdunkeln; sein Lorbeer verwelkt nie. Seine
erhabenen Talente erfüllen mit Ehrfurcht, mit
Bewunderung, und kein Schicksal ist im Stande
sie zu verringern oder zu vernichten.

Man stützt sich also auch auf seine Autorität, denn es läßt sich, in Bezug auf ihn behaupten: „Er redet, obgleich er todt
ist."

Zweiter Exponent.

Taktik.

„Der Geist ist's, der lebendig macht."
Joh. 6. 63.

Taktik.

Einheit und Einfachheit, ist das höchste Prinzip der Reuter-Taktik.

Die Taktik abstrahirt sich von der Erfahrung, allein die Erfahrung bietet uns nur Formen. Den Gehalt empfängt die Form erst von der Funktion des Denkens. Der Geist des Taktikers muß mithin hinzutreten, und den t[e]schen Gefechtsformen Bedeutung und Leben g[eben].

Die Ideen-Taktik hat Verbindung, theilung, Methode und ihre Sprache. [...] aber ist sie die Taktik des Kriegs, Friedens. Auch nicht für die Kunst,

Taktik.

Einheit und Einfachheit, ist das höchste Prinzip der Reuter-Taktik.

Die Taktik abstrahirt sich von der Erfahrung, allein die Erfahrung bietet uns nur Formen. Den Gehalt empfängt die Form erst von der Funktion des Denkens. Der Geist des Taktikers muß mithin hinzutreten, und den taktischen Gefechtsformen Bedeutung und Leben geben.

Die Ideen-Taktik hat Verbindung, Eintheilung, Methode und ihre Sprache. Vor allem aber ist sie die Taktik des Kriegs, nicht des Friedens. Auch nicht für die Kunst, wie eine

Reuterei einem Chok am geschickteften ausweicht, sondern wie sie ihn am kräftigsten vollzieht, hat sie Regeln und Formen. Sie befaßt sich also auch nicht mit Manövern, die nur auf dem Uebungsfelde Anwendung zulaffen, und kennt überhaupt keine Fragen, die zum Zweck haben, die Reuterei zu einem leblosen Fachwerk im Heer= Organismus zu machen. Sie giebt Schlacht= ordnungen, die auf wirkliche Schlachttage be= rechnet sind.

Der Gipfel der Größe ruht in der Hand= lung.

Die besten taktischen Formen bleiben ja doch nur Formen; der Geist des Taktikers ist die Hauptfache, und giebt ihnen erst leben.

Deshalb stellt man als Prinzip der Prin= zipien, das Durchleuchten der intellektuellen An= schauung voran. Das Ineinanderwirken der Kräfte ist das Wesentlichste; dies bedingt den lebendigen Hauch des Geistes, welcher den Mit= telpunkt der Ideen=Taktik einnimmt, und die

An=

Anwendung der Schlachtordnungen regulirt und bestimmt.

Die Theorie ist schwach und unzureichend; die unermeßliche Varietät der Praktik nimmt den Regeln und Vorschriften ihre Kraft, oft, wenn sie am nöthigsten sind. Die Theorie kann weder Talent, noch Energie, noch Entschluß lehren. Wer nur mit negativer Kraft von der Natur ausgerüstet wurde, kennt die Sehnsucht nach freiem, kühnem Handeln nicht. Die negative Kraft aber reicht nicht aus, um sich an die Spitze eines Reuter Korps zu setzen, und damit die Wechselfälle des gefährlichsten aller Hazard-Spiele zu wagen.

Die Ideen-Taktik führt die Reuterei aus dem Konjektural-Zustande, zu dem positiven Zustande; sie öffnet dem Taktiker einen großen Gesichtskreis für seine Perspective; aber sie verwahrt sich gegen buchstäbliche Auslegung, und mechanische Anwendung ihrer Sätze.

———

Satzungen.

———

Die Abtheilung zu Vieren, oder zu Dreien, gelten nicht mehr.

An deren Stellen treten die halben Züge.

Vier- oder Zwei-Rotten werden nur in Marsch-Ordnung angewendet, nie in Manöverir-Ordnung. Unter Manöverir-Ordnung und Marsch-Ordnung ist dieser bestimmte Unterschied, daß man aus dieser nothwendig zu jener übergehen muß, wenn man taktisch manöveriren will.

Die Regimenter und Schwadronen werden in ihren Linien-Abtheilungen nie unterbrochen.

Die Schützen-Züge bilden per Regiment einen Pulk, und geben den Vortheil, daß die Regimenter und Schwadronen stets ganze Größen bleiben.

Die Verwendung der Schützen stellt sich durch die Plans dar.

Für die Linie gilt die Trompete, für die Schützen der halbe Mond oder das englische Signal- (Bugel - horn) Horn.

Die Regiments=Kolonnen sind nur so fest geschlossen, daß mit halben Zügen freie Bewegung ausführbar ist.

Masse bedeutet nicht Kolonne, sondern nur, daß eine gewisse Anzahl Reuterei sich auf einem Punkt vereinigt befindet. Eine Masse Reuterei kann eben sowohl eine Linien = als Kolonnen=Stellung haben.

Die taktische Terminologie ist jene, welche der Bildung des einzelnen Mannes zu Grunde liegt. Die Gesichtsseite ist, Vorwärts; die Rückseite, Rückwärts; die rechte Seite, Rechts; die linke Seite, Links.

Eine Kolonne die rechts deployirt, bekommt ihre Front-Linie, eben dahin, wohin der einzelne

Mann die Gesichtsseite verändert, wenn er, rechts um! macht; eben so links.

Eine Kolonne die vorwärts deployirt, verändert die Gesichts-, oder Front-Linie nicht.

Eine Kolonne die rückwärts deployirt, verändert die Front-Linie auf gleiche Art, wie der einzelne Mann, wenn er kehrt, macht.

Um aus einer Bewegung, in eine andere, d. h. aus einer Evolution in eine andere überzugehen, ist nicht nöthig, vorher zu halten. Z. B. eine Kolonne, die im Marsch ist, hat nicht nöthig zu halten, um zu deployiren. Das Kommando wird gegeben, während die Kolonne sich bewegt, es sey im Trab oder im Schritt. Das Ausführungs-Kommando: Marsch! bezeichnet den Moment des Deployirens.

Es ist eine Kunst richtig und gut zu kommandiren; es giebt gleichsam zwei Arten zu kommandieren, wovon die eine den Karakter der überwiegenden Geistigkeit, die andere den Karakter

des überwiegenden Mechanischen an sich nehmen:
Ein mechanisches Kommandieren reißt die Idee
eines Manövers auseinander. Im Kommando-
Wort liegt das Gesetz, die Harmonie und die
Ordnung eines Manövers; wer es also versteht,
die anzeigenden und vorbereitenden Kommandos
während den Bewegungen, zu rechter Zeit zu
geben, bleibt Herr eines Manövers. Das Ausführungs-Kommando ist immer schnell wie der
Gedanke!

In dieser Kunst richtig zu kommandieren,
liegt ein Theil des Geheimnisses der Reuter-Taktik,
ein Theil des Geheimnisses mit Reuterei zu überraschen.

Wer diese Kunst nicht inne hat, muß von
vorne herein darauf verzichten, mit Reuterei
Thaten zu vollbringen. Um sich in einer Sprache
auszudrücken, muß sie gelernt seyn.

Der Treffen-Abstand in Linie ist 500 Schritt.
In Kolonne eine Schwadrons-Breite. Die Schwadronen sind zur Kolonnen-Stellung in jedem Re-

..ment bis auf eine halbe Zugs-Breite aufgerückt. Zwischen den Regimentern ist eine Zugs-Breite Intervalle.

In Linie haben die Schwadronen desselben Regiments, wenigstens einen halben Zug-, und höchstens einen ganzen Zug-breiten Abstand (Schwadrons-Intervalle). Die Regimenter wenigstens einen Zug- und höchstens eine halbe Schwadron- breiten Abstand (Regiments-Intervalle).

Der Raum von einer Brigade zur andern (Brigade-Intervalle), kann nach Umständen etwas größer seyn, darf jedoch nie die Breite einer Schwadron übersteigen.

Erste Anmerkung.

Diese Satzungen gelten für die Württembergische Reuterei seit dem Jahr 1817., wo des Königs Majestät sie definitiv sanktionirte. Sie galten schon theilweise, obwohl nur provisorisch, in den Feldzügen 1814 und 1815. Diesen Satzungen verdankt diese Reuterei, taktisch ihre große

Manövrir-Fähigkeit. Das System hat daher
die Erfahrung für sich.

Diese Satzungen gelten laut Königlichem
Parole=Befehl vom 14. Januar 1828, auch bei
der dänischen Reuterei. Dadurch haben sie eine
wichtige Königliche Autorität mehr für sich. Die
Fortschritte, welche diese Reuterei durch Annahme
des Systems in wenigen Monaten gemacht hat,
erstaunte selbst diejenigen, welche für die Neue=
rung waren.

Zweite Anmerkung.

Man hatte die Absicht, der Taktik des Reuter=
Korps, die, einer Division vorangehen zu lassen,
und die Evolutionen, die man zu entwickeln ge=
dachte, hätten auch als Vorbereitung nützlich
seyn können. Allein man hätte dann diese Ar=
beit abermals hinausschieben müssen. Jetzt wird
man sie folgen lassen.

Die Bewegungskunst einer Division, von
zwei Brigaden, jede Brigade von zwei Regi=

mentern, entwickelt sich ganz einfach aus den
Elementen der Bewegungskunst eines Regiments;
sie ist in sofern wichtig, als sie einen nothwen=
digen, und integrirenden Theil der taktischen
Vorschriften ausmacht, welche jede Reuterei be=
sitzen soll.

Die reglementarische Vorschrift über die
Manöver einer Division, stellt Grundsätze
fest, und giebt Normal=Evolutionen, welche die
Ideen=Taktik, als bekannt voraussetzt. In sofern
kann die Kritik eine Lücke finden, welche aus=
zufüllen, man sich vorbehält. Dies mußte hier
gesagt werden.

—

Fundamental = Ordnung.
Tab. I.

—

Das Reuter=Korps steht treffenweiß in Ko=
lonne; jedes Regiment mit Schwadronen rechts
in geschlossener Ordnung dicht an= und aufge=
rückt;

rückt; die Spitzen der Regiments-Kolonnen neben einander.

Das leichte Treffen hat alle 4 Pulks Schützen vor der Front; das Harnisch-Treffen 2 Pulks rechts, 2 Pulks links. Die 4 Batterien Sechspfünder stehen zwischen dem Harnisch- und dem Lanzen-Treffen in enger Stellung, die Pionnier-Schwadron vor ihrer Front. Der Haubitzen-Pulk, der Reserve-Park, Bagage, Handpferde ꝛc. hinter dem Lanzen-Treffen; hinter solchen die Gensd'armes. Bereitet man sich zum Gefecht, so gehen diese Abtheilungen, unter Bedeckung der Gensd'armes, in Sicherheit. Die Schützen-Pulks der Lanzen schließen. Die Hälfte sämmtlicher Schützen-Pulks, sind in zerstreuter Ordnung aufgestellt und bilden eine Kette in zwei Glieder.

Anmerkung.

Eine Berechnung der Breite und Tiefe der Fundamental-Ordnung ist leicht, und ergiebt sich von selbst.

Diese geschlossene Masse nach allen Seiten schnell zu bewegen, ist wesentlich.

―――――――

Evolutionen in der Kolonne.

Erste Kolonnen-Evolution.

Direktions-Veränderung rechts.
Tab. II.

1) **Reuter-Korps!**

2) **Rechts, Direktion verändern!**

3) **Marsch!**

Das leichte Treffen schwenkt in Kolonne rechts.

Das Harnisch-Treffen: (mit halben Zügen) links um, und gleich darauf, rechts Direktion verändern. Auf seinen Abstand, (mit halben Zügen) rechts um, und aufrücken.

Das Artillerie-Regiment und das Lanzen-Treffen folgen dieser Bewegung.

Die Direktions-Veränderung links zeigt
Tab. III.

1) Reuter-Korps!

2) Links, Direktion verändern!

3) Marsch!

Gleichwie die erste Evolution, nur durch entgegengesetzte Bewegungen ausgeführt.

Sollen diese Direktions-Veränderungen während dem Marsch Tab. IV. gemacht werden, so folgen alle Treffen, also die ganze Tiefe der Kolonne, dem ersten Treffen, d. h. die ganze Kolonne schwenkt mit gehendem Pivot. Nach Verhältniß der Tiefe der Kolonne, muß der Bogen des Pivot sich vergrößern.

———

Zweite Kolonnen=Evolution.

Direktions=Veränderung rückwärts.
Tab. V.

1) Reuter=Korps!

2) Durch Contre=Marsch rückwärts
Direktion verändern!

3) Marsch!

Die ganze Kolonne macht zugleich Contre=
Marsch; alle Schwadronen mit ungeraden Num=
mern, also die erste und dritte aller Regimenter,
schwenken mit halben Zügen rechts, und mar=
schiren, jedes Regiment in sich, rechts contre;
alle Schwadronen mit geraden Nummern, mit=
hin die zweite und vierte aller Regimenter,
schwenken mit halben Zügen links und marschiren,
jedes Regiment in sich, links contre.

Dieser Contre=Marsch ruht auf einem ein=
fachen Grundsatz, und wird immer auf gleiche

Art vollzogen, gleichviel, ob die Kolonne das erste oder dritte Treffen vorne hat, d. h. ob die Fundamental=Ordnung, rechts oder links in Kolonne ist. Immer und unabänderlich machen die ungeraden Schwadronen den Contre=Marsch rechts, die geraden links: das macht diese Evolution so einfach, obgleich sie dem Auge sich sehr künstlich darstellt.

Das: Halt! (oder: Front! wenn die Bewegung im Marsch gemacht wird) nach vollendetem Contre=Marsch muß jedoch à tempo gegeben werden.

Soll die Kolonne die frühere Ordnung wieder nehmen, so ist das Kommando, und die Bewegung, ganz dieselben, und zwar ohne irgend eine Veränderung oder Abweichung.

Dritte Kolonnen-Evolution.

Flanken-Bewegung.
Tab. VI.

1) Reuter-Korps!

2) In die rechte Flanke!

3) Marsch!

Alle Treffen schwenken zugleich mit halben Zügen rechts, und marschiren aus der rechten Flanke.

Soll wieder gerade aus marschirt werden, so wird solches kommandirt:

1) Reuter-Korps!

2) Gerade aus!

3) Marsch!

Worauf wieder mit halben Zügen links eingeschwenkt, und gerade aus marschirt wird.

Die gleiche Bewegung in die linke Flanke ergiebt sich von selbst.

Bemerkungen.

Gleicherweise kann man, wenn man z. B. nur einen kleinen Raum rückwärts durchlaufen will, mit halben Zügen rechts oder links kehrt schwenken, und zurück marschiren; auch sich auf gleiche Art wieder herstellen. Dies stellt sich ohne besondere Erklärung dar; z. B.

1) Reuter=Korps!

2) Mit halben Zügen kehrt und zurückmarschiren!

3) Marsch!

Die Herstellung geschieht:

1) Reuter=Korps!

2) Mit halben Zügen kehrt und halten!

3) Marsch!

Und damit sind alle Evolutionen der Fundamental=Ordnung erschöpft. Sie zeigen, wie leicht die Bewegung einer solchen Kolonne ist.

Die Ideen-Taktik betrachtet keine Marsch-Ordnungen; sie fängt mit Manöverir-Ordnungen an, und glaubt mit dieser Einen Fundamental-Ordnung, als die in allen Lagen, auf jedem Schlacht-Terrain geltende Normal-Aufstellung, als ein regulatives Prinzip, welches das Reuter-Korps auf den Punkt leiten soll, wo man fechten will, ganz gut ausrechen zu können. Aus derselben entwickeln sich Schlacht-Ordnungen.

Sätze.

Hat das Artillerie-Regiment, wie z. B. dies in Württemberg der Fall ist, die Bewegungs-kunst der Reuterei adoptirt (welches vorausgesezt wird), so findet solches keine Schwierigkeiten, allen Evolutionen, die vorkommen können, zu folgen.

Die Schützen decken diese Evolutionen nach allen Seiten, und bilden eine Kette in zwei Glieder.

Die Fundamental-Ordnung wird so lange wie möglich beibehalten, d. h. so lange man aus dem Bereich des feindlichen Feuers ist, und bis zum Anfang der Attake.

Offensiv hängt viel davon ab, in dieser Fundamental-Ordnung sich dem Gegner so lange als Räthsel zu zeigen, bis man im Stande ist, ihm die Auflösung desselben als Ueberraschung zu geben.

Defensiv herrschen andere Potenzen. Sobald aber offensiv die Fundamental-Ordnung in eine Schlacht-Ordnung übergeht, wird der Angriff ein nothwendiges Prinzip.

Geschichtliche Bemerkung.

Die Taktik des General Seydlitz hatte den Accent auf die Kunst gelegt, mittelst des Flankenmarsches oder des Alignements-Trabes, den Gegner zu überflügeln, welche Ueberflügelung immer als Ueberraschung wirkte.

Vergleichung.

Die Ideen-Taktik legt den Accent auf die Kunst, durch talentvolle Anwendung, und durch

geschickte Bewegung der Fundamental-Ordnung
oder der Kolonnen, Ueberraschung zu bewirken,
jene der Reuter-Taktik nothwendige Ueberraschung,
ohne welche keine große Resultate zu erreichen
sind.

Folgerungen.

Je leichter ein General mit der Kolonne zu
manöveriren, je sicherer er die Normal-Aufstellung anzuwenden versteht, je sicherer wird er
das Schicksal beherrschen. Wie er die Aufgabe
durch kühne Evolutionen diese Kolonne anzuwenden, löst, davon hängt sein Ruhm als Ober-
General ab.

Diese Kolonne kann in jedem untermischten
Terrain manöveriren, ja, durch Schlachten und
Gehölze, die blos für Fußvolk zugänglich scheinen, kann sie bringen, und so den Feind überall
überraschen: denn es ist ein Vorurtheil, welches
der Reuterei zu ihren Bewegungen, eine beinahe
ebene Fläche bedingt.

Die List muß sich mit der Stärke, und die
Vorsicht der Klugheit mit der Verwegenheit vereinigen.

Dem Geist, der dies leisten soll, darf entschlossener Karakter und entschiedenes Talent nicht fehlen. Es gehört nicht blos Einsicht, sondern auch ein großes Herz dazu, um das Kühne mit Kombination zu versuchen. Zögern verliert nicht nur die Zeit, sondern auch die That; und an seinen Thaten wird der General erkannt. Jedoch keinem wahren General lassen sich bestimmte Bahnen vorzeichnen; diese liegen außerhalb aller kritischen Berechnung. Ein Genie kann mit keinem vorhandenen Maßstabe gemessen werden. Und ein solcher Geist ist es, den man an die Spitze des Reuter=Korps setzt. — Kraft spricht aus allen seinen Handlungen, und diese Kraft eben ist es, die ihn zum Meister schafft. Nur der Befehl des Fähigen findet Anerkennung.

Das Reuter=Korps verkündet sich durch Thaten; Tapferkeit herrscht als die Idee seiner Taktik: Kraft, oder Aeußerung der Kraft, ist das allgemeine Gesetz.

Offensiv = Taktik.

Alle Entwickelungen aus der Fundamental=
Ordnung, oder aus der Kolonne, müssen als
Ueberraschungen hervortreten. Dies ist der Vor=
theil der Kolonnen, und die Ideen=Taktik giebt
ihnen deshalb das Primat. Die Kunst steht
höher als die Erfahrung. Der Werth der Kunst
aber findet seine Größen in den Ideen.

Die Schlachtordnungen selbst sind einfach,
consequent, zusammenhängend, und aus wenigen
Grundsätzen sich entwickelnd. Ihr Zweck giebt
allein den Schlüssel zur Beurtheilung des Ganzen
und der Theile, der Exponenten und der
Coefficienten.

Erste Offensiv-Schlachtordnung.
Tab. VII.

—

Angriff der Mitte.

Der Chef kommandirt:

1) Reuter-Korps!

2) Angriff der Mitte!

3) Marsch!

Die Treffen-Kommandanten, geben auf das Benennungs-Kommando des Ober-Generals ihre Kommandos so einfach wie möglich, welches nach der militärischen Hierarchie die Stufenbahn hinabläuft, bis zu den Rittmeistern. Dies beendigt, giebt der Ober-General den Moment der Ausführung durch sein: Marsch! welches als Hauch des Lebens wirkt.

Das leichte Treffen marschirt im Trab, die erste Brigade mit halben Zügen in die rechte Flanke (rechts um!), die zweite Brigade mit halben Zügen in die linke Flanke (links um!). Die Brigade-Kommandanten haben ihr Des ployement, der erste links, der zweite rechts, dergestalt zu bemessen, daß die Entfernungen oder Abstände richtig treffen. Die Schützen dieses Treffens decken dies Manöver.

Die Artillerie geht im Trab in zwei Kolonnen um beide Flügel des Harnisch-Treffens vor, und rückt nach dem Ermessen ihres Obersten, welches Terrain, Umstände und erhaltene Weisungen vom Ober-General beschränken, im Galopp und Carriere in die Gefechts-Linie. Bei diesem Manöver bleibt ihr die Aufgabe, in der Mitte des Regiments, Raum für das Harnisch-Treffen, in geschlossener Ordnung, d. h. für die Front von 4 Schwadronen in Linie, zu lassen. Die Artillerie protzt auf 400 Schritt vom Feinde ab, und beginnt sofort ihr Feuer, und zwar in einer kreuzenden Richtung, wobei sie den Punkt konzentrisch zu fassen sich bemüht, den der Harnisch-Phalanx chokiren soll. Dieser Punkt ist ihren Kommandanten bekannt. Zwei und dreißig reitende Kanonen, von denen doch 28, oder mindestens 24 ins Gefecht kommen werden, geben Aussicht auf Wirkung, wenn sie richtig verwendet

werden. Die reitende Artillerie ist immer gut
in Schlachtordnung, wenn sie auf Kartätschen-
Schuß-Nähe abprotzt.

Das Artillerie-Regiment bleibt bei diesem
Manöver, speciel dem Schutz des leichten Treffens
vertraut, welches nach dem Deployement, rechts
und links über deren Enten hinragend, in die
Linie rückt. Der Divisions-Kommandant dieses
Treffens, findet hier eine ausgedehnte Wirkungs-
Sphäre.

Die Sapeur-Schwadron theilt sich, und hält
sich so nahe an beide Flügel der Artillerie, daß
sie, bei etwaigen Terrain-Hindernissen zur Verfügung ist. Sie verstärkt zugleich die Sicherheit
der Artillerie.

Der Pulk Haubitzen kann bei diesem Chok
auf mehrfache Art verwendet werden. Indem
man z. B. ihn unter Bedeckung eines Pulks
Schützen eine Seiten-Stellung nehmen läßt, kann
er den Angriff schon aus der Entfernung eröff-
nen, unterstützen, und die Aufmerksamkeit des

Feindes theilen, indem er zugleich als Stützpunkt
dient. Nur wenige Fälle lassen sich denken, wo
dies nicht thunlich, und man die Haubitzen beim
Lanzen-Treffen in Reserve behalten müßte. Die
Attake mitmachen scheint am wenigsten entsprechend.
Haubitzen sind Wurfgeschütz, und ihr Gebrauch
wird nach den Grundsätzen, welche beim Festungs-
krieg gelten, geleitet.

Das Harnisch-Treffen fängt seine Attake an,
sobald das Manöver des leichten Treffens und
der Artillerie im Gang ist; es setzt sich in derselben Ordnung, worin es sich befindet, in Trab,
wobei sich die Schwadronen auf halben oder ganzen
Schwadrons-Breiten Abstand, je nach Umständen, folgen, ein Abstand, der sich noch vergrößern
kann, wenn die Kolonne durch feindliches Artillerie-
Feuer muß.

Die Art des Choks muß von Umständen
abhangen. Diese Arten können dreierlei seyn.
Entweder in Kolonne, oder mit abwechselnden
Intervallen — woraus sich ergiebt, daß hier von
keiner eigentlichen Kolonnen-Attake in ganz geschlossener Ordnung die Rede ist; — oder mit
den

ben 4 Schwadronen, die sich an den Spitzen befinden allein; oder successiv mit allen Schwadronen, und mit größeren Intervallen, wobei stets 4 Schwadronen in Linie choliren, und zwar so, daß zuerst die 4 ersten Schwadronen der 4 Regimenter; darauf die 4 zweiten; sodann die 4 dritten Schwadronen und endlich die 4 vierten Schwadronen, ins Gefecht kommen.

Um den Regimentern am Ruhm wie am Verlust gleichen Theil zu geben, wählte man die Regiments-Kolonnen mit Schwadronen, mit verschobenen Spitzen.

Findet der General es passender, jedes Regiment für sich in Linie attakiren zu lassen, so muß er es schon in der Fundamental-Ordnung vorbereiten.

Auf diese Art hat man 4 Chok-Linien, in der Breite von 4 Schwadronen, die sich so schnell folgen, daß der entschlossenste Gegner vor ihnen erliegen muß. Die Truppen-Gattung auf die das Reuter-Korps trifft, entscheidet weniger als die Heftigkeit, womit der Stoß oder Chok gegeben wird.

Gegen Fußvolk kann Reuterei nicht schnell genug reiten: der moralische Eindruck wächst mit der Schnelligkeit. Gegen Reuterei erfordert die Nothwendigkeit der Ordnung, und das Geschlossenbleiben, ein gemäßigteres Tempo.

Das Harnisch-Treffen erhebt seinen Chok zur 2ten, 3ten und 4ten Potenz, wie immer die Umstände, sowohl die innern, Frische und Kraft; oder äußern, Wetter und Boden es zulassen, oder gebieten.

Die Umstände sind die souveräne Macht, der man unterworfen bleibt, zu welchen Exponenten man sich auch erhoben haben mag.

Die 4 Regiments-Kommandeure befinden sich nach ihrem Dienstalter vor den 4 Linien, so, daß der älteste Oberst, an der Spitze der ersten Linie, und so fort der jüngste endlich vor der 4ten Linie chakirt. Die beiden Brigade-Kommandanten befinden sich auf beiden Flanken in der Höhe der ersten Linie.

Die Generale sind nur gut auf ihren Posten, wenn sie sich da befinden, wo sie sich an die Spitze einer Linie setzen können, wenn diese Linie chokirt. Alle übrigen Chargen halten ihre Plätze.

Dieser Chok kann mit allen Signalen geleitet werden. Die Artillerie feuert so lange wie möglich, d. h. so lange, bis das Harnisch-Treffen in ihre Schuß-Linien ankommt. Ihr Feuer soll nicht nur vorbereiten, und unterstützen, es soll auch den Chok verdecken und beitragen, daß es als Ueberraschung wirkt. Es soll auch den Feind irre machen, und ihn hindern sein Feuer auf das Harnisch-Treffen zu richten. Dies wird durch die Bewegung des leichten Treffens sehr erleichtert.

Daß dies Feuer eine auffallende Wirkung beim Feinde machen wird, ist klar, und den Augenblick dieser Wirkung soll das Harnisch-Treffen benutzen, um sich auf den Feind zu werfen.

In wie fern das leichte Treffen mitchokirt, oder in Linie halten bleibt, bestimmt zwar der Ober-General, hängt aber noch hier von den Umständen ab, auf deren Höhe sich die Divisions- und Brigade-Generale erhalten.

Die Schützen-Pulks sind bei diesem Angriff, wie immer auf den Flanken; sie sind doppelt bereit, entweder dem Feinde in die Flanke zu fallen, oder die Flanken der eigenen Division gegen Angriffe des Gegners zu schützen. Daburch, daß sie schwärmend dem Feind sich in die Flanke werfen, schützen sie immer am besten, zugleich die eigene Flanke. Daburch gewinnt die Division, welche den Angriff macht, jene Ruhe welche den Erfolg verbürgt: der Sorge für die Sicherheit ihrer Flanken ist sie enthoben.

Gegen den Feind aber stürmt ein drittes Element an: die Artillerie hat ihn erschüttert; — ein geregelter Angriff stürmt auf die Front los; — und eine Schwärm-Attake faßt die Flanke — während eine deplopirte Division alle Punkte zugleich bedroht. Die Reserve bleibt im Takt.

Die Schützen des leichten Treffens, werden bei jedem Angriff, die feindliche Artillerie, in aufgelößter Gefechts-Ordnung, zum Gegenstand ihrer Manöver, und ihrer Angriffe machen. Dies ist wesentlich. Im Angriff liegt in den meisten

Fällen der ſicherſte Schuß. Schützen ſollen immer
daran denken, daß, wie ihrem Namen ſchon ein
Doppelſinn unterliegt, ſie Doppelkämpfer ſind,
ſowohl offenſiv als defenſiv. Fechtend ſchützen
ſie.

Das Lanzen-Treffen bleibt in Kolonne, und
folgt langſam dem Harniſch-Treffen, auf die ihm
eigenthümliche Treffen-Entfernung. Den Antheil,
den es am Gefecht zu nehmen hat, beſtimmt
der Ober-General, nach den Umſtänden. Sein
Verhältniß wird durch den Ausdruck: Reſerve,
beſtimmt. Die Artillerie ſchließt ſich, ſo wie ihre
Wirkſamkeit geendet hat, hier an.

Chokirt das leichte Treffen mit, ſo wird der
Ober-General wahrſcheinlich das Lanzen-Treffen
um ſo mehr in Reſerve, und außer der Wirkung
der Geſchütze behalten, um es, in Vereinigung
mit der Artillerie, gegen die Unterſtützungen zur
Verwendung zu haben, welche der Gegner von
andern Punkten etwa herbeiführen könnte.

Bleibt das leichte Treffen in Linie halten,
mithin als Reſerve verfügbar, ſo kann das

Lanzen-Treffen mit zum Chok verbraucht werden.
Eine solche Hartnäckigkeit des Feindes, die dies
nothwendig machte, ist aber kaum zu erwarten.
Besser jedoch läßt der Ober-General sie gegen
andere Truppentheile los, wenn der erste Chok
gewirkt hat.

Alles dieses ist Beurtheilung des Ober-
Generals.

Die wichtige Rolle des Ober-Generals stellt
sich von selbst dar: Auf der Höhe der Initiative,
muß er die Begebenheiten beherrschen, nicht aber
ihr Diener seyn.

Die Regimenter schenken dem nie Vertrauen,
der keines verdient. Die Reuterei wird unter
einem Anführer, der ihre Achtung nicht zu erwerben wußte, nie Großes vollbringen.

Unfähige Generale verwirren die Angelegen-
heiten des Kriegs. Im Interesse des Staats
müssen die Könige sich ihrer so sehr wie möglich
enthalten: Sie vermögen nicht einmal die Disciplin
aufrecht zu erhalten: sie richten den Geist der

Truppen zu Grunde, dadurch, daß die Truppen
ihnen die Achtung versagen. Nur dem Fähigen
unterwirft sich der Krieger mit Hingebung. Die
Eigenschaften eines Generals von Talent dagegen
erweitern sich, wenn der Nimbus der Macht hinzu
tritt, und die Persönlichkeit mit Glanz umgiebt.

Erste Bemerkung.

Diese hier entwickelte Offensiv-Schlachtord-
nung kann das Befremdende haben, daß sie sich
in keine breite Front entwickelt; sie richtet
ihre Kraft vielmehr auf einen einzigen
Punkt. Sie wird dadurch die Ansicht verletzen,
daß, weil nur die blanken Waffen der ersten
Linie thätig werden (im ersten Anrann wenigstens),
diejenigen der drei andern Linien unthätige Zuschauer bleiben. Diesen Schein-Einwurf widerlegen alle taktischen und selbst strategischen Satzungen, welche darüber einig sind, daß, um zu
siegen erfordert wird, mehr Kräfte auf den Angriffs-Punkt zu bringen, als der Feind daselbst
hat. Ist dies richtig, welches nicht zu bestreiten
ist, so wird die Nichtigkeit der Schlachtordnung

auch nicht bestritten werden können. Diejenigen jedoch, welche die Kraft der Reuterei in breiten Fronten zu suchen gewohnt sind, mögen sich an der Front-Linie des leichten Treffens halten. Das Deployement dieses leichten Treffens, im Zusammenhang mit der Attake der reitenden Artillerie, ist eben das Moment, welches den Feind völlig irre machen wird. Ein ganz ungewöhnliches Auge wäre nöthig um da durchzublicken, wo der entscheidende Zeiger auf dem Sekundenziffer herumfliegt. Zu Gegenanstalten ist es zu spät. Und darin eben ruht das Meister-Talent des Ober-Generals, daß diese Schlachtordnung sich aus der Fundamental-Ordnung eben dann entwickele, wenn der rechte Augenblick gekommen, und daß sie eben auf den Punkt fällt, der entscheidet. Seine geniale Kraft strebt nach der Initiative, welches die Macht ist, die Einfluß giebt.

Es ist wahr, daß gegen Reuterei so große Kräfte selten nöthig sind zur Anwendung zu bringen; meistens wird die erste Linie, in Vereinigung mit dem Flanken-Angriff der Schützen hinreichen,

reichen. Aber auch in diesem Fall ist dadurch nichts verloren, daß man über mehr Kräfte verfügen kann, als man nöthig hat. Diese erste Linie stürzt dem fliehenden Feinde in Vereinigung mit den Schützen nach, und sucht Verwirrung und Auflösung in die feindlichen Reihen zu bringen. Das ängstliche Appelblasen, welches so oft die Früchte des Chofs raubt, fällt weg. Der Divisions-Kommandant folgt im Trabe mit den drei übrigen Linien, bereit, jeden neuen Widerstand zu besiegen. Der Ober-General behält indessen die zwei andern Divisionen und die Artillerie vereinigt, um sie gegen die Truppentheile zu führen, welche durch den Sieg der ersten Linie ihre Flanken und Rücken blos zeigen, oder sie sonst den Umständen gemäß zu verwenden. Die günstigen Wechselfälle, welche eintreten können, und von welchen er Vortheil ziehen kann, lassen sich nicht alle aufzählen, aber sie werden dem Genie nicht entgehen, jenem Genie, welches die Urquelle für Reuter-Thaten wird, die nie versiegt.

Gegen Fußvolk glaubt man in dieser Schlachtordnung, das entscheidende Prinzip gefun-

ben zu haben, gegen welches weder dessen ausgebildete Taktik, noch dessen moralische Haltung
etwas vermag. Die Reuterei muß das Relative
aus ihrem Coder radieren, und zum Positiven
vorrücken.

Umsonst sucht die Taktik sanfte Wendungen,
um Fußvolk zu überwältigen: das sicherste Mittel
bleibt immer, sich mit Energie mitten in ihr
Feuer zu stürzen, wie Seydlitz bei Zorndorff.

Uebrigens soll weder diese, noch die folgenden
Schlachtordnungen etwas anderes seyn, als freie
Gedanken, dem Nachdenken und der Prüfung
der Generale gewidmet. Nach Maß ihrer Talente,
und ihrer Energie, werden sie solche anwenden,
oder — verwerfen!

Zweite Bemerkung.

Die Attake machen die Haubitzen nicht mit:
die Wirkung ihrer Kartätschen ist zu gering.
Ihre ausgesprochene Bestimmung ist, diese Attake
dadurch zu unterstützen, daß ihr Wurf=Feuer während

derselben, aus einer vorher gewählten Stellung, ununterbrochen fortgesetzt wird. Sie dient zugleich als ein Anhaltpunkt, falls der Chok mißlingt. Ueberhaupt werden Haubitzen eine um so größere Wirkung machen, wenn sie vereinigt zum Gefecht verwendet werden: taktisch bleiben die Haubitzenzüge daher eben so consequent von den Kanonen- oder Linien-Batterien getrennt, als die Schützen-Züge, von den Linien-Schwadronen. Da die Haubitzen leichter fahren als die Kanonen, da sie oft da noch durchkommen, wo jene genöthigt sind umzukehren, so glaubt man in ihnen das Eigenthümliche zu finden, was sie zu dem Dienst, womit man sie begünstigt, fähig macht. Ein 5ter oder Haubitzen-Rittmeister wird, in gleichem Verhältniß, wie der Schützen-Rittmeister eines Reuter-Regiments den Schützen-Pulk, diesen Haubitzen-Pulk taktisch befehligen und beim Gefecht leiten. Man hat also taktisch die Batterien nicht vergrößert.

Zweite Offensiv-Schlachtordnung.
Tab. VIII.

—

Angriff des rechten Flügels.

1) Reuter-Korps!

2) Angriff des rechten Flügels!

3) Marsch!

Leichtes Treffen, mit halben Zügen im Trab, in die linke Flanke! (links um! Trab!)

Artillerie links um!

Das leichte Treffen trabt in die linke Flanke.

Sobald das reitende Artillerie-Regiment hinter dem Harnisch-Treffen weg ist, macht es durch rechts um Front, und, wenn es durch das leichte Treffen demaskirt ist, seine Attake bis auf 400 Schritte an den Feind, und protzt ab.

Die erste Brigade des leichten Treffens deployirt rechts, sobald sie auf ihrem Abstand angekommen, und rückt, so wie jedes Regiment in Linie ist, auf dem linken Flügel der Artillerie nach den Gesetzen, die beim Deployiren gelten, Regimenterweis im Trab auf die Höhe vor, welche die Artillerie eingenommen haben wird.

Die zweite Brigade kann nach Umständen ebenfalls deployiren, oder auf dem linken Flügel der ersten Brigade in Kolonne gehalten werden. Der Divisions-Kommandant wird dieses nach den Umständen, welche Terrain und der Feind bestimmen, ermessen. Er ist deshalb da.

Die Schützen dieses Treffens decken dieses Manöver.

Die Attake der Artillerie im Gang, macht das Harnisch-Treffen seinen Chok, wie bei der ersten Schlachtordnung. Die 4 Schützen-Pulk dieses Treffens decken die rechte Flanke.

Der Haubitzen-Pulk, löst die Aufgabe, die der Ober-General ihm gegeben hat. Diese Aufgabe wird die Deckung der rechten Flanke seyn.

Das Lanzen-Treffen verhält sich nach den ihm gewordenen Befehlen, mit Rücksicht auf sein Verhältniß als Reserve.

Anmerkung.

Daß abwechslungsweise, die zwei Treffen, Harnisch- und Lanzen-Reuter die Rollen tauschen können, versteht sich unerklärt. Eben so können die Schwadronen der Spitzen wechseln, wodurch Ruhm und Verlust sich ausgleicht.

Dritte Offensiv-Schlachtordnung.
Tab. IX.

Angriff des linken Flügels.

1) Reuter-Korps!

2) Angriff des linken Flügels!

3) Marsch!

Leichtes Treffen, mit halben Zügen in die rechte Flanke! (rechts-um! Trab!)

Artillerie rechts um!

Das leichte Treffen trabt in die rechte Flanke.

Sobald das reitende Artillerie-Regiment hinter dem Harnisch-Treffen weg ist, macht es durch links um Front, und, wenn es durch das leichte Treffen demaskirt ist, macht es seine Attake bis auf 400 Schritt an den Feind, und protzt ab.

Die zweite Brigade des leichten Treffens deployirt links, sobald sie auf ihren Abstand angekommen, und rückt, so wie jedes Regiment in Linie ist, mit den Regimentern vom linken Flügel, auf dem rechten Flügel der Artillerie nach den Gesetzen, die beim Deployement gelten, Regimenterweis im Trab auf die Höhe vor, welche die Artillerie eingenommen haben wird.

Die erste Brigade folgt diesem Deployement; kann aber auch auf dem rechten Flügel der zweiten Brigade in Kolonne gehalten werden. Alles nach Umständen, die der Divisions-Kommandant beurtheilt, und darnach seine Befehle giebt.

Die Schützen dieses Treffens decken diesen Aufmarsch.

Die Attake der Artillerie im Gang, macht das Harnisch-Treffen seinen Chok, wie bei den beiden ersten Schlachtordnungen. Die Schützen dieses Treffens decken die linke Flanke.

Der Haubitzen-Pulk benimmt sich nach den Weisungen, welche der Ober-General ihm gegeben hat.

Das Lanzen-Treffen eben so.

Betrachtungen.

Das Harnisch-Treffen bezeichnet in den bisherigen Schlachtordnungen den Angriffs-Punkt. In diesem Punkt konzentrirt sich eine ungewöhnliche Kraft. Der versagende Flügel zeigt sich dem Feinde zuerst, und zwar in entwickelter Linie.

Es ist wichtig die Offensiv-Gefechtsformen der Reuterei so zu construiren, daß der Strom nur vorwärts gehen kann, wo er Alles über den Haufen werfen wird, was er in seinem Lauf erreicht, daß er aber nicht rückwärts sich wenden kann. Dieses war bis jetzt nur zu oft der Fall, und diesem soll vorgebaut werden. *)

Wesentlich offensiv sind daher diese Gefechts-Linien in geöffneter Kolonnen-Ordnung.

---

*) Dieser Gegenstand ist so wichtig, daß dahin schon bei dem technischen Unterricht des einzelnen Mannes gewirkt werden muß. Der Reuter muß gelehrt werden, so wie das **Marsch! Marsch!** gegeben ist, mit einem kräftigen Anlegen beider Sporen, blind, wie exaltirt in den Feind zu jagen. Das giebt immer den Sieg. Deshalb im Frieden keine Angriffe auf Infanterie. Die Reuterei wird im Frieden dadurch verdorben, daß sie, um dem Fußvolk Selbstvertrauen zu geben, dieses attakieren muß. Ueberhaupt sind die großen Uebungen im Frieden gewöhnlich nur zum Vortheil des Fußvolks oder der Artillerie. Diese haben den Stolz, alle Angriffe der Truppen zu Pferde abzuweisen. Die Reuterei gewinnt meistens nur die Ueberzeugung, daß sie gegen die andern Waffen nichts mehr vermag. Diese Ansicht greift immer mehr um sich, und wird so oft wiederholt, daß sie, wie die Sophisterei, in allen seichten Köpfen herrscht.

Die Kolonnen-Ordnungen der Reuterei sind allerdings sehr verschieden, von den Kolonnen-Ordnungen des Fußvolks. Das Fußvolk widersteht in der Kolonne nicht nur, sondern kann darin stehenden Fußes noch fechten; nicht so die Reuterei. Die Kolonne ist für die Reuterei, nur bewegend, nie haltend im Gefecht anzuwenden.

Die drei entwickelten Schlacht-Ordnungen, zeigen indessen weniger Kolonnen-Angriffe, als vielmehr Attaken, wo sich mehrere Linien successiv folgen können, und, wenn es nöthig wird, so schnell, daß die Truppen dadurch in die, bei Reuter-Angriffen so wesentliche Exaltation versetzt werden. Der Zweck ist schon ausgesprochen: nämlich mehrere Linien sind in der Art angriffsfähig hintereinander gestellt, um sie, schnell hintereinander in den Feind, oder ins Gefecht zu bringen, entweder gerade auf den Feind, oder schräg, indem man bald die Linie geschlossen hält, bald die Schwadronen einzeln, und Fächerartig gegen die Flanken des Gegners leitet. Dadurch soll der Erfolg des Angriffs gesichert werden. —

Jeder ernsthafte Reuter-Angriff ist mit einiger Unordnung verbunden, natürliche Folge des Eifers und der Begeisterung, oder der Unruhe und der Spannung. Ein geschickter Führer weiß diese verschiedenen Gemüthsbewegungen zu benutzen, und für seine Zwecke in Exaltation zu verwandeln. Wer daher 4 Linien zur Verfügung hat, darf um die 1te, um die 2te Chok-Linie nicht ängstlich besorgt seyn: er kann sie ihrem Ungestümm sich überlassen. Ihm bleibt noch eine 3te, noch eine 4te Linie, zur Beherrschung des leicht wankenden Geschicks. Und sind auch diese 2 letzten Linien verbraucht — wäre selbst das deployirte leichte Treffen ins Gefecht verwickelt worden, so bleibt dem Ober-General noch das Reserve-Treffen, an welches er die Artillerie schließen läßt, sobald ihre erste Aufgabe, der Attake, erfüllt ist.

Auf solche Art erhält der Ober-General sich immer die Initiative, und sichert sich die Herrschaft auf dem beweglichen Kampffelde. So rückt die Idee der Tapferkeit, der Idee der Erhabenheit entgegen.

Bemerkungen.

Es wird schnell klar seyn, daß, wie es auch bereits gesagt wurde, alle Front-Verände-rungen, die etwa nöthig seyn könnten, um an den Feind zu kommen, in der Fundamental-Ordnung ausgeführt seyn müssen. Mit einer Masse, wie das Reuter-Korps sie annimmt, d. h. mit 10,000 Pferden und 40 Geschützen, müssen die Manöver auf den einfachsten Ausdruck ge-bracht und auf den Zweck bezogen werden.

Die Kraft eines Reuter-Korps, äußert sich durch den Chok, und dieser Chok tritt unter bestimmten Formen (Schlacht-Ordnungen), in das äußere Leben.

Das Bewegungs-Prinzip ist das gesetzge-bende in der Reuterei: die Idee der Tapferkeit erkennt es als das Organ, wodurch sie zu den Aeußerungen ihrer Kraft gelangt. Ohne die Schwungkraft, welche die Bewegung ertheilt, kann kein Chok gedacht werden, und Unbeweglichkeit ist gegen die Natur, gegen den Karakter, und gegen die Bestimmung der Reuterei.

Man glaubte aber jede künstliche Entwicke- lung der Fundamental-Ordnung, jedes ausge- dehnte Manöver vermeiden zu müssen; die Kraft verstärkt sich nach Maß, als sie von allem Künst- lichen entkleidet wird, und in der natürlichen Einfalt ihre Wirkungskreise durchläuft.

Unter dem Anbau künstlicher Manöver ver- liert sich die geistige Anschauung des Ganzen. Der Verstand erbaut sich gern sein eigenes Reich, und ergötzt sich an den mannigfaltigen Kaleidoscop- Figuren eingebildeter Gefechts-Verhältnisse. Dar- aus entstehen getrübte Reflexe, welche die Stu- benluft für das Wesen der Reuter-Taktik hält. Solche Arbeiten geben kein Resultat. Die Ge- fechtsfiguren zwar häufen sich an, aber die Me- thode fehlt, aus ihnen Gefechtsscenen zu gewinnen. Dergleichen vereinzelte Bemühungen liefern kein System. —

Das Harnisch-Treffen soll nicht durch unnü- tzes Traben, wo es vermieden werden kann, außer

Athem kommen, sondern seinen Chok von der
Stelle aus machen; dieser Chok wird desto kräf-
tiger seyn.

Der ostgestellte Zweck der Harnisch-Reuterei
ist der Chok. Dies ist ein altes Gesetz. Es
hieße den Faden ihrer Existenz brechen, wollte
Jemand in einem unsteten Manöveriren oder in
langen Bewegungen das Wesen ihrer Wirkungskreise vor dem Feind suchen.

Die Theorie spricht viel von Kunst- und
sinnreichen Manövern, z. B. die todten Ecken
einer Infanterie-Stellung zu suchen, und gegen
solche den Chok zu richten. Das ist nur bei
Fußvolk möglich, welches isolirt sich befindet.
Hier aber gilt es eine Schlacht-Linie zu brechen.

Es muß und soll der Offensiv-Schlachtord-
nung eines Reuter-Korps gleichgültig seyn, welcher Punkt es ist, den sie durchbrechen soll. Sie
durchbricht ihn, wenn der geistige Faktor an ihrer
Spitze, der ächte ist.

Iſt das Reuter-Korps auf dem Punkt an=
gekommen, wo es fechten ſoll, ſo entſcheidet ſich
der Ober-General für eine der drei Schlacht=
Ordnungen.

Dieſe Schlacht-Ordnungen ſind ſo einfach,
und erfordern ſo wenige Vorbereitungen, daß der
Fall ſich denken läßt, der Ober-General unter=
ſuche die Lage der Dinge, d. h. das Terrain und
die Stellung des Feindes, erſt in demſelben Mo=
ment, als er an der Spitze ſeines Reuter-Korps,
auf dem Kampfplatz ankommt.

Der richtige Blick, und der ſchnelle Entſchluß
iſt das Weſentliche. Sofort aber kommandirt er:
Angriff der Mitte! oder Angriff des
rechten (linken) Flügels! Marſch!

Der Ober-General giebt die Zeit an, die
herrſchen ſoll: er regulirt die Normaluhr! die
Kraft die ihm dies lehrt kann nicht poſtulirt
werden: ſie fällt von oben in die Seele, und
iſt von kein Wiſſen begleitet; denn könnte ſie
durch den Verſtand erreicht und gewußt werden,
ſo würde Jeder dazu gelangen können.

Die Ideen-Taktik ist ein Kunstwerk, aber ein höchst einfaches. Die Schlacht-Ordnungen sind nicht wesentlich, aber die Reinheit der Prinzipien und der Ideen sind es. Was man damit meint, besitzen wir schon in der Kriegsgeschichte der genialen Feldherrn, die es durch Gefechts-Schemata überliefert haben. Jeder Feldherr von einer höhern Gattung, enthält ein ganzes taktisches System.

Sobald dem Feldherrn die innern Operationen seiner Ideen zum Bewußtseyn kommen, hat er auch das Kunstwerk seines taktischen Systems gefunden.

Diese Anerkennung ist unmöglich zu verweigern, und mehrere große Feldherrn, welche ihre eigenen Thaten betrachteten, hielten das Wundervolle dieser Thaten, und mithin ihre Ideen-Taktik, aus der sie hervortraten, auch für ein unmittelbares göttliches Geschenk.

Talent und Genialität des taktischen Künstlers sey übrigens so verschieden, als sie wolle,

in

in dem Kunstgebiete der Taktik ist die Idee der Indifferenzpunkt, der ihr jene eigentliche und unerschöpfliche Kraft sichert, ohne welche sie niemals Großes wirken kann. Für die Idee giebt es weder Raum noch Zeit. Nach Jahrtausenden noch, wirken die Ideen der großen Feldherrn, ihre Thaten, die Musterbilder ihres Benehmens, eben so lebendig, als damals in den Völkern, die ihrer Führung folgten.

Die Wahrheit dieser Bemerkung kann durch jedes Fernrohr bestätigt werden, das über Räume weggehend, die Sehkraft bis zur Anschauung der Ideen ausdehnt.

In der Reuterei müssen alle Kräfte zum Leben entwickelt werden, und keine darf unausgeprägt ruhen. Die Ideen-Taktik hat das Geschäft, den Schleier dieser Kräfte zu lüften, das, was der gedankenlosen Beobachtung, als unmöglich sich darstellt, zu enthüllen, und, wie Pythagoras die Kraft der Zahlen, also die Kraft eines Reuter-Korps aufzusuchen.

Defensiv-Taktik.

Defensiv besteht die Kunst darin, auf dem Schachbrett des Terrains, mit den Truppen, das ernste Spiel der Gefechte, mit Benützung der günstigen und Vermeidung der ungünstigen Zufälligkeiten, klug zu spielen.

Dies ist für Reuterei besto schwerer, jemehr das offensive Element, bei ihr das vorherrschende ist.

Im Geiste des Ritterthums, den Angriff herausfordernd suchen, ist ihre Natur, nicht aber in klugen Wendungen ihm ausweichen.

Es handelt sich nun davon, die Einsicht zu gewinnen, daß die Taktik eine Kunst ist.

Die Taktik als Kunst, hat ihre Wurzel in dem Vermögen der Anschauung. Es ist daher nicht ungereimt, für dieselbe eine Zeit= und Raum=Anschauung anzunehmen, eine mathematische und Kunstanschauung.

Der Tonkünstler, wenn er componirt, projicirt die Akkorde, Melodien gleichsam von innen heraus in sein Gehörorgan, ohne nöthig zu haben, sie auf einem Instrumente nachzubilden. Er hört seine Musik vermittelst dem Vermögen der Geistes=Anschauung in der Einbildung. Eben so projicirt der Maler sein Kunstwerk von innen heraus vor sich hin, vermittelst der Raumanschauung in der Einbildung. Das Projections=Bild ist dann das Original, von dem der Künstler die Kopie nimmt.

So ist in der taktischen Anschauung die Einbildungskraft im Stande, eine vielfache Bewegung, und künstliche Schlacht=Ordnungen zu combiniren. Bei allen Erfindungen im Gebiete der Taktik, ist die Einbildungskraft vorzüglich

M 2

thätig; daher zählt man sie auch unter die Eigenschaften des Genies.

Wem das Genie für taktische Kunst abgeht,
für den bleibt sie eine blos hypothetische Erscheinung,
insofern die Ausübung der Taktik nicht inner-
lich gefühlt wird und ungesucht hervortritt, sondern wie eine Erkenntniß, als Begriff behandelt
wird. Wer die Taktik zum Begriff herabschätzt,
faßt sie nicht, und treibt gerade das unendlich-
thätige Prinzip, das zur Handlung führt,
aus ihr hinaus.

Dem Theoretiker, der die Grenze der Taktik
im Wissen niederlegt, ist die Phantasie des
Genies ein Greuel; er nennt sie mit dem gelin-
dern Namen Schwärmerei, mit dem derbern
hingegen Mystizismus. Er erklärt ihre Schöpfungen für verdächtig, und spricht ihr die moralische Thatkraft ab. Er läßt nur den Verstand
gelten; dieser werde schon durchhelfen: die Beihülfe der Phantasie wäre entbehrlich.

Natürliche Täuschung, die das für Nutzlos
erklärt, was nicht besessen wird. Der Verstand

setzt keinen Krieger zum Heros ein: der Verstand ist nicht jedem Kampfe, jedem Schicksal, jeder Lage gewachsen; er ist es weder in den verschiedenen Perioden, noch in den verschiedenen Verhältnissen der Gefechte. Der General bedarf daher außer dem Verstande mit seinem Wissen noch eines Beistandes in manchen Nöthen, in manchen Gefahren und kritischen Gefechtslagen; er bedarf einer Kraft, die ihm das Können zuführt.

Die Phantasie liegt freilich über die Grenze des Verstandes hinaus. Sie ist aber nichtsbestoweniger die schönste Seite der Taktik, welche sie zur ausübenden Kunst erhebt.

Die Defensiv-Schlachtordnungen, welche nun gegeben werden, sind schematische Momente, wie Ziffer, oder wie Hieroglyphen anzusehen, welche Gefechte in Elementarausdrücken darstellen. Der Taktiker bildet aus diesen Ziffern oder den schematischen Momenten, vermittelst seiner Einbildungskraft, diejenige Schlachtordnung, die der Augenblik verlangt.

Alle Schlacht-Ordnungen, die im Schema verzeichnet sind, können als ganze Exponenten angesehen werden. Dies hindert aber nicht, daß zwischen die ganzen Exponenten auch gebrochene eintreten, die der taktische Künstler von selbst findet, und die er nie unberücksichtigt lassen darf.

Von den Originalen können die Kopien sehr verschieden genommen werden.

Alle Defensiv-Stellungen sind nur relativ defensiv; denn aus ihnen muß sogleich zur Offensive übergegangen werden können. Jemehr sie diese Bedingung erfüllen, jemehr sie das offensive Element in sich tragen, je vollkommener sind sie.

Erste Defensiv-Schlachtordnung.
Tab. X.

___

Frontal-Ordnung.

1) Reuter-Korps!

2) In drei Linien, auf ganzen (halben) Abstand vorwärts deployirt! Harnisch-Treffen, Direktion!

3) Marsch!

Das Harnisch-Treffen deployirt auf der Stelle.

Das leichte Treffen Vorwärts, Marsch, auf seinen Abstand deployirt; die Schützen vor der Front.

Das Lanzen-Treffen, kehrt, auf seinen Abstand deployirt.

Die Artillerie auf beide Flügel des Harnisch-Treffens, oder nach Umständen, maskirt. Die

Schützen dieses Treffens, auf die äußeren Flügel der Artillerie.

Der Haubitzen=Pulk, nach Umständen, mit dem leichten Treffen vor, oder dem Lanzen=Treffen zurück.

Alle Deployements in der Regel, auf die Mitte.

Will der Ober=General in dieser Ordnung zurückgehen, so bildet das leichte Treffen im Marsch rückwärts geschlossene Regiments=Kolonnen mit Schwadronen; die erste Brigade: jedes Regiment auf die erste Schwadron rechts rückwärts; die zweite Brigade: jedes Regiment auf die vierte Schwadron links rückwärts.

Bei Rückzügen gewinnt die Ordnung und die Kraft, wenn die Obersten ihre Regimenter geschlossen versammeln, welches nur in Kolonnen möglich ist.

Diese Kolonnen haben bei Rückzügen 1) den Vortheil, daß sie das Auseinandersprengen hindern, indem sie durch den natürlichen Instinkt

des

des Menschen, sich in der Gefahr anzuschließen, begünstigt werden; 2) daß sie dem Feind das Eindringen erschweren *), und endlich 3) daß sie die Unterstützungs-Linie frei machen, so wie auch diese Linie keiner Gefahr aussetzen, durch sie in Unordnung gebracht zu werden.

In dieser Ordnung manövriren beide Brigaden um beide Flügel des Harnisch-Treffens.

Es kann so dringende Fälle geben, wo das 2te und 3te Regiment sich durchziehen müssen. Es ist jedoch wichtig, um Unordnungen, welche in Fällen, wo der Feind nahe ist, so leicht eintreten, — vorzubeugen, daß die Obersten die Front ihrer Regimenter immer frei haben. Die Artillerie auf die Flügel und nicht vor der Front des Harnisch-Treffens, ist in so dringenden Augenblicken das wichtige Moment, auf dem der Accent in dieser Defensiv-Schlachtordnung ruht.

---

*) Dies wußten die Franzosen sehr wohl; daher ihre Methode der Kolonnen bei Rückzügen, denen so schwer beizukommen war.

Nach Maß, als die Front frei wird, fängt Artillerie ihr Feuer an.

Der Ober-General bestimmt, ob das leichte Treffen hinter den Flügeln des Harnisch-Treffens Stellung nehmen, ob die Regimenter sich entwickeln, ob sie in Kolonnen bleiben, oder ob sie ihren Rückmarsch fortsetzen, und sich auf ihren Abstand hinter dem Lanzen-Treffen setzen sollen.

Soll die rückgängige Bewegung fortdauern, so geht die Artillerie Batterieweis mit wechselnden Treffen zurück, so zwar, daß die Flügel-Batterien zuerst aufprotzen, zurückgehen, und sich beim Lanzen-Treffen herstellen, und wieder in Batterie setzen.

Das Harnisch-Treffen vollführt seinen Rückmarsch, ganz wie vorhin das leichte Treffen.

Beide Batterien, welche feuern bis das Harnisch-Treffen seine Bewegung anfängt, gehen im Trab bis zum leichten Treffen.

Der Haubitzen-Pulk, manövirt zwischen beiden Artillerie-Treffen, so, daß das Feuer nie ganz schweigt. Er hat stets einen Pulk Schützen der Lanzen-Division bei sich.

Ob? und wie? bei dieser Defensiv-Ordnung die Offensive ergriffen und chokirt wird, kann kein Schema vorschreiben: der lebendige und gegenwärtige Geist der Generale, giebt den Impuls.

Zweite Defensiv-Schlachtordnung.
Tab. XI.

Staffel-Ordnung.

1) Reuter-Korps!

2) Staffel-Ordnung! rechts! auf ganzen (oder halben) Abstand! Harnisch-Treffen, Direktion!

3) Marsch!

Das Harnisch-Treffen vorwärts auf die Mitte deployirt und auf der Stelle. Zwei Batterien auf dem linken Flügel, geschützt von sämmtlichen Schützen-Pulks dieses Treffens.

Leichtes Treffen vorwärts Marsch auf ganzen oder halben Abstand; dann in die rechte Flanke, und hierauf dergestalt auf die 4te Schwadron des 4ten Regiments links deployirt, daß der linke Flügel dieses Treffens mit der Mitte des Harnisch-Treffens gleiche Höhe hat.

Lanzen-Treffen, kehrt, auf ganzen oder halben Abstand; dann in die rechte Flanke, und hierauf so auf die 1te Schwadron des 1ten Regiments rechts deployirt, daß der rechte Flügel die Höhe der Mitte des Harnisch-Treffens gewinnt.

Zwei Batterien auf den linken Flügel, geschützt von sämmtlichen Schützen-Pulks dieses Treffens.

Die Haubitzen gehen auf dem rechten Flügel des leichten Treffens, oder nehmen auf irgend einer Anhöhe oder sonst vortheilhaft, zwischen den Treffen Stellung.

Der Rückmarsch wird in dieser Ordnung
so ausgeführt: die erste Brigade des leichten
Treffens kehrt, und in Linie zurück. Die zweite
Brigade, jedes Regiment in sich, rechts rückwärts
geschlossene Kolonne, auf die 1te Schwadron.
In Kolonne zurück.

Auf gleiche Art folgen die andern Treffen.

Giebt der Ober-General dem leichten Treffen
den Befehl zu halten, so macht solches Front.
Die zweite Brigade deployirt, sobald das Harnisch-
Treffen passirt ist. Auf gleiche Art verhalten sich
die andern Treffen, welche immer den befohlenen
Abstand halten, sowohl in der Bewegung als in
der Stellung, welche wieder in der Staffel-Ordnung rechts genommen wird, sofern kein anderer
Befehl gegeben wird. Der Uebergang aus der
Ordnung rechts, zur Ordnung links ergiebt sich
von selbst.

Die Artillerie hat immer eine freie Front,
und benutzt sie zum Feuer, so oft der Feind
erreichbar ist.

Die Staffel-Ordnung links.

bedarf keiner Erklärung. Alles gilt umgekehrt, wie Tab. XII. zeigt.

Bemerkungen.

Die Staffel-Ordnung bietet große Vorzüge, und große Leichtigkeit zum Manöveriren, zu Demonstrationen und zu Täuschungen dar. Zu überraschenden Bewegungen, Front-Veränderungen und Front-Verlängerungen eignet sie sich vorzugsweise. Front-Verlängerungen sind dann insbesondere anzuwenden, wenn der Gegner Umgehungs-Manöver macht. Ein ungeschickter General wendet diese gerne an. Man verlängert dann aber die Front, und nöthigt den umgehenden Gegner große Bogen zu machen. Während er dies Manöver wohlgefällig ausführt, und sich daran ergötzt, fällt man mit einer versteckt gehaltenen Regiments-Kolonne auf seinen Pivot und wirft ihn ins Weite, indem der verlängert gewesene Flügel, sich zugleich schnell, nach Raupenart, wieder einwickelt. Nichts ist für Reuterei weniger gefährlich, als Umgehungs-Manöver von Seite des Feindes. Jedoch, ihnen zu begegnen, erfordert Talent.

Die Vortheile der Staffeln werden zur Zeit noch kaum geahnet. Sie geben Veranlassung glücklich zu improvisiren. Hier bleiben einem künftigen Reuter-Genie noch große Entdeckungen zu machen.

Die Flügel-Regimenter können in der Staffel-Ordnung wieder in sich Echelons bilden, sich dem Feinde nähern, ihm drohen, und verschwinden eben so leicht, indem der Gegner in optischen Betrug geführt wird.

Die Anwendung der Staffel-Ordnung ist das wesentliche Moment der taktischen Kunst in der Defensive, aber das freie Uebergewicht des Ober-Generals. Es giebt dafür keine Schematas, und keine Axiome.

Die Defensive läßt die Anwendung künstlicher Bilder zu. Das Vermögen der Einbildung kann bei solchen Vorfällen Originelles zum Vorschein bringen.

Die Täuschung des Feindes wird durch geschickte Bewegungen der Staffeln erreicht. Die Offensive ist leicht aus Staffeln zu entwickeln; der Offensive wird dadurch so wenig Abbruch gethan, als die Freiheit des Generals durch Staffeln in keiner Art gestört wird.

Dritte Defensiv-Schlachtordnung.
Tab. XIII.

Schachbrett-Ordnung.

1) Reuter-Korps!

2) Schachbrett-Ordnung! Auf Treffen-Abstand! Lanzen-Treffen, Direktion!

3) Marsch!

Lanzen-Treffen, vorwärts auf die Mitte deployirt, mit ganzen Regiments-Intervallen zwischen den Regimentern.

Erste Brigade mit halben Zügen in die rechte Flanke. Zweite Brigade mit halben Zügen in die linke Flanke. Sobald beide Brigaden durch das Harnisch-Treffen nicht mehr maskirt sind; rechts und links deployirt.

Leichtes Treffen, Vorwärts Marsch! Auf ganzen Abstand vorwärts deployirt.

Harnisch-Treffen, kehrt, auf ganzen Abstand zurück und Front! In Kolonne halt.

Die Artillerie sucht vortheilhafte Stellungen. Bietet das Terrain keine solche dar, so bleiben zwei Batterien beim Lanzen-Treffen; zwei beim leichten Treffen. Der Haubitzen-Pulk wird stets auf eine zweckmäßige Art verwendet, oder bleibt bei der Harnisch-Division in Reserve.

Der Rückmarsch (Tab. XIV.) geschieht in dieser Ordnung in Linie, wobei die Regimenter mit halben Zügen kehrt schwenken und ganz natürlich durch die Intervallen gehen, welche zu dem Zweck offen sind.

Die Artillerie vertheidigt durch gut gewählte Stellungen dies Manöver.

Das Harnisch-Treffen bleibt immer in seinem Verhältniß als Reserve, auf ganzen Abstand hinter dem letzten Treffen.

So oft kein Angriff unmittelbar beabsichtigt wird, hält man dies Treffen in Reserve, um es nicht zu ermüden.

Das leichte Treffen macht, wenn es auf seinen Abstand hinter dem Lanzen-Treffen angekommen ist, Front und Halt.

Das Lanzen-Treffen macht hierauf seinen Rückmarsch, wie vorhin das leichte Treffen.

Auf diese Weise kann der Rückmarsch über das ausgedehnteste Terrain fortgesetzt werden, indem die Grundsätze dabei beobachtet werden, welche bei Rückzügen mit abwechselnden Treffen gelten.

Anmerkung.

Das Schachbrett ist eine sehr alte Art, wie Reuterei defensiv eine Ebene durchzieht.

Betrachten wir die verschiedenen Schlacht-Ordnungen, so finden wir in ihrer Dignität einen auffallenden Unterschied. Die Offensiv-Schlachtordnungen konstituiren die positive Basis, welche den Erfolg eines Angriffs in das Gebiet der Sicherheit versetzt. Die Defensiv-Schlacht-Ordnungen geben keine so sichere Facta. Alle aber bilden die Erfahrung, als ihre gemeinschaft-liche Stammtafel, fort bis zur Idee, und füllen somit ihre Bestimmung praktisch aus. Nicht die Fülle der Formen macht die Taktik: sie ver-wirren den Blick. Die Art wie sie nebeneinan-der, ja ineinander heraustreten, so, daß das Einzelne als Einzelnes für sich bestehend, doch dem Ganzen der Idee sich anreiht, macht die Schlachtordnungen zu Etwas: ihre modificirte Anwendung heißt den Geist der Taktik auf-fassen.

Wer diese Schlachtordnungen auf Autorität annimmt, wird sie in der Anwendung vor dem Feinde, bewährt finden. Sie sind nicht aufs Gerathewohl gemacht: sie sind aus der Praktik, und dem Nachdenken über die Fehler der Praktik hervorgewachsen. Alle aber sind nach der Natur gezeichnet, welches dem ernsten, tiefer eindringenden Beschauer nicht entgehen wird, so wie ein solcher auch die geheimen Andeutungen großer Thaten finden wird, die unter Modifikationen darin verborgen liegen.

Evolutionen in Linie.

—

Jede nothwendig werdende Front-Veränderung ist auf die leichteste Art zu vollziehen.

Jede Front-Veränderung nämlich wird in dem Direktions-Treffen, nach den Bestimmungen vollzogen, welche die reglementarische Vorschrift über die Bewegungskunst einer Division zu entwerfen hat, und welche, wie bereits gesagt, nachfolgen soll; aber aus den Elementen eines Regiments sich sehr leicht vermittelt. Eine Achsschwenkung, oder Front-Veränderung auf die Mitte des Direktions-Treffens, ist die einfachste Art. Das vordere Treffen, nimmt sobann durch natürlichen Abmarsch, rechts oder links vor dem Direktions-Treffen, seinen Platz, und das hintere Treffen bildet Regiments-Kolonnen mit Schwatronen, und geht in sein Verhältniß, wobei es die kürzesten Linien durchlauft; oder marschirt links ab, und schwenkt im neuen Alignement ein.

Dies gilt bei allen deployirten Schlachtordnungen, ob im Schachbrett, in Staffeln, oder in gewöhnlicher Frontal=Ordnung.

Man nimmt eine Frontal=Stellung in drei Linien an.

Erste Linien = Evolution.

Front=Veränderung rechts.
Tab. XV.

1) Reuter=Korps!

2) Front = Veränderung auf die Mitte rechts! drittes Regiment des Harnisch=Treffens Direktion!

3) Marsch!

Harnisch-Treffen:

Das Direktions-Regiment Front-Veränderung rechts auf die 1te Schwadron (man sehe: Elemente der Bewegungskunst eines Reuter-Regiments, 3te Auflage, Seite 31 Plan 9.)

Das 4te Regiment: im Marsch auf die 1te Schwadron geschlossene Kolonne; in der neuen Schlacht-Linie deployirt.

2tes Regiment auf die 4te Schwadron links rückwärts Front verändern (man sehe: Elemente der Bewegungskunst eines Reuter-Regiments, 3te Auflage, S. 32 u. 33 Plan 11.)

1tes Regiment im Marsch auf die 4te Schwadron rückwärts geschlossene Kolonne; in der neuen Schlacht-Linie rückwärts deployirt.

Leichtes Treffen: mit Schwadronen rechts rückwärts abmarschirt; und in der neuen Schlacht-Linie links die Linie formirt (eingeschwenkt).

Lanzen-Treffen: mit Schwadronen links vorwärts abmarschirt; in der neuen Schlacht-Linie rechts die Linie formirt (eingeschwenkt).

Die Modifikationen finden sich leicht.

———

Zweite Linien-Evolution.

———

Front-Veränderung rechts vorwärts.
Tab. XVI.

1) Reuter-Korps!

2) Front-Veränderung rechts vorwärts! Erstes Regiment des leichten Treffens Direktion!

3) Marsch!

Leichtes Treffen: 1tes Regiment, auf die 1te Schwadron rechts die Front verändern. (Siehe Elemente der Bewegungskunst eines Reuter-Regiments, 3te Auflage, S. 31 Plan 9.)

2tes

2tes, 3tes und 4tes Regiment, jedes für sich auf die erste Schwadron, im Marsch, rechts vorwärts geschlossene Kolonnen. In der neuen Schlacht-Linie vorwärts deployirt.

Harnisch-Treffen: mit Schwadronen links vorwärts abmarschirt; in der neuen Schlacht-Linie eingeschwenkt, und Abstand genommen. Dieses Treffen kann diese Bewegung auch so ausführen: jedes Regiment in sich auf die vierte Schwadron, im Marsch, links vorwärts geschlossene Kolonne, und auf dem kürzesten Wege in sein Verhältniß auf die neue Direktions- oder Schlacht-Linie. Dort angekommen, deployirt.

Lanzen-Treffen folgt dieser Bewegung.

Dieses Treffen, als drittes in der Linie, wird in den meisten Fällen, am besten in Kolonne gehalten. Es gehört zu den Ausnahmen, alle drei Treffen zugleich deployirt zu haben. Da die Regel sich von selbst macht, und das dritte Treffen, in Kolonne, auch leichter sein Verhältniß hält, so hat man hier absichtlich die Ausnahme zeigen wollen.

Dritte Linien-Evolution.

————

Front-Veränderung rechts rückwärts.
Tab. XVII.

1) Reuter-Korps!

2) Front-Veränderung rechts rückwärts! Erstes Regiment des leichten
Treffens Direktion!

3) Marsch!

Leichtes Treffen: Erstes Regiment, auf die
erste Schwadron rechts rückwärts die Front verändert. (Siehe Elemente der Bewegungskunst
eines Reuter-Regiments, 3te Auflage, Seite 32
Plan 11.)

Die übrigen Regimenter, jedes in sich, auf
die erste Schwadron, im Marsch, rechts rückwärts
geschlossene Kolonnen. In der neuen Schlacht-
Linie auf die erste Schwadron rückwärts deployirt.

Harnisch-Treffen: Jedes Regiment in sich, im Marsch, geschlossene Kolonnen rechts auf die erste Schwadron. In der neuen Schlacht-Linie, rückwärts deployirt.

Lanzen-Treffen: gleiches Manöver.

Die Artillerie folgt diesen Evolutionen, oder deckt sie, durch angemessene Stellung in Batterien.

Die Schützen begünstigen diese Bewegungen dadurch, daß sie die neu zu nehmende Schlacht-Linie, schnell besetzen, daß sie die Flanken bewachen, und den Marsch der Kolonnen decken.

Bemerkungen.

Für die vollendete Klugheit, Unerschrockenheit und Kühnheit giebt es, selbst in den abwechselnsten Lagen keine Schwierigkeiten. Man müßte allerdings für einen General zittern, der, bei der Unermeßlichkeit der Gefechts-Verhältnisse, die ihn überraschen können, keine andern Hülfs-

D 2

Dritte Linien-Evolution.

Front-Veränderung rechts rückwärts.
Tab. XVII.

1) Reuter-Korps!

2) Front-Veränderung rechts rückwärts! Erstes Regiment des leichten Treffens Direktion!

3) Marsch!

Leichtes Treffen: Erstes Regiment, auf die erste Schwadron rechts rückwärts die Front verändert. (Siehe Elemente der Bewegungskunst eines Reuter-Regiments, 3te Auflage, Seite 32 Plan 11.).

Die übrigen Regimenter, jedes in sich, auf die erste Schwadron, im Marsch, rechts rückwärts geschlossene Kolonnen. In der neuen Schlacht-nie auf die erste Schwadron rückwärts deployirt.

Harnisch-Treffen: Jedes Regiment in sich, im Marsch, geschlossene Kolonnen rechts auf die erste Schwadron. In der neuen Schlacht-Linie, rückwärts deployirt.

Lanzen-Treffen: gleiches Manöver.

Die Artillerie folgt diesen Evolutionen, oder deckt sie, durch angemessene Stellung in Batterien.

Die Schützen begünstigen diese Bewegungen dadurch, daß sie die neu zu nehmende Schlacht-Linie, schnell besetzen, daß sie die Flanken bewachen, und den Marsch der Kolonnen decken.

Bemerkungen.

Für die vollendete Klugheit, Unerschrockenheit und Kühnheit giebt es, selbst in den abwechselnsten Lagen keine Schwierigkeiten. Man möchte allerdings für einen General zittern, der, bei der Unermeßlichkeit der Gefechts-Verhältnisse, die ihn überraschen können, keine andern Hülfsquellen hätte, als solche, welche die taktischen Schematas, oder die Befehle des Armee-Feldherrn, ihm zuführen. Man ist jedoch beruhigt, indem man an der Spitze des Reuter-Korps, auf das Genie rechnet, welches Alles zu beherrschen, alle Hindernisse zu überwinden weiß, und allen Gefahren zu trotzen versteht. Ohne ein solches Genie, würde es freilich, um das Reuter-Korps bedenklich aussehen, und sein Thatenkreis keine sehr große Ausdehnung zu erwarten haben.

Ein Reuter-General muß die verschiedenartigsten Terrain- und Gefechts-Lagen in Ordnung und in Einklang zu bringen wissen, und in jedem Verhältniß, in welches die Umstände ihn versetzen können, Bewundernswerthes leisten. Dann bleibt der Geschichte keine andere Sorge übrig, als seine Thathandlungen in Ordnung darzustellen.

Die Defensiv-Taktik der Reuterei schließt mit dem Grundsatz: daß man angreifen muß, wenn man nicht mehr Zeit hat, oder nicht mehr in Takt ist, seinen beschlossenen Rückmarsch

ungestört zu vollenden. Die Reuterei vertheidigt
sich nur, durch Angriff. Wer bei gefahrvollen
Gelegenheiten, ohne sich zu besinnen, seinen Entschluß mit Energie faßt, und dem Feind zuvor-
kommt, kann nie überrascht werden.

Lanzen-Treffen: mit Schwadronen links vorwärts abmarschirt; in der neuen Schlacht-Linie
rechts die Linie formirt (eingeschwenkt).

Die Modifikationen finden sich leicht.

Zweite Linien-Evolution.

Front-Veränderung rechts vorwärts.
Tab. XVI.

1) Reuter-Korps!

2) Front-Veränderung rechts vorwärts! Erstes Regiment des leichten
Treffens Direktion!

3) Marsch!

Leichtes Treffen: 1tes Regiment, auf die
1te Schwadron rechts die Front verändern. (Siehe
Elemente der Bewegungskunst eines Reuter-Regiments 2tes Treffen S. 31 Plan 9.)

2tes

2tes, 3tes und 4tes Regiment, jedes für sich auf die erste Schwadron, im Marsch, rechts vorwärts geschlossene Kolonnen. In der neuen Schlacht=Linie vorwärts deployirt.

Harnisch=Treffen: mit Schwadronen links vorwärts abmarschirt; in der neuen Schlacht= Linie eingeschwenkt, und Abstand genommen. Dieses Treffen kann diese Bewegung auch so ausführen: jedes Regiment in sich auf die vierte Schwadron, im Marsch, links vorwärts geschlos= sene Kolonne, und auf dem kürzesten Wege in sein Verhältniß auf die neue Direktions= oder Schlacht=Linie. Dort angekommen, deployirt.

Lanzen=Treffen folgt dieser Bewegung.

Dieses Treffen, als drittes in der Linie, wird in den meisten Fällen, am besten in Kolonne gehalten. Es gehört zu den Ausnahmen, alle drei Treffen zugleich deployirt zu haben. Da die Regel sich von selbst macht, und das dritte Treffen, in Kolonne, auch leichter sein Verhältniß hält, so hat man hier absichtlich die Ausnahme zeigen wollen.

D

Dritte Linien-Evolution.

———

Front-Veränderung rechts rückwärts.
Tab. XVII.

1) Reuter-Korps!

2) Front-Veränderung rechts rückwärts! Erstes Regiment des leichten Treffens Direktion!

3) Marsch!

Leichtes Treffen: Erstes Regiment, auf die erste Schwadron rechts rückwärts die Front verändert. (Siehe Elemente der Bewegungskunst eines Reuter-Regiments, 3te Auflage, Seite 32 Plan 11.)

Die übrigen Regimenter, jedes in sich, auf die erste Schwadron, im Marsch, rechts rückwärts geschlossene Kolonnen. In der neuen Schlacht-Linie auf die erste Schwadron rückwärts deployirt.

Harnisch-Treffen: Jedes Regiment in sich, im Marsch, geschlossene Kolonnen rechts auf die erste Schwadron. In der neuen Schlacht-Linie, rückwärts deployirt.

Lanzen-Treffen: gleiches Manöver.

Die Artillerie folgt diesen Evolutionen, oder deckt sie, durch angemessene Stellung in Batterien.

Die Schützen begünstigen diese Bewegungen dadurch, daß sie die neu zu nehmende Schlacht-Linie, schnell besetzen, daß sie die Flanken bewachen, und den Marsch der Kolonnen decken.

Bemerkungen.

Für die vollendete Klugheit, Unerschrockenheit und Kühnheit giebt es, selbst in den abwechselnsten Lagen keine Schwierigkeiten. Man möchte allerdings für einen General zittern, der, bei der Unermeßlichkeit der Gefechts-Verhältnisse, die ihn überraschen können, keine andern Hülfs-

quellen hätte, als solche, welche die taktischen
Schematas, oder die Befehle des Armee-Feldherrn,
ihm zuführen. Man ist jedoch beruhigt, indem
man an der Spitze des Reuter-Korps, auf das
Genie rechnet, welches Alles zu beherrschen, alle
Hindernisse zu überwinden weiß, und allen Gefahren zu trozen versteht. Ohne ein solches Genie,
würde es freilich, um das Reuter-Korps bedenklich aussehen, und sein Thatenkreis keine sehr
große Ausdehnung zu erwarten haben.

Ein Reuter-General muß die verschiedenartigsten Terrain- und Gefechts-Lagen in Ordnung
und in Einklang zu bringen wissen, und in jedem Verhältniß, in welches die Umstände ihn
versetzen können, Bewundernswerthes leisten.
Dann bleibt der Geschichte keine andere Sorge
übrig, als seine Thathandlungen in Ordnung
darzustellen.

Die Defensiv-Taktik der Reuterei schließt
mit dem Grundsatz: daß man angreifen muß,
wenn man nicht mehr Zeit hat, oder nicht mehr
in Takt ist, seinen beschlossenen Rückmarsch

ungestört zu vollenden. Die Reuterei vertheidigt
sich nur, durch Angriff. Wer bei gefahrvollen
Gelegenheiten, ohne sich zu besinnen, seinen Entschluß mit Energie faßt, und dem Feind zuvor-
kommt, kann nie überrascht werden.

Défilé = Manöver.

Bei Défilé=Uebergängen sind die vorstehenden Schlachtordnungen, leicht modifizirt in Anwendung zu bringen.

Die Uebergänge vorwärts unterliegen geringeren Schwierigkeiten, als diejenigen rückwärts.

Erstes Manöver.

Défilé = Uebergang vorwärts.
(Angriffs = Bewegung.)
Tab. XVIII.

Die Artillerie nimmt, unter dem Schuß der Schützen=Pulks (welche nach Umständen absitzen), eine Stellung, um den Uebergang zu begünstigen.

Hat der Feind jenseits eine Stellung, und erwartet das Hervorbrechen des Reuter=Korps, so muß, nachdem die Artillerie einigemal durch=gefeuert hat, das Lanzen=Treffen aus der Mitte abmarſchirt, zuerſt durchziehen, ſich jenſeits ſchnell entwickeln und ſofort angreiffen.

Die Vorſicht gebietet, jeden Uebergang vor=zubereiten.

Man nimmt jedoch aus der Erfahrung den Satz auf, daß die Angriffe, welche ſtürmend aus einem Engweg hervorbrechen, gerne gelingen.

Deshalb kann eine Kolonnen=Attake auch mit Erfolg angewendet werden.

Es können auch, ein Theil der Schützen vor=erſt zu Fuß eine tiefe Kolonne bilden, den Eng=weg durchziehen, und mit einem Theil der Ar=tillerie ſich als Baſtion vorlegen. Unter ihrem Schutz gehen dann die Lanzen=Regimenter durch, entwickeln ſich rechts und links der Schützen=Kolonne, und machen den erſten Angriff.

Den Ausſchlag giebt immer das ſtärkere Ge=wicht der Energie.

Zweites Manöver.

***

Défilé=Uebergang rückwärts.
(Vertheidigungs=Bewegung)
Tab. XIX.

Die Uebergänge rückwärts können zu Zeiten bedenklich werden.

Als allgemeiner Grundsatz gilt: die Schützen-Pulks des Harnisch- und des Lanzen-Treffens, nach dem Engpaß bei Zeiten zurückzusenden, und solchen durch dieselben zu besetzen, indem sie absitzen, und die Pferde hinter das Défilé zurücksenden. Es werden auf diese Art 1000 Schützen zum Gefecht zu Fuß verwendbar. Hier muß man auf das Schützen-System verweisen. Die Verbindung der Feuer=Waffe mit der blanken Waffe, erscheint bei solchen Gelegenheiten in vollem Glanze, und als das Moment, welches befehlend, wie ein kategorischer Imperativ, die Waage lenkt, und den Ausschlag giebt.

Der

Der Haubizen-Pulk, und zwei Batterien, so wie die Pionnier-Schwadron, folgen den Schützen, unter eigener Anführung des Chefs der Artillerie, welcher die Vertheidigung des Engpasses leitet und übernimmt.

Die zwei übrigen Batterien werden dem leichten Treffen beigegeben, welches den Abmarsch deckt. Geschickte Stellungen, drohende Flanken-Bewegungen, kurze Attaken, werden diesen Zweck erreichen. Zwischen Zug und Gegenzug führt nur heroische Tapferkeit zum ausschlaggebenden Kulminationspunkt. Das Benehmen in solchen Lagen wird um so schätzbarer, jemehr Aufopferung damit verbunden ist.

Der Durchzug der Reuterei durch den Engweg geschieht in der Art, daß das Harnisch-Treffen zuerst durchgeht, hierauf das Lanzen-Treffen, und endlich das leichte Treffen. Die Schützen dieses Treffens sind die letzten.

Da der Ober-General gegenwärtig ist, so

beſtimmt er auch ben Augenblick, wo die letzten Batterien abziehen, überhaupt das mehr oder weniger langſame oder ſchnelle Abmarſchiren der Diviſionen.

Drängt der Feind ſtark auf, ſo kann nur ein entſchloſſener Shok Heil geben.

Immer iſt es für Reuterei gefährlich, den Feind vor einem Engweg zu erwarten. Es iſt ein Rückzug, und ein ſolcher erſchüttert immer das Vertrauen. Mit einem erſchütterten. Vertrauen aber werden die Attaken unſicher.

Iſt ein General daher nicht ſtark genug, das Terrain jenſeits zu halten, ſo iſt es klug, ohne ſich blos zu geben, ſeinen Rückzug zu machen, ſo lange ihm noch die Freiheit des Entſchluſſes gehört. Wird er aber zum Gefecht gezwungen, und kann er nicht mehr ausweichen, bevor der Durchzug oder Uebergang vollendet iſt, ſo beweiſet er wenigſtens durch einen entſchloſſenen Shok, daß er begriffen hat: wie nur ein Angriff Ausſicht auf glücklichen Erfolg giebt. Wenn man nicht ſtark genug iſt, ſich zu vertheidigen, ſo muß man attakiren.

Dies iſt ein Axiom.

Sätze.

Das Zurückgehen aus den verſchiedenen Schlachtordnungen, in die Fundamental=Ordnung, wird nicht erklärt werden dürfen: es ergiebt ſich von ſelbſt.

Der Sappeur=Schwadron iſt nicht bei jeder Bewegung beſonders gedacht worden, und zwar aus dem Grunde, weil das Terrain ihre Ver= wendung bedingt. Unnöthig ſie ausſetzen, würde ein Fehler ſeyn, den man nicht vorausſetzt.

Schluß=Bemerkungen.

Es iſt ein Unterſchied: Taktik für Taktiker und für Nicht=Taktiker, d. h. für ſolche, die blos die Taktik ſtudieren, um ſie zu verſtehen. Die militäriſchen Profeſſoren verſtehen ſelten was ſie erklären, und wissen noch seltener das Erklärte anzuwenden.

Das Verstehen der Taktik ist etwas anderes als das Ausüben derselben. Die General-Offiziere, die Offiziere vom Generalstabe, die Stabs-Offiziere aller Waffen, sollen die Reuter-Taktik verstehen: dazu auch gehört nicht mehr, als ein natürlich gebildeter Verstand, denn das Wahre dieser Taktik ist einfach, und das Einfache versteht sich leicht. Aber an der Spitze eines Reuter-Korps diese einfachen Manöver anwenden; nach Zeit, Terrain und Umständen ausüben, was verstanden wurde, ist eben jene Kunst, die nie theoretisch, die nur praktisch gelernt wird, und wozu angeborne Künstlergaben den Weg bahnen.

Die taktischen Schlachtordnungen sind ein Thema, welches verschiedene Variationen bei deren Anwendung zuläßt: aber über die taktischen Grundsätze kann keine Verschiedenheit statt finden. Es giebt nur wahre Grundsätze, und

diese sind einzig. Was nicht wahr ist, ist falsch.
Kann es wohl einerlei seyn, ob wahre oder
falsche Grundsätze angewendet werden? —
Wenn z. B. gesagt werden wollte, daß nur die
Schwerter des ersten Gliedes wirklich zur Arbeit
(zum Hauen) kämen, daß mithin alle die Schwerter, die sich nicht ins erste Glied entwickeln lassen,
bei einem Reuter-Angriff unnütze Meubel, mithin ein übel verwendeter Luxus wären, wenn
aus dieser Annahme nun gefolgert werden wollte,
daß Reuterei nie mehr als Ein Treffen, oder
Eine Linie bedürfe um zu fechten, und wenn,
da die Schlußfolge nichts widersprechendes enthält,
hieraus als Prinzip abgeleitet werden wollte,
daß die Reuterei überhaupt nur in einer deployirten Linie (mit 2 Gliedern) fechten solle,
wäre das ein wahrer oder ein falscher Grundsatz?
In sich ist er nicht falsch, sogar logisch richtig,
und dennoch ist es kein wahres Prinzip.

Die Nothwendigkeit mehrerer Linien ist nicht
mathematisch nachzuweisen; allein die Reuterei
ist einem Organismus zu vergleichen, der ein

selbstthätiges inneres Prinzip anruft, ein Prinzip aus dem seine Thätigkeiten, aber auch seine Veränderungen folgen, ein Prinzip das, im Fall der Störungen erhaltend und regenerirend wirkt. Beim mechanischen Kunstwerk fehlt dieses Prinzip. Wenn ein Rad stockt, so steht die ganze Uhr still; dahingegen ein lebender Organismus seine innern Mißverhältnisse aus innerer Kraft auszugleichen sucht.

Jedes mechanische Kunstwerk kann nur nach Gesetzen des Gleichgewichts der Masse mit der Geschwindigkeit zusammengesetzt seyn, und seine Form ist geometrisch, und mit nothwendigem Zusammenhang geordnet. Beim Organismus verhält sich beides anders: es sind keine geometrische Formen, wie bei unsern Curven, überhaupt physischen Linien, sondern überall freie lebende Formen, wie, wenn noch eine schöpferische Phantasie hinzugekommen wäre.

Ein solcher lebender Organismus ist das Reuter=Korps, welches durch den Beitritt eines

geistigen Faktors, zur Bewegung und Handlung geführt wird. Dies zwingt zu der Annahme, daß das Lebensprinzip dieses selbstständigen Reuter-Korps eine unermeßliche Intensität
haben müsse, um im Kriege, in den großen
Crisen der Gefechte immer im Gleichgewichte zu
stehen.

Der Akt des Chocs ist das Ineinanderschla-
gen, das Zusammenwirken aller Potenzen, das
Zusammenströmen aller Kräfte, der intellektuellen,
wie der moralischen, wie der physischen. Es ist
nicht die Wirkung einer mechanischen Masse, es
ist die Wirkung einer lebendigen. Denn — wäre
die Reuterei ein mechanisches Kunstwerk, so würde
sie ohne Veränderung auf einem Punkte beharren,
und könnte nie zur Freiheit von Thaten
gelangen. Sie muß daher nothwendig höher
stehen, und ein anderer Maßstab als der mechanische muß auf sie angelegt werden.

Eine geometrische Linie, bewegt sich Linial-
gemäß; anders verhält es sich mit einer Reuter-

Linie. Zwar sollen die hintern Linien keinen mechanischen Druck bewirken. Ein solcher mechanischer Druck wäre ein Widerspruch, eine Ungereimtheit bei einem lebenden Organismus.

Von einem mechanischen Druck sprechen die falschen Prinzips gerne, Prinzips die, statt mit Vernunftgründen, mit Widersprüchen, mit Ungereimtheiten kämpfen, denen innere Logik fehlt. Die hintern Linien aber werden den Impuls des Anreitens erhöhen, und sie werden den Angriff sichern, indem beim Vorrücken der ersten Linie, sie auf das Kampffeld ankommen, welches diese (erste Linie) stets vorwärts gehend, verlassen hat. So geschah es bei Zorndorf, und bei vielen andern Vorfällen, wo die wahren Grundsätze in Anwendung waren.

Eine angreifende Reuter-Linie parirt nicht auf der Stelle, wo sie mit dem Feind zusammentrifft: die Bewegung, in der sie sich befindet, führt sie über diesen Punkt hinaus. Der Chok stürzt aber nicht alle Feinde um, so wenig als er sie sämmtlich zu vertilgen vermag. Häufig werfen sich die feindlichen Fußvölker auf den Boden nieder, um jedoch sogleich wieder aufzustehen, wenn die cholierende Linie über sie weg ist. Hier tritt eine zweite, dritte, vierte Linie in das Licht ihres Wirkens: alle erhalten Arbeit. Dadurch wird der Erfolg des Angriffs ge si chert, d. h. positiv.

Sich für diese Grundsätze erklären, heißt nicht zu Gunsten vom Protégés, sondern für Prinzipien auftreten. In der Reuter-Taktik ist der Gesichtspunkt der alten Doctrinen der richtige. Wie immer auch das Credendo der Opposition sich gegen die alten Grundsätze erheben mag, der neue Kultus, den diese Opposition predigt, und welcher die Reuterei in das Verhältniß einer bloßen Hülfsmasse und zur relativen Wirksamkeit herabsetzen möchte, wird von den großen Feldherrn ewig verschmäht werden; dieser neue Kultus enthält nichts, was ein Reuter-General gebrauchen könnte. Jene alten Grundsätze sind durch große und herrliche Thaten gehei-

ligt, und der Glaube der Praktiker, der sie umgiebt, sanktionirt besser, als jene ewigen Zweifel der Theoretiker, die mit nichts aufs Reine
kommen.

Die falschen Prinzips, sich aus ihrem Ab-
grunde, wohin die großen Feldherrn sie hinabge-
schleudert haben, aufs neue zum Kampf erhe-
bend, so oft das Ende einer großen Katastrophe
gekommen, diese falschen Prinzips dichten die
wunderlichsten Dinge in die Reuter-Taktik, und
bevölkern die halbe Welt damit. Man kann
wohl wenig Lust haben, zwischen den falschen
Prinzipien Vermittlung zu stiften, aber im Ernste
mußte doch die Behauptung erwogen werden, daß
nur die Schwerter des ersten Gliedes zum Einhauen kommen, und daß daher sich niemals
mehrere Linien beim Angriff folgen sollen. Die
wahren Grundsätze brechen die Macht der falschen
Doctrinen, stellen die Reinheit der Reuter-Taktik
wieder her, und übergeben ihr die Offenbarung
der alten Feldherrn, damit sie solche zu neuen
Thaten entwickle.

Die wirkliche Kraft der Reuterei, besteht, abgesehen von dem geistigen Faktor der sie führt, und der moralischen Erstarkung der Reuter — in der Beobachtung der wahren Grundsätze der Ideen-Taktik, welche aus dieser Offenbarung emporwachsen.

Wer möchte wohl, wo durch diese Grundsätze so viele große und herrliche Thaten in der Geschichte erschienen sind, den trägen Gang kleinlicher Ansichten und falscher Doctrinen zum Maßstab nehmen, und etwa dem Feldherrn vorschreiben wollen, sich der großartigen Mitwirkung der Reuterei dadurch zu enthalten, daß er sie die Gränzen der Mittelmäßigkeit ja nicht überschreiten läßt? Das Resultat eines Reuter-Angriffs ist nicht ein Sieg der Masse über die gegenüberstehende Macht, sondern ein Geschenk des Generals, welcher die Reuterei zum Angriff führt. Die außerordentlichen Bedürfnisse an einem Schlachttage verlangen außerordentliche Anstalten zur Abhülfe. Groß, herrlich und beglückend wirkte die Reuterei unter sichtbarer Führung des Talents, wenn aber dieses Talent dahingegangen, steht es, als wäre das Loos der Thaten, den gewöhnlichen Kriegs-Schicksalen alltäglicher Geschichte verfallen.

Die Reuterei hat unstreitig ihre Perioden freier Entwickelung. Wenn die Ideen-Taktik aufgeht, so rücken die Scheitelpunkte, die in der Reuterei noch begränzt sind, auf einmal ins Unendliche auseinander, und so wächst die richtige Ansicht durch die technischen und taktischen Epochen bis zur Praktik fort.

Die wahren Prinzipien entstehen nach und nach durch beständiges Combiniren. Aus ihnen wachsen die Schemas der Schlachtordnungen hervor, welche, wenn ein höherer Faktor sie anwendet, den Angriffen eine Bürgschaft ertheilen, welche die Erfolge sichert. —

Das leitende Prinzip, oder die intellektuelle Potenz, oder der Ober-General bildet Schlacht-

ordnungen. Je tiefer das leitende Prinzip noch
von der unreifen Ansicht, oder den falschen Doctrinen, oder von der Unmündigkeit der Praktik
gebunden ist, desto tiefer wird die Ordnung der
Wirksamkeit stehen, in der es seine Manöver-
Produktionen ausdrückt; je freier hingegen das
leitende Prinzip ist, je mehr es sich den wahren
Grundsätzen nähert, je mehr natürliche Anlage
zur Praktik es in sich trägt, je höher wird die
Ordnung der Thaten steigen, durch die es seine
Dignität gültig macht.

Der vorangesetzte taktische Exponent hat verschiedene Schlachtordnungen dargestellt, die von den
Grundsätzen getragen werden, welche die größten
Reuter-Generale auf dem praktischen Felde func-
tionirt haben. Diese Schlachtordnungen wird das
leitende Prinzip in seinen Bildungen modifiziren,
oder in seine Taktik aufnehmen, aber immer so,
daß die Grundform in der Modifikation erkennbar
bleibt. Dies ist das Geheimniß und die Taktik
der Generale.

Das Reuter-Korps hat 16 Generäle: Sie
können von einer durchgreiffenden Wirkung seyn,
und durch Addition ein Kapital Intelligenz liefern, welches den unvorhergesehenen Umständen
leitend entgegen tritt. Die Generale bilden eine
Macht für sich, und haben es mit der Vervoll-
kommnung des Einzelnen und des Ganzen zu
thun; sie arbeiten darauf hin, Leben und Bewegung in das Reuter-Korps zu bringen, damit
es nie als ein in sich beschlossener Mechanismus
stehen bleibe; durch beständige Revision suchen
sie alles Schadhafte und Todte auszutreiben und
neue gestählte Triebfedern einzusetzen; — durch
Bildung des Geistes wollen sie das Interesse des
Einzelnen am Ganzen erhöhen, und die Ruhm-
liebe hervorrufen. Das ganze Reuter-Korps nehmen sie als Basis ihrer Wirksamkeit auf, und
suchen durch ihren positiven Gehalt dasselbe immer höher hinauf zu stellen, zugleich mit den
höhern Verhältnissen der Armee insbesondere,
und des Kriegs im Allgemeinen, in Uebereinstimmung zu bringen. So sorgen die Generale, daß
die Geschichte Thaten namhaft zu machen hat,

welche der Griffel so gerne auf die Wappen-
Schilder der Tapfern gräbt, jener Helden, welche
mit Energie ausführen, was mit Klugheit ein-
geleitet wurde.

Weder will man hier die Vortheile analy-
siren, welche jede Schlachtordnung darbietet, so
fern sie geschickt und mit Talent angewendet
wird; noch will man die Gefahren zergliedern,
denen ungeschickte und zur unrechten Zeit gewählte Anwendung sich aussetzt. — Das Still-
schweigen über diesen Gegenstand zu brechen,
überläßt man der Zeit und der Kritik. Erklärungen
über die Anwendung helfen demjenigen nichts,
der sie nicht in seinem Geist findet, und zwar
so oft, als er auf dem praktischen Felde vor
dem Feinde, berufen ist die Praktik zu üben.
Wächst der General nicht über die taktischen
Formen hinaus, so hilft ihm wenig, wenn er
die Schlachtordnungen in Fächer geordnet und
ihr Verhältniß gefunden hat. Kommt dann die
Anwendung, so gleicht er nur zu oft dem Ka-

rakter auf dem Theater: „er habe wohl eine
Antwort, sie aber vergessen."

Das ist der Nachtheil und die Unvollstän-
digkeit aller Vorschriften, daß ihre Anwendung
nach den Umständen, sich in die Vorschriften
nicht mit aufnehmen läßt, sondern immer
Sache des Geistes bleibt, der lebendig
macht.

———————

Dritter

Dritter Exponent.

Praktik.

Ihr dürft vor dem Feinde nicht sorgen, was ihr thun sollt: der Geist wird es euch lehren.

Praktik.

In der festen Ueberzeugung, daß sich die im taktischen Exponenten dargelegten Manöver und Evolutionen in der Praktik des Kriegs, aus der sie hervorgegangen, auch wieder anwenden lassen, hat man sie begonnen und durchgeführt. Jede Taktik muß selbstständig in sich seyn, und ihr eigenes Leben entwickeln. Sie hält mit dem menschlichen Geist gleichen Schritt. Deshalb bezieht sich in der Taktik alles auf die Thatsachen, aus denen sich die Grundsätze vermitteln.

Die, durch die Thaten der Reuterei so oft bewirkten Wunder, bilden die Reuter=Taktik. Je reiner sie sich absondert, und bei ihrem Groß

O 3

thaten bleibt, desto mehr nähert sich die Taktik der Normal-Idee der Tapferkeit, die die ewige Grundlage für alle Zeiten und Völker ist.

Zu der Zeit wo die Reuterei zahlreich und überlegen war, fehlte ihr auch ein entschiedenes Uebergewicht nicht. Hatte sich der Sieg einmal erklärt, so fand und benutzte sie meistens die Gelegenheit, ihn in eine vollkommene Niederlage des Feindes umzuwandeln. So endigten z. B. die Schlachten des dreißigjährigen Krieges größtentheils mit einer gänzlichen Auflösung des geschlagenen Heeres.

Aber auch die Reuterei hat ihre Entzweiungsperioden gehabt. Das höhere Interesse gieng unter allgemeinen Calamitäten des überhandnehmenden und sich gleichsam überbietenden Irrglaubens, der sie zu dem verschwindenden Rang der Coefficienten herabsetzte, verloren. Theils trugen dazu heftige Streitschriften bei, die keine Widerlegung zu einer Zeit fanden, wo es dieser Waffe an gewandten und muthigen Schriftstellern fehlte, theils auch gewaltsame Maßregeln von

Machthabern, welche die Reuterei entbehrlich hielten, weil sie nichts mit ihr anzufangen wußten. Die Geschichte hat daher in manchen Zeiträumen nichts von den Thaten und Schicksalen einer Waffe zu erzählen gewußt, die nicht mehr in den Köpfen und Herzen der Feldherrn lebte, sondern nur noch in den Schriftzügen vergessener Historie vorhanden war. Das Buch der Zeiten ist nur für den verständlich, der nicht unter der Zeit, sondern über ihr steht. Der Spiegel der Zukunft ist nur für höhere Geister da. In dem Geist der großen Feldherrn lag die Reuterei immer als ein Ganzes, und sie erhoben sie auch jederzeit zu der Würde der Exponenten. Die Geschichte, welche dies sagt, verschweigt aber eben so wenig, daß Generale ohne Talent, die Reuterei stets mißhandelten.

Die Reuter=Taktik hat immer gegen Störungen zu kämpfen, Störungen, die so leicht den Exponenten überwachsen, und den Reuter=Karakter verdrängen.

So lange die Reuterei nicht als ein Ganzes verbunden ist, so lange ihr ein Mittelpunkt (Prinzip) fehlt, in welchem sich die Einheit des Befehls offenbart, wird die Klage gegen sie nicht enden.

Es hat der Reuterei wenig Vortheil gebracht, daß gute Arbeiter die technischen und taktischen Fächer des Reuter-Wissens einzeln herausnahmen, tüchtig durcharbeiteten, und die ganze Summe der Theorien und Erfahrungen, die jedem Fache zugetheilt war, in solche Proportionen und Gleichungen stellten, daß alle Zweifel und alle Durchkreuzungen verschwanden. So nützlich und verdienstlich diese Arbeiten auch waren, so fehlte doch noch viel, daß auch die verschiedenen Fächer selbst wieder in ein Ganzes verbunden, und einem und demselben Prinzip untergeordnet wurden. Alle diese Bemühungen, wenn auch der fressende Wurm sie nicht ergriff, gaben kein Reuter-System, und die Generale lernten daraus die große Kunst, der Verwendung der Reuterei im Großen, d. h. als ein selbstständiges Ganzes, noch keineswegs. Es fehlte mit einem Worte eine Taktik der Generale. Wer auch konnte sie geben? Schriftsteller, die selbst noch weit entfernt von der Generalsfunktion, für ihre Autorität keine andere Garantie beizubringen hatten, als ihre Theorie? Schriftsteller, denen die Praktik des Kriegs in den höhern Graden abgieng? Oder konnten diejenigen sie geben, die, wenn sie gleich die verborgene Kraft der Reuterei ahnen, doch den praktischen Hebel weder kennen noch finden, welcher diese Kraft bewegt? oder endlich jene Schriftsteller, welche ihren leichten oberflächlichen Arbeiten über die Reuterei, die Oberflächlichkeit ihrer Urtheile folgen lassen?

Diese höhere Taktik der Generale war bis jetzt ein versiegeltes Testament. Sie ist ein Erzeugniß der Kunst, das erst entsteht, wenn dem General seine taktischen Kräfte zum Bewußtseyn kommen. Dies Bewußtseyn vermag allein das Siegel zu lösen und das Testament, welches die große Kunst der Generals-Taktik als Offenbarung bewahrt, zu öffnen.

Die Taktik geht in ihrer Entwickelung verschiedene Stufen durch. Die Taktik des Ritt-
meisters steht noch nicht auf gleicher Stufe, mit
der Taktik des Obersten. Der Geist des Ober-
Generals verbindet die verschiedenen Stufen zu
einer höhern Einheit.

Es ist nicht genug, daß die Schwadronen
und Regimenter nach richtig technischen und taktischen Grundsätzen formirt, gebildet und aus-
gearbeitet sind, sie müssen auch unter sich in
einem Prinzip zusammenhangen, und ihre Glei-
chung und ihr Verhältniß zum Mittelpunkt eines
Oberbefehls gefunden haben.

Daß hierdurch den Generalen neue Elemente
ihres Wirkens zuwachsen, konnte nicht abhalten
ihre Funktionen, von dem untergeordneten Standpunkt der Coefficienten zu dem höhern der Exponenten zu erheben.

Je reiner die Grundlage ihrer Würde, je
reiner werden sie selbst vor ihren Truppen auf
den Schlachtfeldern sich darstellen. Und zuletzt
hängt

hängt ja Alles daran, daß die Reuterei nicht leer ausgehe. Sie soll Thaten vollbringen. Das Faktum dieser Thaten liegt in der Zukunft, und ist an die Verbindung geknüpft, wie der Geist die Führer erleuchte.

Die angestrengteste Kombination kann die Verbindung allerdings nicht finden, in welcher sich der Geist niederläßt, und einen General von innen her zum Handeln treibt, und ihn Thaten vollbringen läßt, die seinem gewöhnlichen Bewußtseyn, kurz vor der That, noch fremd waren. Das Einmaleins des Verstandes steht hier an seiner Gränze. Der Zauber des Geistes ist unergründlich.

Wer aber Thaten vollbringen will, hat Organe nöthig. Je nach den Organen werden die Thaten seyn.

Das Reuter-Korps bildet eine Einheit, in sofern alle Theile, aus denen es zusammengesetzt wurde, dem zwingenden Willen eines Einzigen gehorsam sind. Auf dem Prinzip dieser

Einheit des Befehls, ruht die Bedingung der Unabhängigkeit, und der Sicherheit des Ganzen.

Das Reuter-Korps, wie es hier aufgeführt wurde, hat, als eine stehende Schöpfung noch keine Existenz. Allein die Geschichte zeigt uns mehr oder minder annähernde Organisationen. Die Geschichte zeigt zugleich, daß die Reuterei, wenn sie in Massen auftrat, so oft siegreich war, als der ächte Geist über sie herrschte, und sie zu Thaten führte.

Wer die Thaten, welche die Reuterei vollbracht hat, gehörig erkennt, kann die Thaten, welche sie leisten soll, bestimmen.

Die Praktik beweißt mehr als die Theorien. Le savoir-faire steht höher, als le savoir-dire; die Thatsachen üben Gewalt und geben mehr Licht, glänzender und überzeugender leuchtend, als todte Schriftzüge einer prosaischen Lehrmethode.

Reichten die Theorien, reichte das Wissen hin, um daraus das Handeln abzuleiten und zu bestimmen, wie solches in einem künftigen Kriege seyn sollte, so wäre es für den Krieger sehr unnöthig die Geschichte der Schlachten zu ergründen. Allein, da dieses nicht der Fall ist, da Alles im Kriege auf die Praktik ankommt, so müssen wir, so viel als möglich, in den Geist der Kriegsthaten einzubringen suchen, aus denen das Handeln hervorgieng.

Erzherzog Carl sagt: „Ein großer Feldherr wird nur durch eine lange Erfahrung und leidenschaftlichen Fleiß gebildet. Was man selbst gesehen hat, langt nicht aus, denn welches Menschenleben wäre reich genug an Ereignissen, um eine Erfahrung in allem zu geben? Man kann also nur ein guter Heerführer werden, wenn man sein eignes Wissen mit fremden Kenntnissen mehrt, die Studien seiner Vorgänger würdigt, und Kriegsthaten, Ereignisse, welche große Resultate hatten, wie sie die Kriegsgeschichte darbietet, zum Vergleichungspunkt nimmt.''

Und Napoleon diktirt: „Ein Ober-General wird entweder durch eigne Erfahrung oder durch Genie geleitet. Taktik, Evolutionen, die Wissenschaft des Genie-Offiziers, des Artillerie-Offiziers, kann man aus Büchern erlernen; allein Kenntniß der höhern Taktik bekommt man nur durch Erfahrung, durch das Studium der Feldzüge aller großen Feldherren. Gustav Adolph, Türenne und Friedrich, haben, wie Alexander, Hannibal und Cäsar, alle nach denselben Grundsätzen gehandelt.‟

„Man lese also die Feldzüge der großen Feldherrn, und lese sie immer wieder. Man bilde sich nach ihnen. Hierin liegt das einzige Mittel, ein großer Feldherr zu werden und die Geheimnisse der Kriegskunst zu erfassen. Das Genie, durch solch Studium aufgehellt, wird dann alle Grundsätze zu verwerfen wissen, die denen solcher großen Männer entgegen sind.‟

Das Studium der Schlachten ist daher für den betrachtenden Geist, nicht nur das einzige Mittel, was auf die Praktik vorbereiten kann,

was zur nüchternen, besonnenen, tiefen Beur=
theilung der Kriegskunst im Allgemeinen und
der Reuterkunst im Besondern, überhaupt führen
kann, sondern dieser Weg kann auch nur allein
die Ueberzeugung gewähren, daß die Einfluß
ausübenden Umstände und Verhältnisse im Kriege,
wirklich in das Unendliche gehen.

Um den Stamm der Kriegskunst legt sich in
jedem Kriege ein neuer Ring an; er wird immer
höher, ausgebreiteter, reicher an Blüthe und
Frucht. Immer heller wird das Licht, das die
Gesetzestafel umstrahlt, welche die schauerliche
Kunst der Schlachten auf ihre Reinheit und Klar=
heit zurückführen. Aus jeder Schlacht kehren wir
reicher beladen mit Wahrheiten und Kenntnissen
an den Punkt zurück, wo die Verbindung der
Exponenten zu einem Ganzen erkannt wird. Diese
Verbindung und die Wechselwirkung, in der die
drei Exponenten Technik, Taktik und Praktik
zu einander stehen, führen in die Richtung zur
höhern Taktik.

Die Ideen-Taktik zeigt ein unausmeßbares Feld. Unerreicht, und vielleicht unerreichbar, wollen wir indessen in der Geschichte die Vermittelung der Taktik und Praktik suchen, und die Extreme der todten Grundsätze dadurch vermeiden, daß wir uns auf die Schlachtfelder versetzen, wo die Vielseitigkeit der Verhältnisse und Beziehungen uns umgeben, welche beide unzertrennlich machen.

Die Kriegs-Geschichte ist eine Fundgrube der herrlichsten Golderze, die gereinigt und mit Fleiß bearbeitet, dem forschenden Geist eine reichhaltige Ausbeute zusichert.

Am Faden der Kritik wächst und reift die Praktik über die Theorie hinaus, und es wird immerfort mit der einen Hand gestritten, mit der andern gebaut. Die Masse der Arbeiten wird nicht gemindert, sie verbreitet sich nur über andere und höhere Gebiete. Die Kritik schlichtet nicht die entgegenstehenden Meinungen, sie treibt sie nur in neue und hartnäckigere Vertheidigung.

Der höhere Cyklus ist der Krieg. Die Gedanken zwar verbreiten sich, wie auf Flügeln
durch den Raum, aber all ihr Fortschreiten lehrt die
Kunst nicht, wie sie zum Exponenten der Praktik sich
erheben. Die Thaten der Reuterei sind immer
abhängig von persönlicher Größe ihrer Führer.
Ein Reuter-General soll die moralische Kraft des
Karakters, des Willens und der Intelligenz in
sich vereinigen. Weil diese Trias aber so selten im
Einklang sich beisammen, und in einer Person
vereinigt finden, so sind die großen Reuter-
Generale gleichfalls sehr selten.

———

Man wird sich nun über eine Vergangenheit
verbreiten, die an militärischen Betrachtungen
reich, und, als ein großes Beispiel, des Stu-
diums werth ist.

Die Absicht geht aber nicht dahin, bekannte
Thatsachen zu erzählen, sondern vielmehr die
unbekannten Ursachen zu entwickeln, welche die
Reuter-Thaten herbeigeführt haben.

Von den Gefechten und Schlachten, wo man selbst handelnd gegenwärtig war, wird man diejenigen auswählen, welche vermöge der Thaten der Reuterei, Kritz und Stoff zum Nachdenken über diese Waffe darbieten.

Ob diese Thaten, der Reuterei immer Ehrenkränze geben, darauf kommt es nicht an. Auch das Unterlassen der Handlung, muß man würdigen können, auch die gemachten Fehler gehören zur Karakteristik des Zeitalters.

Lebende Beispiele, dargestellt durch Augenzeugen, erheben sich oft zur Autorität. Die Theorie fällt immer vor der Praktik.

Was indessen nicht der höhern Betrachtung würdig ist, was keinen Rang in der Reuter-Taktik hat, bleibt weg.

Aus der sich andrängenden Fülle, wird man mit Vorsicht absondern: nur Scenen, nur einzelne Momente, werden aus den selbst gesehenen Schlacht-Gemählden, dargestellt, nicht die Schlachten selbst. So interessant auch die Darstellung des Geistes dieser Schlachten vielleicht seyn möchte, so liegt eine raisonnirende Geschichte derselben, weder nach ihren Zwecken noch nach ihren Wirkungen, im verzeichneten Plan. Die Tendenz geht nicht über die Reuter-Grenze hinaus.

Der Standpunkt der Geschichte giebt den Ueberblick des Ganzen, während die Gegenwart immer nur einen sehr kleinen Theil vom Zeitenstrom im Gesichtskreis hat, und an sich vorüberrollen sieht.

Eine merkwürdige Erscheinung ist es übrigens, wenn die höhern Thaten der Reuterei zur Betrachtung sich darbieten. Lücken füllt der beobachtende Geist, mittelst der Reflexion aus.

Was aber in ihren Führern den göttlichen Funken zur Flamme angefacht, das weißt freilich kein historisches Zeugniß, und keine Reflexion nach.

Der Krieg 1809 zwischen Frankreich und Oesterreich. *)

Die Eintheilung der österreichischen Armee, zeigt ursprünglich keine selbstständige Reuter-Reserve. Die Grenadiere waren mit ihr. Die Reuterei, mit den andern Waffen vermischt, war in dem nummerischen Verhältniß zum Fußvolk ein Zehntheil des Ganzen.

Die Oesterreicher hatten in früheren Jahrhunderten eine Reuterei, die anderen Staaten zum Vorbild diente. Im 30jährigen Kriege machte sie noch, wenigstens die Hälfte ihrer Heere aus.

---

*) Der Vf. war in diesem Kriege Rittmeister im Königlich Württembergischen 2ten oder Leib-Chevaurlegers-Regiment.

Damals erregten die Großthaten einer Reuterei, die immer jugendlichen Muth mit glücklicher Standhaftigkeit verband, das Anstaunen einer ganzen Welt. In den Kriegen gegen Friedrich II. betrug sie oft den dritten, aber nie weniger als den vierten Theil der Armeen. Zur Zeit der franz. Revolution machte sie noch den fünften Theil der aktiven Armeen aus. Hier, 1809 sehen wir sie auf 1 zu 10 im Verhältniß zum Fußvolk herabgekommen. –

Die Kriegsgeschichte von Oesterreich, verliehrt in derselben Progreſſion Glanz und Bewunderung, als deſſen Reuterei in immer engere Grenzen sich zurückgedrängt sieht.

Die französische Armee hatte ein günstigeres Verhältniß. Die Reuterei betrug ein Sechstheil des Ganzen.

Napoleon sein Streben war dahin gerichtet, seine Reuterei zu vermehren, und ihr in technischer und taktischer Beziehung Einheit zu geben. Nach seinem Ausspruch muß die Reuterei den

vierten Theil des Fußvolks betragen. Aber er
vermochte nur nach und nach, und mit großer
Anstrengung dies Verhältniß zu schaffen.

Napoleon hatte Armee-Korps von drei bis
fünf Divisionen Infanterie, mit ein oder zwei
Brigaden leichter Reuterei, nebst einer Artillerie-
Reserve.

Die Reserve-Reuterei war in Divisionen;
aber noch nicht in Reuter-Korps organisirt.

Die Entstehung der Reuter-Korps gieng erst
aus der Dignität dieser Waffe, und ihrem Einfluß bei den Krisen großer Schlachten hervor.
Das Prinzip ihrer Ordnung fand Napoleon in
den Erfahrungen, deren Quellen nie ausgeschöpft
werden.

56 Schwadronen Kürassiere, in 3 Divisionen
getheilt, unter Nanfouty, Espagne und Saint
Sulpice; so wie zwei leichte Reuter-Divisionen
(Württemberger und Baiern), 34 Schwadronen
zählend; diese 90 Schwadronen sollten 1809 die

große Reuter-Reserve, unter dem Befehl des Marschall Beffieres, Herzog von Iftrien, bilden.

Die Schwadronen waren theils 120 theils 150 Pferde; das Reuter-Korps würde daher über 12,000 Pferde stark ausgerückt seyn und hätte 6 reitende Batterien gehabt.

Die französischen Küraffiere hatten damals ihren Kulminationspunkt erreicht. Die beiden deutschen Divisionen wetteiferten mit jeder leichten Reuterei. Dieses Reuter-Korps war daher in der Idee eine schöne Schöpfung, aber es bildete keine Einheit, und fand sich niemals vereinigt: es war eine bloße Metapher.

Marschall Beffieres war Ober-General der ganzen Reuterei bei der Armee des Kaisers. *)

---

*) Marschall Beffieres war ein tapferer Reuter-General, der in der Schlacht von Abendsberg, das Württembergische Leib-Chevaurlegers-Regiment persönlich führte. Dieses Regiment hatte die Ehre, in jener Schlacht die Re-

ferde-Reuterei zu seyn. Es machte einen
schönen Chok auf ein feindliches Husaren-
Regiment von doppelter Stärke, wo der
Marschall an die Spitze des Regiments sich
setzte, und sich im Lichte seiner Tapferkeit,
zeigte, als es zum Einhauen kam. Abends,
als er das Regiment verließ, rühmte er die
Ehre, die er sich dadurch anrechnete, daß er
der einzige Franzose (der Marschall war sogar
ohne Adjutanten, da er mit Postpferden aus
Spanien erst Abends vor der Schlacht bei der
Armee in Deutschland eingetroffen war), mit
einem deutschen Regiment eine Attake gemacht
habe. Der Marschall verstand es, die Bewunderung derer zu gewinnen, welche er befehligte.

Schlacht von Eckmühl am 22. April.

Napoleon hatte die Divisionen Nansouty und Saint Sulpice, d. h. 40 Schwadronen Küraffiere, so wie 34 Schwadronen leichte Reuter, nämlich 18 Baierische (drei Regimenter) und 16 Württembergische (4 Regimenter) in eine Masse als Reuter-Reserve vereinigt. Allein diese 74 Schwadronen hatten keinen Ober-General. Der Marschall Bessieres verfolgte mit der leichten Reuterei des General Marulaz den General Hiller auf der Straße nach Braunau.

Diese Masse *) marschirte in geschlossener

---

*) Der Ausdruck: Masse! bedeutete in den Kaiserlich Französischen Armeen nichts, als eine unbestimmte Zahl Truppen auf einen Punkt vereinigt. Er darf mit dem Ausdruck: Kolonne! nicht verwechselt werden.

ferve-Reuterei zu ſeyn. Es machte einen
ſchönen Chok auf ein feindliches Huſaren-
Regiment von doppelter Stärke, wo der
Marſchall an die Spitze des Regiments ſich
ſetzte, und ſich im Lichte ſeiner Tapferkeit,
zeigte, als es zum Einhauen kam. Abends,
als er das Regiment verließ, rühmte er die
Ehre, die er ſich dadurch anrechnete, daß er
der einzige Franzoſe (der Marſchall war ſogar
ohne Adjutanten, da er mit Poſtpferden aus
Spanien erſt Abends vor der Schlacht bei der
Armee in Deutſchland eingetroffen war), mit
einem deutſchen Regiment eine Attake gemacht
habe. Der Marſchall verſtand es, die Bewunderung derer zu gewinnen, welche er befehligte.

Schlacht von Eckmühl am 22. April.

Napoleon hatte die Divisionen Nansouty
Saint Sulpice, d. h. 40 Schwadronen Kü-
ere, so wie 34 Schwadronen leichte Reuter,
lich 18 Baierische (drei Regimenter) und 16
ttembergische (4 Regimenter) in eine Masse
Reuter=Reserve vereinigt. Allein diese 74
abronen hatten keinen Ober=General. Der
hall Bessieres verfolgte mit der leichten
rei des General Marulaz den General Hiller
er Straße nach Braunau.

Diese Masse *) marschirte in geschlossener

Der Ausbruck: Masse! bedeutete in den
Kaiserlich Französischen Armeen nichts, als
eine unbestimmte Zahl Truppen auf einen
Punkt vereinigt. Er darf mit dem Ausbruck:
Kolonne! nicht verwechselt werden.

Kolonne, mit Schwadronen bei Schierling auf,
die 7 leichten Regimenter (die Württemberger.
eine Kolonne rechts, die Baiern in eine Kolonne
links) im erſten Treffen, die 10 Küraſſier-Regi-
menter im zweiten Treffen. Dieſe Küraſſiere
bildeten ebenfalls 2 Kolonnen, d. h. jede Diviſion
ſtand mit Schwadronen in geſchloſſener Kolonne;
Alles in Ordnung rechts.

Das abwechſelnde Terrain, die ſteilen Ab-
dachungen der Ufer, die jähen Höhen waren der
Reuterei in ihren Bewegungen nicht günſtig.

Nachdem die Württembergiſche Infanterie
die Brücke und das Dorf Eckmühl, in einem
heftigen Gefecht genommen hatte, deployirten die
Baieriſchen Chevauxlegers, und rückten in Linie
vor, die Anhöhe hinauf.

In dem Augenblick als ihr Vormarſch Raum
gab, deployirte die Württembergiſche Reuter-
Diviſion und folgte den Baiern auf 300 Schritt.

Auf

Auf der Höhe angekommen, griff die Baie-rische Division die österreichischen Batterien an, wurde dabei aber von der feindlichen Reuterei in Flanke genommen, weshalb der Angriff mißlang.

In diesem Moment war die Württember-gische Division auf der Höhe angekommen, und machte eine Attake nach allen Signalen, auf die österreichische Reuterei, welche nun ihrerseits über den Haufen geworfen wurde. Allein das heftige Feuer, sich kreuzender Batterien, welches noch in seiner ersten Heftigkeit sich gegen diesen Angriff richtete, nöthigte diese Division um so mehr umzukehren, als sie in der Verfolgung, auf einen Wald stieß, aus dem ein lebhaftes Infanterie-Feuer sie begrüßte.

Diese zwei Angriffe gaben nur das Vorspiel zu den glänzenden Waffenthaten, die diesen Tag krönen sollten.

Ein Resultat konnten sie auch wohl nicht haben, da sie keinen Zusammenhang hatten, da die österreichische Schlachtordnung noch überall

in Takt war, und ein zerstörendes Artillerie-
und Infanterie-Feuer ihnen begegnete, so wie
die Linien auf der Höhe sich zeigten.

Solche vereinzelte Attaken fanden in der
französischen Armee häufig statt, weil die Divisions-Generale, zumal wenn sie den Kaiser in
der Nähe sahen, wetteiferten sich bemerkbar zu
machen. Diese Generale hingen auch noch nicht
von höhern Befehlen ab, da die Formation von
Reuter-Korps noch keine Existenz hatte. Der
Accent lag noch auf die Divisions-Generale. Daher eben kam es, daß die Manöver der Reserve-
Reuterei, sich so selten in ein einiges und regel-
mäßiges vereinigten. Daher scheiterten ihre Angriffe so oft in den Schlachten, besonders dann,
wenn das Schlachtfeld enge beisammen war, wie
z. B. bei Eßling an der Donau.

Die Angriffe einzelner, von sich unabhängiger Divisionen, haben selten entscheidende Resultate.

So lange das Glück die französischen Waffen begünstigte, hatten diese einzelnen Angriffe indessen selten nachtheilige Folgen, häufig aber führten sie günstige Wechselfälle herbei. Deshalb wurden sie immer mit Wohlgefallen bemerkt, und ärnteten oft sogar selbst dann Lob, wenn sie mißglückten. Der Kaiser hatte einen schnellen Blick, Mißgeschick und Tapferkeit, Ungeschicklichkeit und Talent zu unterscheiden: der Erfolg bestimmte sein Urtheil nicht.

Der unglückliche Ausgang solcher Angriffe entmuthigte auch nicht, so lange das Glück im Allgemeinen getreu blieb. Im Gegentheil, wurden sie in diesen Fällen nur ein Sporn mehr, das widerfahrene Mißgeschick wieder auszugleichen. So war es auch hier der Fall.

Beide leichte Divisionen sammelten sich rechts und links der Kürassier-Divisionen, die unterdessen in Kolonne die Höhe heraufgerückt waren, wo sie, in Regimenter deployirt, in einer Tiefe von 5 Regimentern, beide Divisionen neben einander hielten.

Unterdessen gewann das französische Fußvolk unter den Marschällen Herzog Montebello und Auerstedt auf beiden Flügeln Boden.

Die österreichische Reuterei wollte den Moment, als die Spitzen des französischen Fußvolks auf die Ebene rückten, benutzen, und marschierten zum Angriff vor.

Dies war der günstige Augenblick für die Reserve-Reuterei. Sie marschierte vor. Die Württembergischen und Baierischen Divisionen griffen die vorgerückte öster. leichte Reuterei an, warfen sie über den Haufen, trafen aber bei der Verfolgung auf die feindliche Reserve-Reuterei, der sie nun ihrerseits weichen mußten.

Unterdessen waren die Küraffier-Divisionen im Trabe gefolgt und begegneten dem Angriff der feindlichen Reserve-Reuterei auf eine so glänzende Weise, daß die auf den Höhen fortziehende Infanterie von Lannes anhielt, um, in die Hände klatschend, den Küraffiers ein Lebehoch! zu bringen.

In der französischen Armee hatten die Kü=
rassiere sich zu jener Zeit zu einer moralischen
Macht erhoben. Züge auffallender Tapferkeit
wurden von den Soldaten, mit dem Ausdruck:
brave comme les cuirassiers, anerkannt.

Dieser Chok der Kürassiere hatte mit 2 Re=
gimentern in Front statt; die andern Regimenter
folgten, mit starkem Schwadronsbreiten Abstand,
den Bewegungen der beiden vordern Regimenter.
Die Kürassiere hatten eine vorzügliche Sorge
geschlossen zu bleiben, und nahmen niemals
ein stärkeres Tempo als Trab. Häufig hörte man
die Offiziere: serrez, cuirassiers, serrez! mit
ermahnender Stimme, im sprechenden nicht kommandirenden Ton. Hier war also keine Kolonnen-
Attake, in der gewöhnlichen Bedeutung: es war
ein Chok in deployirter Linie, dem mehrere Linien
auf nahen Abstand folgten.

Da die Kommandos von allen Offizieren
abgenommen und fortgetragen wurden, so machte
das kleinste Kommando ein vielstimmiges Getöse,
welches indessen keinen übeln Eindruck machte.

Kurz vorher, bevor sie mit dem Feind zusammentrafen, gaben die Generale und Obersten noch einmal das Kommando: en avant! marche! marche! welches auch die Küraffiere wiederholten, ohne jedoch das Tempo zu verstärken. Dieses en avant! kommt dem ruffischen Hurrah! gleich: es ist ein Reizmittel.

Als diese Küraffiere so geschloffen, in einer so respektsvollen Ordnung verrückten, machten beide leichte Divisionen Halt, herstellten sich und waren bewunderungswürdig schnell wieder formirt. Auf beiden Flügeln der Küraffiere, machten sie diesen Chok mit. Es war ihr dritter.

Hier war es nun wo die Baierischen Chevaurlegers sich gegen eine Batterie wandten, welche die linke Flanke dieser Reutermaffe beschoß, und 16 Geschütze eroberten.

Nach diesem Chok, dem der Feind nicht zu widerstehen vermochte — rükte die Reuterei, und

wartet das Vorrücken beider Flügel ab. Sie befand sich neben der großen Straße nach Regensburg, in der Mitte von Lannes und Davoust. So wie die Flügel des Fußvolks, sich mit der Mitte der Reuterei auf gleicher Höhe befanden, rückte diese in Kolonne, mit Schwadronen, die Spitzen der Divisionen neben einander mit dem Ganzen vor.

Bei allen diesen Bewegungen richteten die leichten Divisionen sich nach den Kürassieren, ohne andere Weisung. Ueberhaupt hat man weder bemerkt noch sagen hören, daß den deutschen Generalen, an diesem Tage, Befehle zugekommen wären. Der Befehl am Morgen, unmittelbar vom Kaiser kommend, lautete bloß: suivez et soutenez, selon les circonstances, les cuirassiers! Diese Uebereinstimmung, welche hier ein so erfolgreiches Resultat hatte, gieng in den spätern Feldzügen mit dem Glück verloren.

Der Feind zog sich gegen Eglofsheim zurück.

Vor diesem Ort hatte der Erzherzog sämmtliche, auf diesem Theil des Schlachtfeldes verfügbare Reuterei, neben der Straße in zwei Treffen aufmarschiren lassen. 12 Schwadronen Kürassiere (die Regimenter Kaiser und Gottesheim) standen im ersten Treffen, hinter sich im zweiten Treffen 12 Schwad. Dragoner und neben sich einige 20 Schwadronen Chevaurlegers und Husaren (Vincent, Stibschiz und Ferdinand). Mehrere Batterien waren vor der Front aufgefahren, und Grenadier-Bataillone hielten zur Sicherung des Rückzuges Eglofsheim: und die waldigten Höhen rückwärts besetzt.

Als die französische Reuterei, aus der Stellung des Feindes, dessen Absicht erkannte ein Gefecht anzunehmen, deployirte die Division Nansouty, Brigadenweis, in zwei Linien, als erstes Treffen; die Division Saint-Sulpice, blieb in ihrem Verhältniß als 2tes Treffen, aber in Kolonne, Brigadenweis neben einander.

Die zwei Linien des ersten Treffens hatten nur einen Schwadronsbreiten Abstand von einander. In der ersten Linie hielten 3 Regimenter

oder

oder 12 Schwadronen, In der zweiten Linie
2 Regimenter oder 8 Schwadronen.

Beide leichte Divisionen suchten sich staffel-
förmig, von beiden Flügeln auszudehnen, und
plänkerten fortwährend mit der feindlichen leichten
Reuterei, welche gegen dies Manöver einzelne
Schwadronen vorgesandt hatte, mit denen wir
bald handgemein wurden.

Die österreichische Artillerie bestrich das erste
französische Küraffier-Treffen.

Es war 7 Uhr Abends, und die Dämme-
rung trat eben ein.

Unsere leichte Divisionen gewannen Terrain,
wodurch die feindliche Stellung ihre Flanken bedroht sah.

Dieser Umstand veranlaßte, wie es scheint,
den feindlichen General Schneller, das Küraffier-
Regiment Gottesheim zum Chok auf die erste
französische Küraffier-Linie vorrücken zu lassen.

T

So wie General Nansouty die Absicht des Gegners erkannte, kommandirte er: Escadrons! en avant! marche! dieser Vormarsch geschah im Schritt.

So wie die erste Linie nur noch 100 Schritt vom Feind war, machte das Regiment in der Mitte (Karabiniere) halt, nahm den Karabiner hoch, machte fertig, und gab auf 30 bis 40 Schritt den sie attakierenden Kürassieren eine Salve ins Gesicht.

Zu gleicher Zeit, als dies Regiment halt machte, kommandirten die beiden Flügel-Regimenter (Kürassiere): Escadrons! au trot! marche! und giengen dem Feind entgegen. Das Regiment im Centrum folgte dieser Bewegung, als es sein Feuer gegeben, indem es schnell wieder das Schwert ergriff. Die zweite Linie folgte pünktlich jeder Bewegung der ersten. General Saint-Sulpice, rückte nach. Alles war in Bewegung; die leichten Divisionen blieben nicht zurück.

Aber auch die feindlichen Regimenter rückten, mit lobenswerther Entschlossenheit, alle vor. Die Artillerie eilte vom Kampfplatz.

Das Regiment Gottesheim vermochte der Heftigkeit des Choks, dem es begegnete, nicht zu widerstehen. Es wich zurück, herstellte sich aber neben dem Regiment Kaiser, welches ihm nachgerückt war.

Beide Linien stießen nun gewaltig aufeinander, durchdrangen sich auf mehreren Punkten, und es entstand ein Gefecht Mann gegen Mann, mit den blanken Waffen, wie es nicht immer gesehen wird.

Die feindliche leichte Reuterei war mit der unsrigen gleichfalls zusammengestoßen, so daß kein Mann mehr vom Feinde sich vorfand, welcher nicht im Gemenge sich befunden hätte.

Gegen 90 Schwadronen waren Handgemein mit einander, auf die heftigste Art kämpfend.

Da aber inmittelſt die 8 Schwadronen der
2ten franzöſiſchen Linie des erſten Treffens, ſich
zwiſchen die Kämpfenden in die Lücken hineinge-
drängt hatten, Lücken, welche ein Gefecht mit
den blanken Waffen unvermeidlich im Gefolge
hat, ſo, daß das Mißverhältniß der Zahl zum
Nachtheil der Oeſterreicher ſich auffallend bemerkbar machte, und die Hiebe und Stiche ſich ver-
doppelten, die auf ſie fielen; da ferner die Franzoſen beſſer, durch ihren doppelten Harniſch ge-
ſchützt wurden, ſo daß die Gegner ihnen nicht
recht beikommen konnten, während ſie ſelbſt, nur
halb bedeckt, mehr Blößen gaben; ſo konnte der
Kampf nicht lange zweifelhaft bleiben.

Die Oeſterreicher wendeten abwärts, und
erlitten bei der Verfolgung noch um ſo größeren
Verluſt, als ihr, von Eiſen nackter Rücken, den
Stichen der nachſetzenden Sieger, ganz preißge-
geben war.

Die Nachtheile der halben Küraſſe zeigten
ſich hier auffallend, und ſollte darüber ein Zweifel
entſtehen, ob die doppelten Küraſſe den Vorzug

verdienten, so wird diese Schlacht die Frage für diese entscheiden.

Der Feind mußte das Schlachtfeld räumen. Ein Theil wurde in die Sümpfe gesprengt, welche sich links der Straße befanden. Der Ueberrest eilte auf der Straße, mit den Verfolgern unter= mischt, davon, an der eigenen Infanterie vor= bei, solche hinter sich lassend.

Die feindliche leichte Reuterei gewann bald den Vorsprung.

Das Gefecht war entschieden bevor General Saint=Sulpice heran kam. Aber er blieb im Trab. Bei Koffering durchbrach er die zwei Grenadier=Bataillons, welche der Reuterei zum Soutien gedient hatten, und in Masse formirt, sich zurückzogen. Indem er mit seinen zwei Kolonnen auf sie stieß, überritt er sie buchstäb= lich, bevor sie nur daran dachten, sich zu ver= theidigen.

Es war Nacht geworden. Man vermochte nichts mehr zu unterscheiden. Alles Geschützfeuer hatte lange schon aufgehört. Man hörte ein wildes Geschrei — Säbelhiebe und ihre leuchtende Funken, wenn sie Eisen auf Eisen fielen, blitzten in der Dunkelheit der Nacht — die Stimmen der Oberoffiziere, um ihre Regimenter und Schwadronen zu sammeln, das Locken und Appelblasen der Trompeten — Alles dieses vernahm man, ohne unterscheiden zu können, wo Freund oder Feind war. Der Mond leuchtete blaß in die Scene. Es kostete Mühe sich zusammen zu finden. Die Regimenter blieben, wo sie waren.

Reflexion.

Dieses Gefecht machte den österreichischen Kürassieren schon deshalb so große Ehre, weil sie, in auffallender Minderzahl, es dennoch annahmen. Wenn sie auch nicht siegten, so zeigte sich ihr Kriegsgeist doch sehr glänzend, und ihre Macht verschaffte sich Achtung.

Französischer Seits fand hier ein Reuter-
Gefecht ohne Oberbefehl statt. Nie aber vereinigten sich vier Divisionen mit mehr Harmonie
zu einem großen Manöver, im Geist der Ideen-
Taktik, und mit glücklicherem Erfolge als bei
Eckmühl. 40 Schwadronen Kürassiere, in zwei
Treffen und vier Linien im Zentrum, auf beiden Flügeln leichte Divisionen, blieben diese
8000 Pferde immer in der Nähe des Chofs,
nach dem Gesetz der Einheit. Die bestimmte allgemeine Anordnung gab der Kaiser selbst. Dabei
aber war den Divisions-Generalen überlassen, die
Momente zu Eruptionen, nach eigenem Ermessen
zu ergreiffen. Die Division Nansouty war ge-
wissermaßen Direktions-Division, und die übrigen
richteten sich nach ihr; dadurch trat General Nansouty in das Verhältniß eines Ober-Generals,
und in der That war er es, dadurch, daß er
bei den beiden Hauptattaken die Initiative ergriff.

Es war die beliebteste Art der französischen
Generale: suivez les mouvements du pre-
mier escadron! Eine andere Disposition gab
es nicht.

Diese Art, die Reuterei in einer Schlacht zu führen, und zu gebrauchen, wie wir es hier gesehen haben, war die gewöhnliche, und dauerte so lange, bis das unzureichende dieser Methode sich bemerkbar machte. Der Kaiser überzeugte sich, daß er den Beispielen aller großer Feldherrn folgen müsse, welche immer große Massen Reuterei unter dem Befehl eines Einzigen vereinigten, wenn sie durch eine Schlacht, eine Entscheidung geben wollten. Die Einheiten der Divisionen sind dazu ungenügend. Sie zu einem zusammenhängenden Manöver zu verbinden, ohne Chef, zeigte immer Schwierigkeiten und Ungewißheiten. Es gelang zwar oft, aber nur so lange das Glück diese Manöver begleitete.

Diese Methode erlag aber dem Unglück. Alles ist Zufall unter solchen Umständen, alles bleibt schwankend. Der Oberbefehl eines Einzigen ist wesentlich, um die Divisionen auf ihrer eigenen Waage ins Gleichgewicht zu bringen. Der Mangel eines Ober=Generals läßt eine Lücke, die zum Nachtheil des Siegs, so lange Zeit hindurch, wenig beachtet wurde. Wer bei der Or=

ganiſation der Reuterei, dieſen Punkt aufgiebt, trägt ihre Auflöſung ſchon im Herzen, weil er dadurch einen ewigen Kampf und Streit im Innern der Waffe organiſirt, der nie Ruhe, und nie große entſcheidende Thaten giebt.

Die Diviſions-Generale hatten indeſſen damals bei der Reuterei einen großen Spielraum. Oft führten ſich die Regimenter, nach und nach ſelbſt ins Gefecht. Die Generale ſuchten ſich die Initiative abzugewinnen. Dieſer Wetteifer ſtand ſich oft, wie feindliche Kräfte, einander gegenüber. Dieſes Wogen und Ringen um Ehre und Ruhm und Auszeichnung war der Begleiter des Glücks. Das Unglück verlangt andere Faktoren. Die Ruhe und das Gleichgewicht der Reuterei liegt im Prinzip des Oberbefehls, ſobald es ſich in der Stelle, die ihm der Feldherr verleiht, klar wird. Der Mittelpunkt des Befehls iſt kein todtes Hypomochlion, ſondern eine geiſtige Kraft, die nach Umſtänden einſchreitet, wegnimmt und zugiebt, bis das etwa verrückte Gleichgewicht wieder hergeſtellt iſt. Dieſe geiſtige Kraft hält in gefährlichen Augenblicken zuſammen, und läßt die einzelnen Divisionen nach dem allgemeinen System der Schlacht manövriren und angreiffen, um den Erfolg zu entscheiden oder zu vervollständigen.

Der Kaiser bildete seine Ansicht über die Anwendung der Reuterei in großen Massen, in jedem Kriege mehr aus, und die Ueberzeugung, daß große Dinge mit ihr auszuführen seyen, gewann immer mehr Umfang. Aber der Kaiser fühlte auch den Mangel eines Talents, das, als Chef der ganzen Reuterei, in seine Ansichten hätte eingreiffen können: er konnte es nicht ändern. Indessen hatte er durch Ernennung von General-Obersten (Colonels-Généraux) der einzelnen Gattungen einen großen Schritt gethan, um die Reuterei, in technischer Hinsicht, einer größeren Vollkommenheit entgegen zu führen.

Damit hätte die geistige Evolution anfangen können, welche allmählig vom Mechanischen bis zur Idee, deren Gebiet unendlich ist, sich erweitert. Die Gedankenlosigkeit des Materialismus

und Formalismus, endigt hier, und verwandelt
sich in Licht. Aber es fehlte viel, daß diese
Schöpfung ihren Zweck erreichte.

Anmerkung.

Die Schlacht von Eßling am 20. und 21.
Mai muß hier, man sagt es mit Bedauern, aus
den früher angegebenen Gründen, weil man nicht
darin mitfechtend war, übergangen werden. Diese
Schlacht zeigt in ihren zerstörenden Folgen für
Napoleon als evident erwiesen, daß Verwirrung,
schwere Klage und großer Verlust entsteht, wenn
die Reuter-Divisionen, ohne Mittelpunkt des Befehls, einzeln handeln, und weder ihre Manöver
noch ihre Angriffe zur Harmonie verbinden. Das
Band der Gemeinschaft fehlte; aus einem solchen
Mißverhältniß wächst kein besonnenes Helfen
hervor.

Nach der Schlacht von Eckmühl wurde die
Württembergische leichte Reuter-Division zerrissen,
und das Leib-Chevauxlegers-Regiment stieß zur
Division Marulaz, mit der es alle Gefechte vom

1ten Mai an mitmachte. Diese täglichen Gefechte, *) lieffern indeſſen der Reuter=Taktik keine
Studien und werden ſomit hier übergangen.
Die Diviſion Marulaz beſtand aus 4 franzöſi=
ſchen Jäger=Regimentern zu Pferd, dem Würt=
tembergiſchen Leib=Chevaurlegers=Regiment, dem
Badenſchen leichten Dragoner=, und dem Groß=
herzoglich Heſſiſchen Chevaurlegers=Regiment. Zur
Zeit der Schlacht von Eßling ſtand dieſe Divi=
ſion an der ungariſchen Grenze des rechten Donau=
Ufers, die Inſurrektion beobachtend.

---

*) Das Gefecht bei Riebau am 1. Mai wurde im
  1. Bande der Reuter=Bibliothek, der Ein=
  gangsrede S. VIII. bis XII. erzählt.

Der Krieg 1812 in Rußland. *)

In diesem Kriege gab der Kaiser Napoleon zum erstenmal der Reuterei eine Formation nach einer großartigen Idee. Zum erstenmal findet der Forscher wirkliche Reuter=Korps in einer permanenten Form. Jedes Armee=Korps hatte, die meisten 2, einige 1 Brigade leichter Reuterei; der größere Theil dieser Brigaden hatte 3 Regimenter. Diese, bei den Armee=Korps eingetheilte leichte Reuterei, betrug ungefähr den zehnten Theil des Fußvolks.

---

*) Der Verf. war in diesem Kriege Major im Königlich Württembergischen 2ten oder Leib= Chevaurlegers=Regiment. Dieses Regiment gehörte zum Armee=Korps des Marschall Nei, Herzog von Elchingen.

Hier ist mithin die Zweckmäßigkeit des Vor-
schlags, den man im System der Reuterei Seite
156 hinsichtlich der — den Infanterie-Korps zu
gebenden Reuterei, gemacht hat, bewiesen, und
zwar durch eine hohe Autorität, und so evident
praktisch, daß jedes Fragezeichen von selbst fallen
muß. *)

---

*) Die Divisions-Reuterei ist eine von den
Römern entlehnte Form, die schon deshalb
anzunehmen bedenklich scheint, weil es ein
geistloses Unternehmen bleibt, der Form den
Vorzug vor dem Geist jener Zeit zu geben.
Die Römer, als schlechte Reuter bekannt,
wußten kein besseres Verhältniß aufzufinden,
das Fußvolk durch Reuterei unterstützen zu
lassen, als diese jenem unterzuordnen. Sie
verfehlten dabei aber ihren Zweck, denn die
römische Reuterei erhob sich niemals zur Selbstständigkeit, und nützte somit wenig oder nichts.
Das Beispiel der Römer ist schlecht gewählt,
und diejenigen, welche es als Beweis und als
Autorität anführen, um damit eine ähnliche
Form zu empfehlen, können nur diejenigen
täuschen, welche die römische Geschichte nicht

Die Reserve-Reuterei war in vier Korps
organisirt; jedes Reuter-Korps (mit Ausnahme

---

kritisch studirt haben. Um die römische Form,
welche den Legionen kleine Abtheilungen Reuterei beigesellte und unterordnete, zur Annahme
werth zu machen, müßte bewiesen werden, daß
eben dadurch jene Legionen siegreich wurden,
und die Reuterei an der Geschichte ihrer großen
Thaten Antheil nahm; es müßte bewiesen
werden, daß die Reuterei bei den Römern
überhaupt mit großen Thaten in der Geschichte
stehe! es müßte auch bestritten werden, daß
die Niederlagen der Legionen nicht dem Mangel und der schlechten Beschaffenheit ihrer
Reuterei, so häufig als Schuld verfallen! es
müßte endlich geläugnet werden können, daß
die Gegner ihre glänzendsten Siege über die
Römer nicht ihrer Reuterei, der Mehrzahl
nach dankten! — Die Triumpfe der Römer
datiren von der Zeit, wo ihre Reuterei mehr
selbstständig, in der Schlachtordnung ihren
Rang behauptete.

Könnte einer schlechten Form zur Empfeh-
lung dienen, daß sie römisch sey, so würde

des 4ten, welches nur 2 Divisionen hatte) bestand
aus 3 Divisionen, nämlich 1 leichte und 2 schwere,
nebst 4 Batterien reitender Artillerie.

Der

der kritische Geist, der die Form prüfend beherrschen soll, entbehrlich und die Taktik sich
sehr vereinfacht — zugleich sehr niedrig darstellen. Die Romanie entschiede dann alle
Fragen, und das Schicksal der Staaten wäre
ihr anheim gefallen. Es war nicht die Legion,
diese so hoch gestellte taktische Form, welche
die Welt besiegte, sondern die eminenten Talente der römischen großen Feldherrn, die politischen Institutionen und der kriegerische Geist
verschaffte den Römern den Sieg.

Die frühere Kriegsgeschichte der Römer ist
in Hinsicht der Reuterei nur in sofern von
Nutzen, als wir daraus lernen, was sie selbst
lernten, und später anwendeten, wie die Reuterei nicht genommen werden muß. Bessere
Beispiele müssen gesucht werden, um die
Hermaphrodit-Schöpfung der Divisions-Reuterei zu rechtfertigen. Doch solche Beispiele

Der König von Neapel, jener tapfere Mürat, vom Reuter bis zum König emporgestiegen, befand sich an der Spitze dieser Reuterei. An

---

liefert keine Geschichte, wo die großen Grundsätze des Kriegs, unter den großen Feldherrn auf den Schlachtfeldern die Gesetze dictirten, welche nun herrschen. Der ganze Vorschlag fällt mithin dem Gebiet der Theorie anheim, wo man ihn ruhen läßt. Feldherrn von Genie werden ihn nicht aufnehmen.

Napoleon äußert sich über diesen Gegenstand auch später in Harmonie mit seinem frühern Handeln. Er dictirte auf Sct. Helena dem General Montholon: „Die leichte Reuterei muß der Armee zu ihrer Sicherheit weit vorangehen; sie gehört daher nicht zur Infanterie; sie muß durch die Linien-Reuterei besonders unterstützt und geschützt werden. Zu allen Zeiten bestand Eifersucht und Wetteifer zwischen Infanterie und Reuterei."

„Die leichte Reuterei ist bei der Vorhut, bei der Nachhut, und auf den Flügeln des Heeres nothwendig; sie kann daher nicht einem

Tapferkeit übertraf ihn Niemand: das Talent,
ein Gefecht einzuleiten und anzuordnen gieng
ihm jedoch ab. Mürat war nur unter den Au-

---

besondern Infanterie-Korps zugetheilt seyn,
und allen Bewegungen desselben folgen. Es ist
natürlicher, sie mit der Linien-Reuterei zu vereinigen, als sie von der Infanterie abhängig
zu machen, mit der sie gar keine Verwandtschaft hat.‘‘

,,Die Reuterei braucht mehr Offiziere, als
die Infanterie; sie muß instruirter seyn. Nicht
ihre Schnelligkeit allein sichert den Erfolg,
sondern ihre Ordnung, das Zusammengreiffen,
und die zweckmäßige Verwendung ihrer Reserve. Soll die leichte Reuterei den Dienst
bei der Infanterie gut versehen, so muß sie
in Schwadronen, Regimenter, Brigaden, Divisionen organisirt seyn, damit sie als Reuterei
manöveriren könne. Sie verfolgt, oder zieht
sich schachbrettförmig zurück, bildet mehrere
Linien, formirt sich in Kolonne, oder führt
rasch eine Frontveränderung aus, um den
Feind zu überflügeln.‘‘

gen des Kaisers Etwas; sich selbst überlassen
zeigte er weder Urtheil noch Besonnenheit

Die Reuterei war also zum erstenmal regel=
mäßig in ihrer Selbstständigkeit. Sie hat auch,
so viel an ihr lag, die Thatenprobe bestanden.

Die Reuterei betrug 81,165 Pferde, und
ein Fünftheil des Fußvolks.

Diese Reuterei, so imposant, so zweckmäßig
technisch und taktisch gebildet, wie irgend eine
europäische Reuterei ihrer Zeit, die Erfahrungen
des Kriegs, und die Gewohnheit des Siegs für
sich — diese Reuterei war auf folgende Art ein=
getheilt:

Bei einer andern Gelegenheit drückt Napo=
leon bestimmt aus, daß diese Selbstständigkeit
der Reuterei bei den Armee=Korps nothwendig
wäre, um die Bewegungen des Feindes ge=
hörig auskundschaften zu können. Den Man=
gel der leichten Reuterei bei den Armee=Korps,
habe die franz. Armee 1813 und 1814 schmerz=
lich empfunden.

U 2

Beim 1ten Armee-Korps zwei Brigaden leichte Reuterei:

1te Brigade: Borbefoulle, 1tes und 3tes franz. Jäger-Regiment   — 1800 Pf.

2te Brigade: Pajol, 2tes französisches Jäger- und 9tes polnisches Ulanen Regiment
        — 1800 Pf.
                          3600 Pf.

Beim 2ten Armee-Korps, zwei Brigaden leichte Reuterei:

1te Brigade: Castex, 23tes und 24tes franz. Jäger-Regiment   — 1200 Pf.

2te Brigade: Corbineau, 7tes und 20stes französisches Jäger-Regiment, 8tes polnisches Ulanen-Regiment
        — 1300 Pf.
                          2500 Pf.

Beim 3ten Armee-Korps, zwei Brigaden leichte Reuterei:

1te Brigade: Mouriez, 6tes französisches Lanzenträger-Regiment, 11tes französisches Husaren-Regiment und 4tes Württembergisches
Jäger-Regiment — 2300 Pf.

2te Brigade: Beurmann, 4tes französisches
Jäger-Regiment, 1tes und 2tes Württembergisches Chevauxlegers-Regiment

— 2200 Pf.
——————— 4500 Pf.

Beim 4ten Armee-Korps:

General Villata. Die italienische Reuter-
Garde — 1000 Pf.

General Ornano, 9tes und 19tes französisches
Jäger-Regiment, 2 italienische Jäger-Regi-
menter

— 2800 Pf.
——————— 3800 Pf.

Beim 5ten Armee-Korps, zwei Brigaden
gemischte Reuterei:

1te Brigade: Lyskiewiez, 1tes polnisches Küras=
sier=, 4tes polnisches Jäger= u. 12tes polnisches
Ulanen=Regiment — 2400 Pf.

2te Brigade: Sulkowski, 5tes polnisches Jä=
ger= und 13tes polnisches Husaren=Regiment
— 1800 Pf.

           ——————— 4200 Pf.

Beim 6ten Armee=Korps, zwei Brigaden
leichte Reuterei:

1te Brigade: Seldewitz, 3tes und 4tes baieri=
sches Chevaurlegers=Regiment
— 1560 Pf.

2te Brigade: Preising, 5tes und 6tes baieri=
sches Chevaurlegers=Regiment
— 1560 Pf.

           ——————— 3120 Pf.

Beim 7ten Armee=Korps, eine Brigade leichte
Reuterei, Sachsen:

Gablenz, 1 Regiment Dragoner, 1 Regiment
Husaren und 1 Regiment Ulanen
— 2850 Pf.

Beim 8ten Armee-Korps eine leichte Brigade Westphalen unter dem General Hammerstein, 1 Lanzenträger-Regiment der Garde, 1tes und 2tes Husaren-Regiment — 2140 Pf.

Beim 9ten Armee-Korps, zwei Brigaden leichte Reuterei, unter General Fournier:

1te Brigade: badenscher Oberst von Laroche, 1 badensches Husaren-Regiment, 1 Hessen-Darmstädtisches Chevauxlegers-Regiment
— 1500 Pf.

2te Brigade: General Delaitre, 1 Regiment bergischer Lanzenträger, 1 sächsisches Dragoner-Regiment
— 1500 Pf.
—————— 3000 Pf.

Beim 10ten Armee-Korps, zwei Brigaden leichte Reuterei Preußen unter General v. Massenbach, zwei Dragoner- und zwei Husaren-Regimenter — 2500 Pf.

Beim 11ten Armee-Korps, Reuterei unter
General Cavaignac — 2500 Pf.

Summe der Reuterei der 11
Armee-Korps
— 34,710 Pferde,

und zwar beim

1ten Armee-Korps	3600 Pf.
2ten — —	2500 —
3ten — —	4500 —
4ten — —	3800 —
5ten — —	4200 —
6ten — —	3120 —
7ten — —	2850 —
8ten — —	2140 —
9ten — —	3000 —
10ten — —	2560 —
11tes — —	2500 —

— 34,710 Pf.

Bei

Bei der Kaiferlichen Garde unter Marfchall Beffiere:

Grenadiere zu Pferd, Jäger zu Pferd, Dragoner, das Regiment der rothen Ulanen, das polnifche Garde=Lanzenträger=Regiment, und die Mameluken — 5073 Pf.

Die Gensd'armerie d'elite

       — 532 Pf.

                 5605 Pf.

Bei dem öfterreichifchen Hülfs=Korps, Reuterdivifion Frimont — 4500 Pf.

Die große Referve=Reuterei unter dem König Murat:

1tes Reuter=Korps, unter dem General Nanfouty.

1te leichte Reuter = Divifion, General, Bruyeres, 16tes franzöfifches Jäger=Regiment, 7tes und 8tes franzöfifches Hufaren=Regiment, 6tes polnifches Ulanen=Regiment, 1 preußifches Hufaren=Regiment

       — 4243 Pf.

5te schwere Reuter-Division, General Daumère,
6tes, 11tes und 12tes französisches Kürassier-Regiment, 5tes Regiment französische
Lanzenträger (chevaux-légers-lanciers)

— 2083 Pf.

6te schwere Reuter-Division, General Lahous-
saye, 7tes, 23stes, 28stes und 30stes französisches Dragoner-Regiment

— 2398 Pf.
                                    ————— 8681 Pf.

Reitende Artillerie 4 Batterien

— 24 Geschütze.

4tes Reuter-Korps unter General Latour Maubourg.

4te leichte Reuter - Division, General
Rozniezky, 2tes, 3tes, 7tes, 11tes, 15tes,
16tes und 17tes polnisches Ulanen-Regiment

— 4200 Pf.

7te schwere Reuter-Division, General Lorge,
14tes schweres polnisches Reuter-Regiment,
1 Regiment sächsische Garde du Corps,

1 Regiment sächsische Kürassiere, 1tes und
2tes westphälisches Kürassier-Regiment
— 2500 Pf.
——————— 6700 Pf.

Reitende Artillerie 4 Batterien
— 24 Geschütze.

Summe der großen Reserve-Reuterei
— 36,350 Pferde,

16 Batterien — 96 Geschütze,

und zwar:

1tes Reuter-Korps
— 10,395 Pf. — 4 Batt. — 24 Gef.
2tes Reuter-Korps
— 10,574 Pf. — 4 Batt. — 24 Gef.
3tes Reuter-Korps
— 8681 Pf. — 4 Batt. — 24 Gef.
4tes Reuter-Korps
— 6700 Pf. — 4 Batt. — 24 Gef.
——————————————————————————
Summe — 36,350 Pf. — 16 Batt. — 96 Gef.

Total-Summe der Reuterei der französischen und verbündeten Heere.

— 81,165 Pferde,

und zwar:

bei den 11 Armee-Korps	—	34,710 Pf.
bei der Kaiserlichen Garde	—	5605 Pf.
bei dem österr. Hülfs-Korps	—	4500 Pf.
die große Reserve-Reuterei	—	36,350 Pf.
	—	81,165 Pf.

Die russische Reuterei bestand im Ganzen aus — 87,200 Pferden, und betrug ein Drittheil des Fußvolks.

In Divisionen getheilt, begriff sie an:

regulärer Reuterei	—	68,200 Pf.
irregulärer Reuterei	—	19,000 Pf.
	—	87,200 Pf.

Beide Theile stellten also

— 168,365 Reuter-Pferde

ins Feld, eine in der neueren Geschichte außerordentliche Anstrengung.

—

Zustand der französischen Reuterei.

———

Die Küraffiere hatten die Verluste, welche sie in dem Feldzug 1809 erlitten, längst erfetzt, und während den beiden Jahren 1810 und 1811 fich, in Deutschland cantonnirend, vortrefflich ausgebildet: fie befanden fich in einem ausgezeichneten Zuftande. Die chevaux-légers-lanciers, waren neu, zum Theil methamorphofirte Dragoner. Sie waren eigens für diefen Krieg organifirt, und verfahen bei den Küraffier-Divifionen den Sicherungs-Dienft, um diefe felbft für die großen Gefechtstage zu schonen. Das Schützen-Syftem war damals noch nicht entwickelt. Allein diefe Formation führt auf deffen Nützlichkeit.

Die Ansicht, im Fall sie ja hie und da herr=
schen sollte, daß die Harnisch=Reuterei mit den
Schützen, wie die Ideen=Taktik sie ihnen giebt,
nichts zu machen wissen werde; daß diese 5ten
Züge ihr nur eine lästige Zugabe seyn müsse,
wird hier praktisch widerlegt.

Die Harnisch=Reuterei soll für die großen
Schlachttage ihre Kräfte schonen. Die schwerere
Rüstung belästigt Menschen und Pferde. Die
Märsche strengen sie an: im Quartier oder im
Lager angekommen, soll das Pferd Pflege und
Wartung erhalten, und dieser Sorge sich der
Harnisch=Reuter ausschließend widmen. Die
Schützen, ohne Harnisch, mit leichteren Pferden
beritten, übernehmen sodann den äußern Dienst,
in sofern die übrige Reuterei ihn nicht besorgt.
Denn es muß, um Mißdeutungen zu entgehen,
gesagt werden, daß bei den zwei andern Gattun=
gen Reuterei, die Schützen zu dem äußern Dienst,
nur im Verhältniß ihrer Zahl, d. h. als ein
Fünftheil beitragen, ganz so, wie das Schützen=
System es entwickelt hat.

Die Harnisch-Reuterei soll überhaupt zu dem äußern Dienst nicht beigezogen werden. Dies ist jedoch nur dann möglich, wenn das Reuter-Korps im Lager vereinigt ist. In Cantonnirung, auf Märschen ꝛc. befindet sie sich jedoch großen-theils allein, und hier ist es, wo sie den Dienst für ihre e i g e n e Sicherheit selbst zu besorgen hat. Diesen Dienst übernehmen die Schützen.

Die Sicherung des Heers gehört' nicht zum Dienstkreis der Harnisch-Reuterei, aber die Si-cherung ihrer Quartiere, oder ihrer abgesonderten Lager, liegt allerdings in ihrem Bereich.

Frühere Kriege, besonders aber der vom Jahre 1809, hatten gezeigt, daß dieser äußere Dienst, im Bezirk ihrer Quartiere und ihrer Lager, die Kürassiere erschöpfte, und, bevor sie zu den Ge-fechten gelangten, ruinirte. Zum Patrouillen-Dienst, zur Erhaltung der Verbindung mit den übrigen Heertheilen, mit einem Wort, zum Si-cherungsdienst, paßt der Kürassier nur wenig, oder verwendet man ihn dazu, so geht es auf Kosten der Kraft, und der Frische ihrer Gefechtsfähigkeit. Eine mit großem Aufwand, für die Schlachttage, gebildete Waffe, muß dieser großen Bestimmung auf das sorgfältigste erhalten werden. Dies wurde in der französischen Armee gefühlt, und dieses Gefühl gab den chevaux-légers-lanciers ihre Existenz. Die Lanzen sollten der russischen National-Reuterei begegnen. Jede Kürassier-Division erhielt ein solches Regiment.

Die Ideen-Taktik ruht auf den Erfahrungen der Jahrhunderte. Die merkwürdige Geschichtsperiode, in welcher Napoleon als erster Feldherr glänzt, ist reich an Materialien um das System zu vertheidigen, welches man aufgestellt hat. Man war ja auch kein müßiger Beobachter.

Die Harnisch-Reuterei hat in ihren Schützen, Alles was sie braucht, um ihren Sicherungsdienst zu versehen.

So zeigt die Vergangenheit, nach welchen Grundsätzen die Formation der Truppen geregelt werden muß, um dem Zweck ihrer Verwendung zu entsprechen.

Die übrige Reuterei anlangend, die in diesem Feldzug auftrat, so war die, der mit Frankreich verbündeten deutschen und polnischen Reuterei, niemals besser als eben damals. In Kriegen gebildet, die bis dahin, ihr Zutrauen und ihre Kräfte entwickelt hatten, ohne beides zu erschöpfen, zeigte sie das ganze Vertrauen, was Selbstbewußtseyn giebt. Auch focht sie damals noch nicht ungerne in den Reihen des französischen Heers, wo gleicher Antheil mit den französischen Regimentern, am Ruhm, an Belohnungen und an Auszeichnungen ihnen zu Theil ward.

Diese Wahrheit kann hier nicht umgangen werden. — Die französischen Generale fühlten sich geehrt und geschmeichelt, deutsche Reuter-Regimenter unter ihrem Befehl zu haben, und zeichneten sie sichtbar aus. Vorzugsweise vor den französischen Regimentern erhielten die Alliirten Kreuze der Ehrenlegion.

Auch der Beschuldigung muß widersprochen werden, als ob die Alliirten auf die gefährlichsten Posten gestellt worden wären. Im Gegentheil suchten die französischen Generale die deutsche Reuterei zu schonen, so viel von ihnen abhieng: sie sahen sie als eine Art Garde an, die man gerne erhält, weil man auf sie in großen Crisen vertraut.

Damals hatten noch keine Unglücksfälle, das Mißtrauen geweckt, jenes Mißtrauen, welches ein Jahr später überall sichtbar wurde, und die Bande löße, welche gegenseitige Anerkennung der Tapferkeit geknüpft hatte.

Cäsar schon liebte und suchte die deutsche Reuterei und buhlte um ihre Freundschaft, und ihren Beistand. —

Die deutsche Reuterei hat in den Jahrhunderten ihren Ruhm stets rein bewahrt, jenen Ruhm der Treue und der Tapferkeit, wodurch ächte Krieger sich immer und überall auszeichnen. Gewohnt, im schweigenden Gehorsam den Befehlen

ihrer angestammten Fürsten zu folgen, ist Krieg
und Kampf eine Lust dem deutschen Reuter, und
taktisch und disciplinarisch in geordnete Schwadronen und Regimenter gebildet, frågt er nie
nach der Bedeutung der Politik, der sein Souverän folgt. Auch ist der Krieger nur seinem
legitimen Souverän Gehorsam schuldig, und nur
diesem verantwortlich.

Mit reinem Gewissen kann Niemand diese
ächte Gesinnung der Deutschen verdächtig machen.
Und selbst die (französischen) Schriftsteller, die
frevelnd hie und da einen Angriff auf diese Treue
gewagt, waren zu der Epoche, wovon hier die
Rede ist, sicherlich anderer Meinung, sofern sie,
als höhere Offiziere bei der Armee und damals
schon auf der Höhe des Urtheils angekommen
waren.

Diese Parenthese ist an ihrem rechten Ort,
wo vom Zustand und vom Geist der Reuterei
die Rede ist.

Auch die übrige franzöſiſche Reuterei, ſowohl die Dragoner (wovon nur eine Diviſion bei der Armee war; der größere Theil dieſer Waffe war in Spanien) als die leichten Regimenter, waren gut und wohlgeübt.

Die leichten Regimenter waren zum Theil ſehr ſtark — 1000 bis 1200 Pferde zählend. Die Stärke der Regimenter war überhaupt ſehr ungleich.

Einige Regimenter jedoch, welche aus Spanien kamen, hatten viele junge Leute und Pferde, und dieſe zum Theil erſt auf ihrem Marſch durch Frankreich erhalten. Seit 6 — 8 Monaten auf dem Marſch, konnten dieſe Regimenter, weder ſich erholen, noch ſich ausbilden. Es kann nicht verwundern, wenn dieſe jungen Regimenter, ſchon in der erſten Periode des Feldzuges, aus der Armee-Liſte verſchwanden. Nach jenen forcirten Märſchen, womit die Armee gegen den Niemen zog, und nach den Anſtrengungen die dem Uebergang folgten, wo das harte Futter aufhörte, und der in Strömen fallende Regen, die jungen Pferde schnell von Kräften brachte, wo zugleich die kriegsunerfahrene Jugend verkümmerte und in Gleichgültigkeit erschlaffte — da fielen die Pferde zu Hunderten, zu Tausenden, Und es zeigte sich, daß nur alte Regimenter solchen Anstrengungen widerstehen können.

Ueber diese Katastrophe giengen die deutschen Reuter=Regimenter ohne allen Verlust. Die Wege wurden grundlos. Die Regenzeit hielt, mit geringer Unterbrechung, 14 Tage an. Weder der Myth noch die Kraft wurde erschüttert. Wir erreichten die Dwina ohne Verlust. Dieses Resultat konnte nur durch alte Regimenter gewonnen werden. Dieser Thatsache können diejenigen, welche die Heere erst beim Ausbruch des Krieges organisiren wollen, nichts als ungeheuere Verluste entgegen setzen.

Nur Tyrannen, denen Menschenleben und Menschenglück nichts gelten, können gegen das Prinzip der stehenden Heere seyn: der Menschenfreund

freund sorgt schon im Frieden, daß der Krieg nicht Alles verschlingt. Er sorgt durch Erziehung und Uebung der Krieger dafür, daß sie nicht das Opfer der Unerfahrenheit werden, welches Neuausgehobenen nicht zu ersparen ist.

—

Gefecht bei Rudnia am 8ten August.

———

Das erste Gefecht, welches von denen, wo in diesem Kriege der Vf gegenwärtig war, in Bezug auf die Reuterei Erwähnung verdient, ist das bei Rudnia.

Die französische Armee hatte vorwärts Witepsk am 31. Juli halt gemacht und ruhte.

Die Reuterei des Marschall Nei stand bei Rudnia im Bivouak-Lager, wo auch ein Theil der Reserve-Reuterei, unter dem König Joachim lagerte.

Das 2te Reuter-Korps, unter Montbrün, war am weitesten gegen Smolensk vorgeschoben. Die leichte Division Sebastiani dieses Korps stand bei dem Dorfe Inkowo, wo sie am 8ten August durch den Grafen Platow, mit größer Uebermacht angegriffen wurde. Dieser Angriff glückte als Ueberfall am hellen Tage. Das durchschnittene waldigte Terrain hatte ihn begünstigt.

General Beurmann manöverirte seine Brigade vorwärts Rudnia, als er in der Richtung von Inkowo Kanonenfeuer hörte. Da General Sebastiani keine Artillerie bei seiner Division hatte, so schloß General Beurmann, daß er hart gedrängt werden müsse. Sofort entschloß er sich, seinem Waffen-Freunde zu Hülfe zu eilen.

Die Brigade hatte, wie wir gesehen, zwei württembergische Chevaurlegers-Regimenter und ein französisches Jäger-Regiment nebst der württembergischen 1ten reitenden Batterie von Breidhaupt.

Die Schwadron von Bismark des Leib-Chevaurlegers-Regiments, welche General Beurmann bei Vorfällen von Bedeutung gerne verwendete; machte den Vortrab mit der Weisung den Schall des Artillerie-Feuers zur Direktion des Marsches zu, nehmen.

Als nach einiger Zeit auch Kleingewehrfeuer unterschieden werden konnte, befahl der General Trab.

Wir waren etwa eine Stunde marschirt, als wir dem Gefecht, nach dem Schalle zu urtheilen, ganz nahe waren: aber noch sahen wir nichts.

Die Schwadron des Vortrabs trabte eine mäßige Anhöhe hinab. Links lief ein mit Strauchwerk bewachsener Höhenrücken fort, rechts war Wald, in dem sich der Weg verlor.

Die Schwadron war etwa fünf bis sechshundert Schritt in der kleinen schmalen Ebene vorgerückt, als die Division Sebastiani, in völliger Auflösung aus dem Wald ihr entgegenstürzte, untermischt mit dem Feinde, der sie geworfen hatte und jetzt verfolgte.

Kaum noch hatte die Schwadron Zeit, den Zug der Vorwache an sich zu ziehen. Die Brigade Beurmann wurde 2000 Schritte rückwärts in demselben Augenblick auf der Anhöhe sichtbar. Die Batterie war noch zurück.

Major Bismark formirte seine Schwadron, indem er den zweiten Zug rechts, den dritten links schwenken ließ, und den vierten nachdem er aufgerückt war, nach dem damaligen Reglement mit Vieren kehrt machen ließ. Jeder Offizier blieb vor seinem Zug. Der Major mit dem jüngsten Offizier vor dem ersten Zug.

Alles dieses war so schnell ausgeführt als gedacht. Jedoch kaum diese Quarré-Stellung vollendet, war die Schwadron, ein kleiner fester Punkt, von Tausenden von Feinden umringt. Kosacken, Baschkieren und Tartaren bunt durcheinander stürmten auf die Schwadron ein.

General Sebastiani war dadurch befreit; die Division eilte bis zum Lager ihres Korps: wir sahen sie nicht mehr.

General Beurmann deployirte auf der rück-
wärtigen Höhe.   Endlich rückt die Batterie vor
die Linie und protzt ab.

Die Lage der Schwadron des Vortrabs war
bedenklich.   Mit wildem Geschrei und gräßlichen
Gesichtern richteten die Russen ihre Waffen gegen uns, jedoch ohne Zusammenhang.   Wir ver-
theidigten uns stehenden Fußes.

Während die russischen Generale die regulären Regimenter in Linie entwickelten,   und ihre
Artillerie vornahmen, blieb die Schwadron von
einigen Tausenden irregulärer Reuterei umringt,
welche ihre Versuche, sie über den Haufen zu werfen, auf die ihnen eigene ordnungslose Art er-
neuerten.   Die Schwadron hielt diese tumultua-
rischen Angriffe, mit unerschütterlicher Ruhe aus.

Die Offiziere waren die Zielscheibe der Ko-
sacken-Picken: sie wurden ins Glied gedrängt.

In dieser kritischen Stellung läßt der Major
Bismark seine Stimme fortwährend so laut hören,

daß jeder Chevaurlegers seiner Schwadron ihn versteht. Diese Stimme, die sie lieben und ihr vertrauen, erhält ihren Muth. Sie weisen alle Angriffe ab.

Unsere Artillerie feuert. Die russische irreguläre Reuterei hatte zu jener Zeit noch viel Respekt für Artillerie. Wir waren nach den ersten Kugeln, die über uns weg, wirksam in die unordentlichen Haufen der Feinde fielen, befreit.

Diesen Augenblick benutzte der Major: er ließ den ersten Zug mit Vieren-kehrt, den zweiten mit Vieren rechts um, den dritten links um machen, kommandirte: im Galopp Marsch! und so rückte er ohne allen Verlust bei der Brigade ein.

General Beurmann reichte dem Major, dem er ein besonderes Vertrauen stets bewieß, die Hand: „je vous croyais perdu; cependant je ne pouvais rien faire pour vous sauver!"

Da die Absicht des General Beurmann, Sebastiani zu befreien erreicht war, so trat er sofort schachbrettförmig den Rückzug an.

Die zwei Flügel-Regimenter machten den Anfang. Dann folgte das Regiment in der Mitte. Die Artillerie schloß sich getheilt beiden Treffen an.

Graf Platow folgte nur rekognoszirend: er machte keinen Versuch auf die ruhige Haltung des General Beurmann, die ihm Achtung gab; der Feind ließ bald von der Verfolgung ab, und zog sich dann zurück.

Reflexion.

Es gehört zur Karakteristik jener Zeit, daß in der französischen Armee Kampflust, Taktik, Uebung 2c. mit einander wetteiferten.

Ein Eingreiffen zur rechten Zeit, und auf die rechte Art wird immer Erfolg haben.

Ein

Ein General muß auf eigene Verantwortung handeln dürfen. Das ist die Art die Geschichte mit Thaten zu füllen. Aber auch eine einzelne Schwadron kann, wenn sie in schwierigen Lagen das Geeignete thut, entscheidend wirken: darin liegt die Lehre.

In der Kriegsgeschichte haben die kleinen Begebenheiten, auch die Nebenumstände ihre tiefe Bedeutung. Die Ereignisse sind nicht blos dadurch wichtig, daß sie erfolgreich waren, sondern erhalten auch durch ihre Individualität einen eigenthümlichen Werth. Dadurch wird der junge Krieger zum Handeln gebildet, und ihm die Quellen zur Belehrung und zum Höherstreben geöffnet und in die Hände gegeben.

Für den Krieger darf es nie Bedenklich= keiten geben; die Erhaltung des Ganzen ist immer größere Sache, als die Erhaltung des Einzelnen. Es kann mißlingen; aber ein Feind, den unser Muth erstaunt, ist, auch wenn er siegt, bei einem zweiten Angriff vorsichtig.

Gefecht bei Krasnoi am 14ten August.

—

Am 10ten August verließ die Armee ihre Stellung bei Witepsk und setzte sich gegen Smolensk in Bewegung.

Joachim machte mit der Reserve-Reuterei den Vortrab. Marschall Nei folgte mit dem 3ten Armee-Korps unmittelbar als Unterstützung.

Am 13ten Abends setzte Joachim bei Rasasna über den Dnieper. Am 14ten rückte er vor Krasnoi, welcher offene Ort durch die Division Neverowsky vertheidigt wurde. Diese Division war 8000 Mann stark. Als General Neverowsky eine so bedeutende Masse Reuterei gegen die Stadt marſchieren ſah, trat er um ſo ſchneller ſeinen Rückmarſch an, als er, zwei Defileen abgerechnet, ein offenes Land zu durchziehen hatte, und nur von 1200 Pferden, und einer Batterie unterſtüzt wurde. Den erſten Engwey durchzog er, ohne erreicht zu werden. Die franzöſiſche Reuterei fand nur mühſam Uebergänge bei und in Krasnoi, wo ein ſumpfiger Bach ſich ſehr weit ausdehnt.

Die Regimenter des 1ten und 3ten Reuter-Korps, ſo wie diejenigen der zwei leichten Reuter-Brigaden des Marſchall Nei, ſuchten ſich einzeln Uebergänge, jedes, wo und wie es konnte, und rückten dann im Trabe dem Feinde nach.

Joachim, wie jederzeit, war der Erſte, und dieſer tapfere König gab ſelbſt das Zeichen zu der beiſpielloſen Unordnung, welche das Gefecht, welches jezt folgt, karakteriſirt. Hinter dem erſten Engweg, ½ Stunde jenſeits Krasnoi, iſt eine mäßige Anhöhe. Auf dieſer Anhöhe hielt der König in ſeinem theatraliſchen Anzuge. Hohe Federn, und ein ſpaniſcher grüner Sammtmantel reich mit Gold verziert, machten ihn schon von Weitem kenntlich.

So wie jede Schwadron durch den Engweg war, rief Joachim, den Feind zeigend: „voilà l'ennemi, chargez ferme!" Einen solchen Zuruf vom Ober-General der ganzen Reuterei, ließ sich kein Schwadrons-Chef wiederholen: jeder glaubte nun den Befehlen seines Kommandeurs entbunden, und eine günstige Gelegenheit zu haben, sich unter den Augen des Tapfern der Tapfern, auszeichnen zu können. Also kommandirte jeder Schwadrons-Chef ohne sich um den Zusammenhang zu bekümmern: en avant, marche! marche! und stürzte dem Feind im Carriere nach.

Die Generale und Obersten ritten ohne Autorität mit: auch sie wollten nicht zurückbleiben.

So geschah es, daß, wie beim Durchzug bei und durch Krasnoi die Brigade-Ordnung sich auflöste, nun auch die Regiments-Ordnung unterbrochen wurde.

Aber es sollte noch Uebleres geschehen werden.

General Newerowsky hatte, von seiner Reuterei und Artillerie verlassen (9 Piecen wurden auf dieser Flucht genommen), eine Marsch-Kolonne gebildet, und marschirte längs der Birkenallee neben der großen Straße fort. Er fühlte die Wichtigkeit im Marsch zu bleiben, und zog in dieser tiefen Kolonne immer langsam fort, indem er dem Angriff der ersten Schwadron, durch die Kompagnie, am Ende der Kolonne, eine Salve geben ließ. Dieses Feuer war nur das erstemal regelmäßig: es theilte sich bald der ganzen Masse mit, und wurde, ohne abzubrechen unterhalten. Jeder Mann feuerte so wie er geladen hatte, und drückte auf gut Glück los, da er überall Gegner zum Ziel fand. Denn die Anzahl der Schwadronen, welche der Ober-General attakiren ließ, vermehrte sich mit jeder Minute.

Allein diese regellosen Choks hatten kein anderes Resultat, als daß die Schwadrons-Ordnung ebenfalls unterbrochen wurde, und die Reuterei in eine Unordnung gerieth, wovon man glücklicherweise kein zweites Beispiel erlebt hat.

reich mit Gold verziert, machten ihn schon von Weitem kenntlich.

So wie jede Schwadron durch den Engweg war, rief Joachim, den Feind zeigend: „voilà l'ennemi, chargez ferme!" Einen solchen Zuruf vom Ober=General der ganzen Reuterei, ließ sich kein Schwadrons=Chef wiederholen: jeder glaubte nun den Befehlen seines Kommandeurs entbunden, und eine günstige Gelegenheit zu haben, sich unter den Augen des Tapfern der Tapfern, auszeichnen zu können. Also kommandirte jeder Schwadrons=Chef ohne sich um den Zusammenhang zu bekümmern: en avant, marche! marche! und stürzte dem Feind im Carriere nach.

Die Generale und Obersten ritten ohne Autorität mit: auch sie wollten nicht zurückbleiben.

So geschah es, daß, wie beim Durchzug bei und durch Krasnoi die Brigade=Ordnung sich auflößte, nun auch die Regiments=Ordnung unterbrochen wurde.

Aber es sollte noch Uebleres gesehen werden.

General Newerowsky hatte, von seiner Reuterei und Artillerie verlassen (9 Piecen wurden
auf dieser Flucht genommen), eine Marsch-
Kolonne gebildet, und marschirte längs der Birkenallee neben der großen Straße fort. Er fühlte
die Wichtigkeit im Marsch zu bleiben, und zog
in dieser tiefen Kolonne immer langsam fort,
indem er dem Angriff der ersten Schwadron,
durch die Kompagnie, am Ende der Kolonne,
eine Salve geben ließ. Dieses Feuer war nur
das erstemal regelmäßig: es theilte sich bald der
ganzen Masse mit, und wurde, ohne abzubrechen
unterhalten. Jeder Mann feuerte so wie er
geladen hatte, und drückte auf gut Glück los,
da er überall Gegner zum Ziel fand. Denn die
Anzahl der Schwadronen, welche der Ober=General
attakiren ließ, vermehrte sich mit jeder Minute.

Allein diese regellosen Choks hatten kein
anderes Resultat, als daß die Schwadrons=Ordnung
ebenfalls unterbrochen wurde, und die Reuterei
in eine Unordnung gerieth, wovon man glücklicherweise kein zweites Beispiel erlebt hat.

reich mit Gold verziert, machten ihn schon von
Weitem kenntlich.

So wie jede Schwadron durch den Engweg
war, rief Joachim, den Feind zeigend: „voilà
l'ennemi, chargez ferme!" Einen solchen
Zuruf vom Ober-General der ganzen Reuterei,
ließ sich kein Schwadrons-Chef wiederholen: jeder
glaubte nun den Befehlen seines Kommandeurs
entbunden, und eine günstige Gelegenheit zu
haben, sich unter den Augen des Tapfern der
Tapfern, auszeichnen zu können. Also kommandirte jeder Schwadrons-Chef ohne sich um den
Zusammenhang zu bekümmern: en avant,
marche! marche! und stürzte dem Feind im
Carriere nach.

Die Generale und Obersten ritten ohne
Autorität mit: auch sie wollten nicht zurückbleiben.

So geschah es, daß, wie beim Durchzug
bei und durch Krasnoi die Brigade-Ordnung sich
auflößte, nun auch die Regiments-Ordnung unterbrochen wurde.

Aber es sollte noch Uebleres geschehen werden.

General Neverowsky hatte, von seiner Reuterei und Artillerie verlassen (9 Piecen wurden auf dieser Flucht genommen), eine Marsch-Kolonne gebildet, und marschirte längs der Birkenallee neben der großen Straße fort. Er fühlte die Wichtigkeit im Marsch zu bleiben, und zog in dieser tiefen Kolonne immer langsam fort, indem er dem Angriff der ersten Schwadron, durch die Kompagnie, am Ende der Kolonne, eine Salve geben ließ. Dieses Feuer war nur das erstemal regelmäßig: es theilte sich bald der ganzen Masse mit, und wurde, ohne abzubrechen unterhalten. Jeder Mann feuerte so wie er geladen hatte, und drückte auf gut Glück los, da er überall Gegner zum Ziel fand. Denn die Anzahl der Schwadronen, welche der Ober-General attakiren ließ, vermehrte sich mit jeder Minute.

Allein diese regellosen Choks hatten kein anderes Resultat, als daß die Schwadrons-Ordnung ebenfalls unterbrochen wurde, und die Reuterei in eine Unordnung gerieth, wovon man glücklicherweise kein zweites Beispiel erlebt hat.

Vergebens bemüheten sich die höhern Offiziere, die Schwadronen und Regimenter zu ordnen: Niemand wurde verstanden, Niemand hörte, Niemand gehorchte. Discip'in und Taktik hatten ihre Bedeutung verloren: es war eine völlige Auflösung. Acht reitende Batterien hatten sich nach und nach eingefunden, und folgten in enger Stellung und in vortrefflicher Ordnung, dem sich fortwälzenden Chaos. Vergebens fleheten die tapfern Chefs dieser Batterien, nur so viel Raum ihnen zu gönnen, daß sie zur Attake heranfahren und abprozen könnten. Niemand achtete auf sie.

Der Herzog von Elchingen, Marschall Nei suchte sich beim König Gehör zu verschaffen, um ihn zur Ruhe und zur Annahme von taktischen Anordnungen zu bewegen. Umsonst. Seine Ungeduld riß ihn fort; der König, nur Rath von seiner eigenen Tapferkeit annehmend, hörte nicht auf, durch fortwährendes Rufen, mitten in dem Tumult: chargez ferme! alle Versuche der höhern Offiziere, Ordnung herzustellen — fruchtlos zu machen. Er besorgte, die InfanterieDivision möge entwischen, und er glaubte zuviel

Zeit mit taktischen Anordnungen zu verlieren: kürzer, meinte er, wäre es, sich ordnungslos in den Feind zu werfen. Sein ungestümmer Muth gab selbst das Beispiel, und führte ihn mitten in die Gefahr. Aber auch zu den regellosesten Angriffen ist wenigstens die Ordnung nöthig, daß ein allgemeiner Impuls dazu erfolgen muß. Aber die Adjutanten und zahlreichen Ordonanz-Offiziere des Ober-Generals sprengten nach allen Richtungen und trugen dieses unglückselige chargez ferme überall hin. Daher kam es, daß, während auf einem Punkt attakirt wurde, auf andern Punkten der Angriff zurückgieng: die Einheit des Befehls fehlte, wie die Einheit des Impuls.

So wurden endlich sämmtliche Regimenter wild untermengt, und gaben das Bild einer irregulären Reuterei, die alle Zucht und Ordnung abgestreift hatte.

Die Division Newerowsky hatte unterdessen die innere Ordnung verloren, und bildete nur noch eine fest zusammengedrängte Masse; aber sie durchzog, wie eine feuerspeiende Lawine die Ebene, und erreichte mit einem Verlust von 800 Mann, welche nach und nach, gleichsam abgehauen worden waren — das zweite Défilé, wo sie von einer zweiten Division aufgenommen wurde, und über Koritnia zur Armee rückte.

Es wurde Nacht, und erst spät gelang es der Reuterei, nach vielen Anstrengungen der Offiziere, die Ordnung wieder herzustellen. Die Truppen legten sich in Bivouak, nachdem die Sicherheitswachen ausgestellt worden waren.

Reflexion.

Sollte irgend Jemand eine Neigung haben, mit dem General Rogniat irreguläre Reuterei blos für Kriegsdauer zu errichten, um dadurch die Kosten der Unterhaltung einer stehenden Reuterei im Frieden den Staaten zu ersparen, so kann dieses Gefecht ein Lehrsatz werden und als Aussicht gelten, was von einer solchen Reuterei zu erwarten seyn wird.

Wenn hier eine technisch und taktisch gebildete europäische Reuterei, so schnell in zügellose

Unordnung gerieth, was wäre erst von einer, blos für Kriegsdauer organisirten, aus Neuausgehobenen bestehenden Reuterei zu erwarten? Der Europäer ist kein Nomade: nur Zucht, technische und taktische Ordnung, und die Gewohnheit des Gehorchens macht ihn zum brauchbaren Krieger; dem irregulären Kriegsdienst ist die Civilisation ein unüberwindliches Hinderniß. Civilisirte Völker haben ohne stehende Heere keine Sicherheit mehr. Die Disciplin muß ihren strengen Karakter, mit der Kultur steigern. Jemehr die Menschen zum Gefühl ihrer Würde, und folglich ihrer Rechte gelangen, je schwerer ist es, sie in Zucht und Gehorsam zu erhalten. Dafür spricht die Erfahrung. Der Ernst der Disciplin, muß sich mit der taktischen Kunst vermählen, um im Kriege Resultate zu haben.

Die Division Newerowsky, so standhaft und den Umständen angemessen auch ihr Benehmen war, kann dennoch den Ruhm nicht ansprechen, die, sie angreiffende Reuterei, in Unordnung gebracht zu haben: dies fällt dem, sie führenden Ober-General allein zur Last.

Durch fehlerhafte Anführung war diese Reuterei zu dem unbedeutenden Rang einer irregulären Truppe herabgesunken. Was in Ordnung, und bei richtiger Anwendung der taktischen Grundsätze eine leichte Aufgabe gewesen wäre, was sogar der 4te Theil der gegenwärtigen Stärke vollbringen konnte, wurde nun selbst dieser großen überlegenen Masse, mit allen Hülfsmitteln einer zahlreichen reitenden Artillerie, nicht möglich.

Zu diesem Range würde alle Reuterei herabsinken, wenn diejenigen Recht behielten, welche im Frieden dem Cadresystem huldigen.

Was hier Folge einer schlechten Führung war, würde dann Folge des Grundsatzes werden, welcher nicht anerkennen will, daß Reuterei, nur durch disciplinarische Gewohnheiten, und durch die Einheit des taktischen Befehls Werth erhält. Beides wird nur eine stehende, eine alte Reuterei erwerben, welche den Centralpunkt der Intelligenz in der Person eines talentvollen Generals gefunden hat.

Mürat hatte von den zwei Kapital-Eigen-
schaften, die ein Ober-General haben soll, nur
die eine Hälfte von der Natur erhalten: er war
tapfer und wußte auszuführen, aber er verstand
nicht ein Gefecht einzuleiten. Und die Geschichte
hat es bestätigt: nur dann war er glücklich und
vollbrachte Thaten, wenn Napoleon für ihn dachte,
wenn dieser die Anordnungen zum Gefecht machte,
und ihm nichts zu thun übrig ließ, als die Bewegung des Angriffs zu leiten, wenn der rechte
Moment gekommen war und ihm solcher angegeben wurde, wie z. B. 1813 bei Dresden.

Mürat war ein kühner Krieger, er war,
was bei den tapfern Spahis der Mann an der
Spitze der pfeilartigen Schlachtordnung ist, welcher durch Vorausreiten die Richtung angiebt,
welche die attakirende Masse nehmen soll: sein
ungestümmer Muth trug ihn mitten in den Feind.
Dabei war er durch seine Kleidung ausgezeichnet,
welche ihn beiden Armeen kenntlich machte. Die
Kosacken liebten und bewunderten ihn, und wichen
ihm oft ehrfurchtsvoll aus. Joachim liebte es,
sich in der Flankeurlinie in ein besonderes Gefecht

einzulaſſen, und ſein Säbel war oft gefärbt vom Blut der Feinde. Murat war der Bayard, der ächte Paladin des Heers; er war tapfer, großmüthig und offen, aber das Talent großer Conzeptionen gieng ihm ab. Napoleon wußte das recht gut, und ließ ihn ſelten und immer ungern aus den Augen. Murat aber kannte ſeine Schwäche nicht, und glaubte, vom Glücke verzogen, ſich ſelbſt verdanken zu können, was er doch nur mit und durch Napoleon war.

Die politiſche und militäriſche Laufbahn, die Murat durchlaufen hat, liefert hierfür die Belege; in Madrid, in Neapel ſo wie auf den Schlachtfeldern, überall die nämliche Disharmonie zwiſchen Beſonnenheit und Kühnheit, zwiſchen Urtheil und Handlung.

Dieſes Gefecht liefert den ſchlagenden Beweiß, wie ſelbſt eine tapfere und zahlreiche Reiterei zu nichts herabſinkt, wenn ſie unrichtig geführt wird.

Marschall Nei, der selbst in der Reuterei seine Erziehung erhalten und darin seine militärischen Rangstufen durchlaufen hatte, versammelte noch Nachts die beiden Generale, die 6 Obersten und sämmtliche Schwadrons-Chefs seiner zwei Brigaden. Um diese tiefgebeugten Offiziere wieder aufzurichten, sprach er ohne Rückhalt von den Fehlern des Königs, wobei er sein Bedauern ausdrückte, die Reuterei seines Armee-Korps für diesen Tag demselben übergeben gehabt zu haben.

Dieses Gefecht schadete der Reuterei mehr, als die bisherigen Verluste, welche sie durch Anstrengung, und durch Mangel an Verpflegung erlitten hatte; dieses Gefecht gab ihr den ersten moralischen Stoß.

Es hätte die entgegengesetzte Wirkung machen können, wenn der Ober-General mit zwei geöffneten Kolonnen auf beiden Seiten, der sich zurückziehenden Division fortgezogen wäre, um vorerst der reitenden Artillerie Zeit zu lassen, von

den Enden dieser Kolonnen aus, in eine große
Batterie formirt, den Feind mit Kartätschen zu
beschießen.   Wenn hierauf beide Kolonnen auf
ein gegebenes Zeichen, zugleich einschwenkten und
chokirten, so konnte das Resultat nicht zweifelhaft seyn.

Aber der Augenblick gieng unbenutzt verloren, um nie wiederzukehren.

Zeitpunkt von dem Sturm auf Smolensk
bis zur Schlacht an der Moskwa, oder
vom 16. August bis 7. September.

———

Bei Smolensk hatte die Reuterei kein Terrain, zu einer aktiven Rolle. Die Reserve-Reuterei
lagerte indessen zum Theil, innerhalb der Kano-
nenschußweite von den feindlichen Batterien.

In einigen Geschichtsbüchern hat sich der
Irrthum oder Schreibfehler eingeschlichen, daß
die westphälische Reuterei, beim Korps des General Junot mit der württembergischen verwechselt
ist, welcher Irrthum hier berichtigt wird. Die
württembergischen Truppen blieben immer unter
Befehl des Herzogs von Elchingen, dem Uner-
schrockenen und Standhaften.

Auf dem langen Zuge von Smolensk bis
Borodino befand sich die Reuterei immer an der
Spitze der Kolonnen. Diese Anordnung erreichte
den Zweck, daß der Nachtrab des Feindes, der
Heftigkeit ihrer Angriffe nicht widerstehend, selten
Stand hielt. Diese Anhäuffung einer bedeutenden
Masse Pferde auf einen kleinen Raum, erschwerte
die Verpflegung in einem Lande, wo es nichts
gab, und bei einem Zuge, wo die Schnelligkeit
keine Zeit ließ, das wenige was es gab zu
nehmen, — nur wenig.

Die Verluste der Reuterei lagen nicht darin,
daß sie vereinigt war. Die Schnelligkeit der
Operation erschöpfte die Kräfte, denen nicht
Zeit blieb, sich zu erneuern. Morgens zwischen
9 und 10 Uhr setzte sich die Armee gewöhnlich
in Bewegung. Mittags erreichte der Vortrab den
Feind, der meistens nach den ersten Kanonen-
schüssen zurückwich. Zwei Stunden vor Sonnen-
untergang fand man den Nachtrab in Stellung.
Ein Gefecht knüpfte sich an; der König ließ
deployiren, und nachdem 3 bis 4 Batterien in
Linie waren, und die Flügel-Brigaden sich vor-
                                            wärts

wärts bewegten, verließ der Feind seine Stellung, und zog sich, begünstigt vom Terrain, oder einem brennenden Dorf, oder einer abgeworfenen Brücke, zurück. Die Verfolgung wurde bis in die finstere Nacht oft bis 10 Uhr fortgesetzt.

Ohne Rücksicht auf Wasser oder Fourage nahmen die Divisionen und Brigaden ihre Bivouaks, wie der Zufall es fügte. Die Vedetten wurden aufs Ungefähr ausgesetzt. Erst am nächsten Morgen wurde die, in der Nacht genommene Stellung erkannt, wo dann die Fehler der Vorposten verbessert wurden.

Dies war die Tagsordnung. Diese Anstrengungen, diese ungeheueren Märsche, verbunden mit Entbehrung alles harten Futters, bei Mangel am grünen Futter, oft sogar des Wassers — diese Unordnung in der Verpflegung lößte die Regimenter auf. Pflege, Wartung, Ruhe fehlten, und vollendeten die Entbehrungen, unter denen die Kräfte erlagen. Auf jedem Nachtlager blieben gefallene Pferde. Auch die Kräfte der Menschen erschöpften sich. Nachts wurde gekocht,

und Morgens vor dem Abmarsch gegessen, wo
man sich zugleich, so gut als es gieng, mit
Vorrath für die nächste Nacht versah.

Die Reuterei fand immer noch mehr als das
Fußvolk. Die Dörfer, durch die wir zogen,
wurden durchsucht. Auch dem Feinde hie und da
abgenommen. Aber die Pferde hatten weder
Ruhe noch Zeit zum Fressen, auch wenn es
Futter gab. Das Wasser war schlecht, selbst
wenn es nicht fehlte. Daher der beispiellose Ver=
lust, welcher mit jeder Nacht progressiv stieg.

Dies war das Bild, der Operation von
Smolensk bis zur Moskwa.

Nicht die täglichen Gefechte, welche spie=
lend, und ganz durch die Reuterei, ohne
Beihülfe des Fußvolks beendigt wurden, son=
dern die täglichen Anstrengungen, verbunden
mit gänzlichem Mangel, gaben die ungewöhn=
lichen Verluste.

Dies wirkte auf die Stimmung. Jeder glückliche Tag, und das waren sie alle, spannte moralisch wie physisch ab. In dieser Abspannung erreichte die Armee, die russische verschanzte Stellung bei Borodino an der Moskwa.

Reflexion.

Gefechte, welche für die Reuter=Taktik aufzubewahren, Werth haben könnten, fanden nicht statt.

Nur die Ordnung des Marsches dieser Massen kann Interesse haben.

Die ganze Reserve=Reuterei unter Murat, eröffnete in dem weiten Terrain jener, mit keinem Auge zu messenden Gegenden, täglich nebeneinander den Marsch der Armee. Zwei Reuter= Korps marschirten, sich folgend, auf der breiten Straße, die zwei andern rechts und links neben derselben. Die leichten Divisionen dieser Reuter= Korps, machten verbunden den Vortrab, indem jede eine Brigade vorsetzte. Jeder dieser Brigaden

folgte eine Batterie. Die übrige Artillerie befand
sich bei den verschiedenen Divisionen eingetheilt.
Die Divisionen marschirten in geöffneten Kolonnen
mit Schwadronen. Drei lange Manöverier-
Kolonnen zogen in solcher Art neben einander
fort mit beinahe 100 reitenden Geschützen, denen
drei Armee-Korps, das 1te, 3te und 8te, und
die Garden folgten. Das 4te Armee-Korps rückte
in der linken, und das 5te Armee-Korps in der
rechten Flanke auf gleicher Höhe mit dem Centrum fort.

Der Reserve-Reuterei wurden auf diesem
Marsch auch noch die leichten Brigaden der Armee-
Korps zugetheilt, welche mit den übrigen leichten Brigaden, im Dienst des Vortrabs wech-
selten.

So sah man zwischen 30 und 40,000 Pferde
vereinigt, selbst dann noch, als die Verluste bereits sichtbar wurden. Ein imposanter Anblick,
der imposante Resultate erwarten ließ. Dieser
Anblick konnte selbst Napoleon irre leiten, als
er bei dem Marsch nach Moskau beharrte.

Diese Methode die ganze Reuterei zu vereinigen, war besonders in einem Lande gut gewählt, wo durch sie der offensive Theil große Vortheile über den defensiven Theil erhalten kann. Ueberhaupt muß die Offensive die Reuterei versammeln, um große Resultate zu gewinnen, während die Defensive, bei jedem Défilé durch die ihrige in Verlegenheit gesetzt wird, und oft wenig Nutzen von ihr hat.

Die hier entwickelte Marsch-Ordnung zwang die Russen zu einem fortgesetzten, beinahe widerstandslosen Rückzug. Sie wurden überall sogleich erdrückt, und auf einen Punkt geworfen — konnten die andern keinen Stand mehr halten.

Diesen Marsch hatte Napoleon selbst angeordnet, welches aufs Neue dafür spricht, daß er die Macht der Reuterei, so wie den Nutzen, den sie gewähren kann, vollkommen kannte. Wenn diese Reuterei demungeachtet, keine bleibende Großthaten in der Geschichte zurückgelassen hat, so lag das nur daran, daß kein schöpferisches Genie in den Mittelpunkt ihrer Wirksam-

telt trat. *) Napoleon fühlte den Werth eines
großen Reuter-Generals schon damals, als er
zuerst als Ober-General auf der Weltscene er-

---

*) In der Zeitschrift für Kunst, Wissenschaft und
  Geschichte des Krieges, 6tes Heft, 1825,
  sagt der Verfasser des Aufsatzes: Ueber Zusammensetzung und Fechtart eines Kavallerie-
  Korps, Seite 146:

  „In der Hand Napoleons sind Kavallerie-
  Korps zum furchtbaren Instrument, zum nam-
  haften Gewicht in der Wagschale der Schlachten geworden. Hätte Napoleon eine Kavallerie
  gehabt, an Material nur halb so gut, wie
  die seiner Gegner, er würde Dinge mit ihr
  ausgeführt haben, die ihres Gleichen in der
  Geschichte nicht fänden."

  In diesem Satz liegt der Irrthum, daß es
  Napoleon in den Kriegen 1809 u. 1812 keineswegs
  an einer guten Reuterei fehlte, sondern nur an
  einem Genie, sie — zu einem großen Ganzen
  verbunden — mit schöpferischer Kraft zu
  führen.

schien; er schrieb in einem Bericht an den Kriegs-
Minister Carnot vom 9. Mai 1796: „ich ver-
berge Ihnen nicht, daß ich seit Stengels Tode
keinen General=Offizier der Reuterei mehr habe.
Dieser seltene kriegerische Karakter handelte, wo
ich dachte, und hatte die Befehle schon vollzogen, bevor sie ihn erreichten."

Napoleon erkannte wie Alexander, Hannibal,
Cäsar, und alle übrigen großen Feldherrn seit
jener Zeit, den ganzen Werth der Reuterei.
„Zwanzig tausend Pferde mit 120 Geschützen
reitender Artillerie leisten so viel als 60,000
Mann Infanterie mit 120 Geschützen," diktirte
er noch, als seine Kariere geendet war.

Schlacht von Borodino, an der Moskwa, am 7. September 1812.

———

Sämmtliche Reuterei, die der Garde und der Armee-Korps mitgerechnet, betrug am Schlacht-tage noch 3o,ooo Pferde; sie war auf der gan-zen Linie zerstreut, und erschien nicht als ein Ganzes. Murat wohnte dem Angriff der Schan-zen in Person bei, wo er sogar in Gefahr war gefangen zu werden, und der württembergischen Infanterie seine Rettung dankte.

Die Reuter-Korps waren im Durchschnitt nicht mehr 5ooo Pferde. Nach den Ausrück-Raporten vom 23. August, also 14 Tage vor der Schlacht, hatte das 1te Reuter-Korps noch

5700

5700 Pferde; das 2te Regt: das 3te 4930 und
das 4te 4000 — im Ganzen 18.480 Pferde
Die Reuterei der Garde 4200, und die der
Armee-Korps zugetheilte leichte Reuterei 2000
Pferde, welches 30.680 Pferde giebt.

Das 3te Reuter-Korps Grouchy war an die
Befehle des Vice-Königs Eugen verwiesen; Na-
souty sollte den Bewegungen Darрусt folgen
Das 2te Reuter-Korps hatte die leichte Division
von Sebastiani auf den äußersten rechten Flügel
entsendet; mit den beiden Küraſſier-Division
stand Montbrun im Centrum. Das 4te Korps
Latour-Maubourg unterſtützte Ney

Die ruſſiſche Reuterei, reguläre und irreguläre, wird am Tage der Schlacht zu 40/000
Pferde angegeben.

Die Reuterei hat auf beiten Seiten und
Ruhm gefochten. Die ſächſiſchen Kuraſſier in
Regimenter deployirt, machten ſchöne Choc's
und nahmen Redouten. Die Kuraſſier von
Wathier ſetzte bei Semionskoe über den Bach,

— 338 —

Schlacht von Borodino, an der Moskwa, am 7. September 1812.

———

Sämmtliche Reuterei, die der Garde und der Armee-Korps mitgerechnet, betrug am Schlacht-tage noch 30,000 Pferde; sie war auf der gan-zen Linie zerstreut, und erschien nicht als ein Ganzes. Mürat wohnte dem Angriff der Schan-zen in Person bei, wo er sogar in Gefahr war gefangen zu werden, und der württembergischen Infanterie seine Rettung dankte.

Die Reuter-Korps waren im Durchschnitt nicht mehr 5000 Pferde. Nach den Ausrück-Raporten vom 23. August, also 14 Tage vor der Schlacht, hatte das 1te Reuter-Korps noch

5700

5700 Pferde; das 2te 3859; das 3te 4930 und das 4te 4000 — im Ganzen 18,489 Pferde. Die Reuterei der Garde 4208, und die den Armee-Korps zugetheilte leichte Reuterei 8000 Pferde, welches 30,697 Pferde giebt.

Das 3te Reuter-Korps Grouchy war an die Befehle des Vice-Königs Eugen gewiesen. Nansouty sollte den Bewegungen Davoust folgen. Das 2te Reuter-Korps hatte die leichte Division von Sebastiani auf den äußersten rechten Flügel entsendet; mit den beiden Kürassier-Divisionen stand Montbrun im Centrum. Das 4te Korps Latour-Maubourg unterstützte Nei.

Die russische Reuterei, reguläre und irreguläre, wird am Tage der Schlacht zu 40,000 Pferde angegeben.

Die Reuterei hat auf beiden Seiten mit Ruhm gefochten. Die sächsischen Kürassiere in Regimenter deployirt, machten schöne Angriffe und nahmen Redouten. Die Kürassier-Division Wathier setzte bei Seminskoe über den Bach,

deployirte ihre Regimenter, warf die russische
erste Linie auf die zweite, und nahm mehrere
Schanzen und Batterien, ohne sie jedoch behaupten zu können.

Kutusow machte einen Versuch gegen die
Mitte des französischen Heers, und ließ die russischen Garden in geschlossener Kolonne, unterstützt
von 4000 Pferden, vorrücken. Diese Reuterei
benahm sich mit Umsicht und Tapferkeit: sie
machte glänzende Choks, und nahm Batterien.
Allein das Feuer einer Batterie von 80 Geschützen
erschütterte diesen drohenden Angriff, und er
erlag sodann den conzentrischen Angriffen der
Kürassiere, in Regimenter deployirt, des zweiten
und vierten französischen Reuter-Korps. Und
gelang es auch den Franzosen die Höhe bei Seminskoe, welche den Mittelpunkt der russischen
Schlacht-Linie bildete, zu erobern, so behielt
doch die russische Reuterei bei den wiederholten
Angriffen mehr als einmal die Oberhand, über
die französische. Montbrun, und der ihn erse-
tzende General Caulaincourt sanken an der Spitze
ihrer Korps. Mit ausgezeichneter Tapferkeit

fochten alle Regimenter. Allein keine Ueberraschung, keine große Entscheidung wurde bewirkt,
— keine verbundene Evolution hatte statt. Bei
allen diesen Angriffen choßirten die Regimenter,
jedes für sich entwickelt, einzeln. Es waren weder Angriffe in Kolonne, noch in zusammenhängenden Linien; eine obere Leitung wurde ver-
mißt, aber die Regimenter unterstützten sich gegenseitig, und griffen gut ineinander. Die Intelligenz und die Tapferkeit der Divisions- und Brigade-Generale so wie der Kommandeure handelte,
weniger die leitende Intelligenz des Ober-Generals.

Die Divisionen führten sich gegenseitig, wie
sie es in früheren Kriegen gewohnt gewesen waren, und wie man es, bei Gelegenheit der
Schlacht von Eckmühl entwickelt hat. So lange
das Glück, diese einzelnen Angriffe verband, und
ihren Ausgang leitete, gelang Alles, auch ohne
Verständniß des Befehls. Das Unglück enthüllte
die Unzuverläßigkeit dieser Methode. Der Genius
der Eintracht kann die Manöver der Divisionen,
nur durch das Einschreiten des Oberbefehls ver-
bürgen.

Bb 2

Kein Manöver der Reuterei auf beiden Sei=
ten, was in dem Gemählde der Schlacht hervor=
springt, was als Unsterblichkeitsbild in der Ue=
berlieferung jener Zeit, der Nachwelt vererbt.
Die Reuterei hielt sich gut, that viel, und hatte
ungeheuere Verluste. *) Doch der Werth dieser
Thaten hat der Reuter=Taktik keinen Gewinn
gebracht. Wer die Reuter=Taktik studieren will,
um sie in späterer Anwendung glänzend zu er=
weisen, findet unter den hohen und aufopfernden
Thaten, die hier für den Triumph einer gewon=
nenen Schlacht ohne Resultat, in die Verwüstung
giengen, keine an die er sich spiegeln kann.

So sinken die Thaten der Größe, die ein
besseres Schicksal verdienten, ins Dunkel der
Vergangenheit, und kein künftiger Krieger lernt

---

*) Das württembergische Leib=Chevauxlegers=Regi=
ment war am Morgen der Schlacht 386 Pferde
ausrückend, und am Abend nur noch 63 Pferde
stark.

am Gemählde der Heldenthaten. So wird die Reuterei um den Ruhm der Unsterblichkeit gebracht.

Reflexion.

Der König von Neapel hatte in dieser Schlacht eine Gelegenheit, die in frühern Kriegen gesammelte Kunst durch geniale Anwendung, glänzend zu bestätigen. So wie der Herzog von Elchingen sich der Schanzen bemächtigt hatte, mußte er mit den 12,000 Pferden, welche vom 1ten, 2ten u. 4ten Reuter-Korps verwendbar waren, vorgehen, auf der Ebene in mehrere Linien deployiren und die Flanken der Feinde chokiren. Sechszig bis Siebenzig reitende Geschütze mußten auf der Höhe der genommenen Schanzen, seine Bewegung vorbereiten und erleichtern; das 1te, 3te und 8te Armee-Korps mit ihrer Reuterei und Artillerie sie schützen und unterstützen. Diese große Bewegung hätte die russische Schlacht-Linie sprengen müssen. Der Sieg wäre vor Mittag entschieden worden, und hätte benutzt werden

können. Die Schlacht wäre von ei[n]
Folgen gewesen. Der Krieg hätte ei[n]
Ausgang genommen.

Statt diesem einfachen aber en[t]
Manöver, welches die Umstände und
der Dinge gleichsam von selbst diktirt[e]
die Reuterei, in mehrere nahe bei = [ei]
einander stehende Linien, auf verschied[e]
ten der Schlacht=Linie zerstreut, und [i]
die im Feuer befindlichen Truppen ..
daß sie durch das feindliche Artillerie=F..
um so empfindlicheren Verlust erlitt, u..
ersetzlich war. Bis zu dem Augenblick, [u]
terei zum Angriff sich in Bewegung [set]
sie außerhalb der Wirkung der Geschü[tz]
werden. Das aber verstanden die fr
Generale so wenig, daß es schien,
einen Ruhm darin, ohne irgend eine[n]
den größtmöglichsten Verlust zu haben.
die Reuterei ohne Zweck ins Geschützfeue[r]
giebt dadurch zu erkennen, daß er die F
Taktik nicht von dem Standpunkt der [?]
aufgefaßt hat.

... die Tochter
... sie immer zu
... wenn die höhern

... dem Schöpfer die
... und zugleich die
... Umstände richtig zu
... aber diesen

in frühern Kriegen zum Siege geführt hatte, ihn
auch fähig zu machen schien, die Reuterei in
großartigen Verhältnissen, die alles bisherige
übertrafen, als Chef auf der erhabenen Bahn
des Ruhms zu lenken. Allein er hatte sich dem
hohen Geheimniß dieser Kunst nicht genähert.
Das Zutrauen in die Besonnenheit des Königs,
jene Besonnenheit, die selbst im Unglück noch
Achtung gebietet weil der Krieger in ihr auf
unbekannte Hülfsmittel rechnet, weil sie schützt,
erhält und rettet — das Zutrauen mit seinem
Gefolge, in diese Besonnenheit mit ihren Verheißungen, war nicht mehr.

Der Kaiser wieß die Korps-Kommandanten
der Reuterei an die Marschälle. Damit hörte
die selbstständige Macht der Reuterei wieder auf,
und sie versank in den alten Stillstand, wo
Theilung der Kraft das Emporblühen großer
Produkte unmöglich macht. Theilung schwächt.
Die Reuterei muß nicht nur ein materielles Ganzes, sondern auch ein geistiges Ganzes seyn, soll
sie aus den Hieroglyphen zum lebenden Organismus heraufwachsen. Aber die Gesetze dieser

Verbindung liegen oft außerhalb der Sphäre der Ober-Feldherrn. Daher kehren sie immer zu den niedern Ordnungen zurück, wenn die höhern ihnen unerreichbar scheinen.

Der Standpunkt, der dem Feldherrn die Talente aller seiner Generale, und zugleich die Kunst zeigte, sie nach den Umständen richtig zu verwenden, wäre freilich unschätzbar: aber diesen Vortheil entbehrt der Feldherr, so lange der Zeitenstrom, den er als Geschichte eindämmt, Gegenwart ist. So lange das Stück spielt, hat er keinen Platz in der Loge, wo das Ganze zu überschauen ist. Wer einen Standpunkt außer der Erde hätte, würde allmählig ihre ganze Oberfläche überschauen, während der Bewohner derselben nur ein sehr kleines Stück in seinem Gesichtskreis hat — und so ist es mit der Lage des Feldherrn. Führt ihm das Glück nicht die rechten Männer zu — er selbst weiß sie selten aufzufinden, und noch seltener an die, jedem Einzelnen gebührenden Plätze zu stellen. Die engen Schranken der Ordnung, der Verhältnisse, der Geburt, der Anciennetät, und der zunehmenden

Rücksichten beschränkt die Wahl des Feldherrn.
Den Wettkampf der Kräfte und der Talente
kann er nicht immer ermuntern, noch Vortheil
daraus ziehen. Die Besorgniß, ein minder eminen=
tes Talent zu kränken, hält auch nicht selten
ab, ein höher eminentes Talent, hervorzuziehen.
Der Feldherr opfert seinen Vortheil, die In=
teressen des Staats, den Ruhm des Heers oft
bereitwillig auf, bevor er eine durchgreiffende
Maßregel nimmt, eine Maßregel, von der er
besorgt, daß sie einige Unzufriedene machen
könnte. Allerdings giebt es nichts, was das
Gemüth mehr ergreifft, als Personen nahe treten
zu müssen, denen kein anderer Vorwurf zu ma=
chen ist, als daß ihre Talente nicht über die
Grenze hinauswachsen wollen, welche die Natur
ihnen gesteckt hat. Auf jeden Fall aber kann an
der Spitze der Reuterei eines Heers nur ein Ein=
ziger, als die Seele des Ganzen stehen. Das
Gelingen ihrer Thaten hängt von dieser Wahl
ab. Je größer die Zersplitterung der Reuterei
ist, desto weniger wird sie leisten, desto leichter
besiegt werden, in so viele einzelne Unternehmun=
gen zerfällt ihr Wirken.

Das höchste Gesetz für den Feldherrn besteht darin, die Befehlspersonen so zu wählen, daß der Erfolg seiner Unternehmungen durch sie gesichert wird. Denn Klugheit nennt es die Nachwelt nicht, wenn ein Mann, der für die Geschichte die er macht, verantwortlich ist, Mittel wählt, welche mit ihrem Zwecke geradezu im Widerspruche stehn.

Ende des Feldzugs.

———

Wenig gewonnene Schlachten mögen einen so außerordentlichen Eindruck auf die Truppen gemacht haben als die an der Moskwa: sie waren bestürzt, betroffen, und keine heitere Stimmung, die sonst der Sieg giebt, wurde bemerkt. Ueber 50,000 Todte von beiden Seiten, bedeckten das Schlachtfeld. Die Reyterei focht zwar noch bei Tarutinow, aber ohne Kraft. Demohngeachtet siegte hier noch einmal die moralische Ueberlegenheit, welche die Franzosen während den Kriegen unter dem Kaiserreich gewonnen hatten.

Auf dem Rückzug gieng es ihnen, wie einst den 10,000 Griechen unter Xenophon: der Man-

gel an Reuterei setzte sie in eine gänzliche Unbe=
kanntschaft von dem, was außer dem Gesichts=
kreis sich zutrug. Ihre Lage glich einem Irr=
garten, aus deren labyrinthischen Gängen nur
ein Zufall rettet. Diese ganze schöne Reuterei,
80,000 Pferde betragend, lag in Rußlands
Ebenen zerstreut, ein Opfer der Anstrengungen,
der Entbehrungen, der Gefechte und der Kälte.
Solche Katastrophen erneuern sich nur selten in
der Geschichte, und oft vergehen Jahrtausende,
bevor ein neuer Akt sich an den vorhergehenden
reiht.

Rußland aber, als Riese geboren, gestellt
auf ein ungeheures Fußgestell von unantastbarem
Erze, bewohnt von Völkern die unerschüttert an
ihren Gewohnheiten und an ihrer Religion han=
gen, mit einer physischen Konstitution begabt,
welche die der übrigen Nationen der bewohnten
Erde übertrifft und sie fähig macht, alle Be=
schwerlichkeiten der Kriege zu ertragen, dieses
Rußland bewieß in diesem Feldzug zum zweiten=

können. Die Schlacht wäre von einflußreichen Folgen gewesen. Der Krieg hätte einen andern Ausgang genommen.

Statt diesem einfachen aber entscheidenden Manöver, welches die Umstände und die Lage der Dinge gleichsam von selbst diktirten, wurde die Reuterei, in mehrere nahe bei- und hintereinander stehende Linien, auf verschiedenen Punkten der Schlacht-Linie zerstreut, und so nahe an die im Feuer befindlichen Truppen aufgestellt, daß sie durch das feindliche Artillerie-Feuer einen um so empfindlicheren Verlust erlitt, als er unersetzlich war. Bis zu dem Augenblick, wo Reuterei zum Angriff sich in Bewegung setzt, muß sie außerhalb der Wirkung der Geschütze gehalten werden. Das aber verstanden die französischen Generale so wenig, daß es schien, sie setzten einen Ruhm darin, ohne irgend einen Zweck, den größtmöglichsten Verlust zu haben. Wer die Reuterei ohne Zweck ins Geschützfeuer stellt, giebt dadurch zu erkennen, daß er die Reuter-Taktik nicht von dem Standpunkt der Ideen aufgefaßt hat.

Zersplittert wie sie war, und ohne Zusammenhang, war das Wirken der Reuterei an diesem Tage ein fruchtloses Ringen des Muthes.

Murat, von sprudelnder Tapferkeit über-
wältigt, sprengte auf verschiedene Punkte des
Schlachtfeldes. Er leitete nichts, und glich dem
Mann ohne Erfahrung, der noch zuviel will,
um richtig zu wollen. Die Fähigkeit für
die höhere Rolle eines Ober-Generals der Reuterei wurde hier nicht besiegelt. Auch schwand
der Zauber, der ihn mit Schimmer umgab, in
dem Verhältniß, als er die Klippen weder zu
erkennen noch zu vermeiden wußte, welche auf
der gefährlichen Bahn der öffentlichen Aufmerk-
samkeiten liegen.

Joachim hatte nicht nur das Vertrauen der
Generale, so wie der ganzen Reuterei, sondern
auch dasjenige was Napoleon in ihn setzte, blos
gestellt. Der Kaiser mochte irre geleitet seyn,
indem die Entschlossenheit und besondere Kühnheit, womit der König kleinere Abtheilungen von
2 bis 4000 Pferden in einer gegebenen Direktion

in frühern Kriegen zum Siege geführt hatte, ihn auch fähig zu machen schien, die Reuterei in großartigen Verhältnissen, die alles bisherige übertrafen, als Chef auf der erhabenen Bahn des Ruhms zu lenken. Allein er hatte sich dem hohen Geheimniß dieser Kunst nicht genähert. Das Zutrauen in die Besonnenheit des Königs, jene Besonnenheit, die selbst im Unglück noch Achtung gebietet weil der Krieger in ihr auf unbekannte Hülfsmittel rechnet, weil sie schützt, erhält und rettet — das Zutrauen mit seinem Gefolge, in diese Besonnenheit mit ihren Verheißungen, war nicht mehr.

Der Kaiser wieß die Korps-Kommandanten der Reuterei an die Marschälle. Damit hörte die selbstständige Macht der Reuterei wieder auf, und sie versank in den alten Stillstand, wo Theilung der Kraft das Emporblühen großer Produkte unmöglich macht. Theilung schwächt. Die Reuterei muß nicht nur ein materielles Ganzes, sondern auch ein geistiges Ganzes seyn, soll sie aus den Hieroglyphen zum lebenden Organismus heraufwachsen. Aber die Gesetze dieser

Verbindung liegen oft außerhalb der Sphäre der Ober=Feldherrn. Daher kehren sie immer zu den niedern Ordnungen zurück, wenn die höhern ihnen unerreichbar scheinen.

Der Standpunkt, der dem Feldherrn die Talente aller seiner Generale, und zugleich die Kunst zeigte, sie nach den Umständen richtig zu verwenden, wäre freilich unschätzbar: aber diesen Vortheil entbehrt der Feldherr, so lange der Zeitenstrom, den er als Geschichte eindämmt, Gegenwart ist. So lange das Stück spielt, hat er keinen Platz in der Loge, wo das Ganze zu überschauen ist. Wer einen Standpunkt außer der Erde hätte, würde allmählig ihre ganze Ober= fläche überschauen, während der Bewohner der= selben nur ein sehr kleines Stück in seinem Ge= sichtskreis hat — und so ist es mit der Lage des Feldherrn. Führt ihm das Glück nicht die rech= ten Männer zu — er selbst weiß sie selten auf= zufinden, und noch seltener an die, jedem Ein= zelnen gebührenden Plätze zu stellen. Die engen Schranken der Ordnung, der Verhältnisse, der Geburt, der Anciennetät, und der zunehmenden

Rückfichten beschränkt die Wahl des Feldherrn.
Den Wettkampf der Kräfte und der Talente
kann er nicht immer ermuntern, noch Vortheil
daraus ziehen. Die Besorgniß, ein minder eminen=
tes Talent zu kränken, hält auch nicht selten
ab, ein höher eminentes Talent, hervorzuziehen.
Der Feldherr opfert seinen Vortheil, die In=
tereffen des Staats, den Ruhm des Heers oft
bereitwillig auf, bevor er eine durchgreiffende
Maßregel nimmt, eine Maßregel, von der er
besorgt, daß sie einige Unzufriedene machen
könnte. Allerdings giebt es nichts, was das
Gemüth mehr ergreifft, als Personen nahe treten
zu müffen, denen kein anderer Vorwurf zu ma=
chen ist, als daß ihre Talente nicht über die
Grenze hinauswachsen wollen, welche die Natur
ihnen gesteckt hat. Auf jeden Fall aber kann an
der Spitze der Reuterei eines Heers nur ein Ein=
ziger, als die Seele des Ganzen stehen. Das
Gelingen ihrer Thaten hängt von dieser Wahl
ab. Je größer die Zersplitterung der Reuterei
ist, desto weniger wird sie leisten, desto leichter
besiegt werden, in so viele einzelne Unternehmun=
gen zerfällt ihr Wirken.

Das höchste Gesetz für den Feldherrn besteht
darin, die Befehlspersonen so zu wählen, daß
der Erfolg seiner Unternehmungen durch sie ge=
sichert wird. Denn Klugheit nennt es die Nach=
welt nicht, wenn ein Mann, der für die Ge=
schichte die er macht, verantwortlich ist, Mittel
wählt, welche mit ihrem Zwecke geradezu im
Widerspruche stehn.

Ende des Feldzugs.

———

Wenig gewonnene Schlachten mögen einen so außerordentlichen Eindruck auf die Truppen gemacht haben als die an der Moskwa: sie waren bestürzt, betroffen, und keine heitere Stimmung, die sonst der Sieg giebt, wurde bemerkt. Ueber 50,000 Todte von beiden Seiten, bedeckten das Schlachtfeld. Die Reyterei focht zwar noch bei Tarutinow, aber ohne Kraft. Demohngeachtet siegte hier noch einmal die moralische Ueberlegenheit, welche die Franzosen während den Kriegen unter dem Kaiserreich gewonnen hatten.

Auf dem Rückzug gieng es ihnen, wie einst den 10,000 Griechen unter Xenophon: der Man-

gel an Reuterei ſetzte ſie in eine gänzliche Unbe-
kanntſchaft von dem, was außer dem Geſichts-
kreis ſich zutrug. Ihre Lage glich einem Irr-
garten, aus deren labyrinthiſchen Gängen nur
ein Zufall rettet. Dieſe ganze ſchöne Reuterei,
80,000 Pferde betragend, lag in Rußlands
Ebenen zerſtreut, ein Opfer der Anſtrengungen,
der Entbehrungen, der Gefechte und der Kälte.
Solche Kataſtrophen erneuern ſich nur ſelten in
der Geſchichte, und oft vergehen Jahrtauſende,
bevor ein neuer Akt ſich an den vorhergehenden
reiht.

Rußland aber, als Rieſe geboren, geſtellt
auf ein ungeheures Fußgeſtell von unantaſtbarem
Erze, bewohnt von Völkern die unerſchüttert an
ihren Gewohnheiten und an ihrer Religion han-
gen, mit einer phyſiſchen Konſtitution begabt,
welche die der übrigen Nationen der bewohnten
Erde übertrifft und ſie fähig macht, alle Be-
ſchwerlichkeiten der Kriege zu ertragen, dieſes
Rußland bewieß in dieſem Feldzug zum zweiten-

mal, daß es jeden politischen Sturm der von
außen kommt, wie ein Drama behandeln darf,
dessen Lösung es dem Auge Gottes überlassen
kann, welches in sichtbarer Führung über ihm
wacht.

Der Krieg 1813 in Deutschland. *)

Nie wurde eine Armee schneller wieder aufgerichtet, als diejenige womit Napoleon den Feldzug von 1813 in Sachsen eröffnete. Doch gilt dieser Feldzug als Beispiel, daß es wohl möglich ist, eine neue Armee zu organisiren, aber alte Soldaten kann kein Machtspruch geben. Wie folgenreich es ist, wenn die Reuterei in unserem

---

*) Der Verf. war in diesem Kriege Oberstlieutenant und Kommandeur des Königlich Würtembergischen 1ten Chevauxlegers-Regiments. Dieses Regiment gehörte zum Armee-Korps des General Graf Bertrand, bei dem es am letzten April mit der Division Graf Franquemont in Jena einrückte.

Europa keine gediente Reuter, keine ausgebildete
Pferde hat, zeigen die Resultate dieses Krieges.
Was gegen die Natur, bestraft sich selbst. —

Im Orient gelten andere Gesetze, weil es
andere Elemente giebt. Im Orient ist es möglich schnell Reutermassen aufzustellen, weil es
Völker giebt, die, Nomaden von Abstammung,
durch Gewohnheit und Gesetze, eine Lebensweise
beibehalten, welche die Civilisation in Europa
verdrängt hat. In diesem civilisirten Europa
ist der kriegerische Geist nur noch ein Produkt
der Kultur, welcher ohne sorgfältige Entwickelung, ohne vorangegangene Blüthe keine Frucht
trägt.

Der Enthusiasmus ersetzt zu Zeiten die kriegerische Zucht, niemals aber die Taktik. Hat
der Enthusiasmus in irgend einer Zeit Erfolge
gehabt, so geschah es, weil eine geschickte und
feste Hand ihn bald ordnete, dem Stoff Form
gab, und das Ganze durch die Stufenbahnen
der Technik und Taktik führte und zur Praktik
befähigte. Der Enthusiasmus kann nützlich
wer-

werden, Kriegsheere schnell, wie durch Zauber, zu erschaffen, nicht aber sie so zu bilden, um Kriegszwecke mit ihnen zu erreichen; das vermag nur die Disciplin, eine gute Organisation, technische Bildung und taktische Bewegung. Bedürften diese Sätze, eines neuen Beweißes, so tritt die Periode, an der wir nun stehen, als Zeuge dafür auf.

Der Kaiser zog aus Spanien die beste Reuterei, die er damals hatte. Dies waren die Dragoner-Regimenter, welche während den 5 Jahren, daß der Krieg in der Halbinsel schon dauerte, sich dort gebildet hatten. Die Dragoner-Divisionen, welche durch eine fehlervolle Organisation unter dem General Baraguay d'Hilliers, so herabgekommen waren, daß sie aufgehört hatten Reuterei zu seyn, und in den Feldzügen 1806 und 1807 in Preußen und Polen, keine Achtung genossen, wetteiferten in den Jahren 1813 und 1814 nicht nur mit Erfolg mit den Kürassieren, sondern machten sogar den Kern der französischen Reuterei in diesem Zeitraum. So groß ist die technische Bildung, welche ein Krieg giebt, wo

die Kräfte sich entwickeln, ohne sich zu zerstören;
so groß ist die Wirkung des kriegerischen Karakters, den nur der Krieg zur Energie erhebt; so
groß endlich der Einfluß der Taktik, der Ordnung,
der kriegerischen Gewohnheit und die Kunst der
Manöver, die der Krieg lehrt.

Außer diesen Dragoner-Divisionen, war die
übrige Reuterei neu formirt und zu Anfang des
Feldzugs, beinahe unbrauchbar: sie wurde im
Laufe desselben erst zur Taktik erzogen. Selbst
die deutsche Reuterei, die damals noch als Verbündete in den französischen Heeren focht, theilte
dieses Schicksal. Die Kommandeure mußten von
der Zugsschule an, alle technischen und taktischen
Einzelnheiten mit den Regimentern durcharbeiten,
und selbst auf den Bivouaks wurde exercirt und
instruirt.

Die aus Spanien herbeigezogenen Dragoner-
Regimenter, trafen erst während dem Waffenstillstand bei der Armee ein. Die Eröffnung des
Feldzugs sah daher die Reuterei, mit Ausnahme
von wenigen Regimentern, in einem Anfangs-

Zustand, welcher dem der Kindheit glich. Die Besorgnisse, welche die Reuterei der Verbündeten gab, war mithin motivirt.

Diese Eröffnung des Feldzugs von Seiten des Kaisers Napoleon in Sachsen, bezeichnete der 2te Mai.

Die Reuterei war noch wenig zahlreich.

Sie bestand aus 3000 Pferden von der Kaiserlichen Garde, unter dem Divisions-General Graf Walther; aus dem 1ten Reuter-Korps, Latour-Maubourg — 8000 Pferden und 24 Geschützen reitender Artillerie; und endlich aus dem 2ten Reuter-Korps, Sebastiani — 5800 Pferden mit ebenfalls 24 Geschützen reitender Artillerie; mithin — 16,800 Pferden.

Allein selbst auch von dieser Reuterei, waren nur die 3000 Pferde von der Garde, wirklich in der Manöverier-Linie und brauchbar; die übrige wurde erst formirt und war kaum im Anmarsch.

Die Reuterei der Armee-Korps, war höchst unbedeutend, und nur wenige hatten erst eine schwache Brigade. Bei dem 4ten Armee-Korps (Bertrand) z. B. waren zwei württembergische Regimenter leichte Reuterei (das 1te Chevaur-legers-Regiment und das 3te Jäger-Regiment), unter dem General Briche — 1000 Pferde. Die Formation der Armee hatte noch keinen bleiben-den Karakter, weßhalb hier auch noch nichts be-stimmt aufgeführt werden kann. Die Sicherheit und die Ordnung des Jahrs 1812 war nicht mehr. Es fehlte mit der Zeit die Organisationen zu vollenden, zugleich der Geist der Zuversicht und des Vertrauens.

Die Verbündeten dagegen hatten eine Reu-terei, nicht nur an Zahl, sondern auch an innerer Güte, weit überlegen.

Diese Reuterei bestand aus:

a) die russische,

13 Kürassier-Regimenter worunter
1 Garde-Regiment . . . 5814 Pf.

4 Ulanen-Regimenter à 300 u. 500   1400 Pf.

22 Regimenter Dragoner à 300   6600 Pf.

10 Husaren-Regimenter à 300 u.

   500   .   .   .   .   3400 Pf.

 1 Garde-Kosaken-Regiment .   ..   500 Pf.

3 Ukränische Kosaken-Regimenter .   900 Pf.

                             — 18,614 Pf.

72 Pulks irreguläre Kosaken   17,450 Pf.

                             — 36,064 Pf.

   b) die preußische,

dem Regiment Garde du Corps   750 Pf.

dem leichten Garde-Kavallerie-Re-

   giment   .   .   .   .   900 Pf.

3 Kürassier-Regimenter à 601   .   1803 Pf.

6 Dragoner-Regimenter   .   .   3301 Pf.

3 Ulanen-Regimenter .   .   .   1202 Pf.

6 Husaren-Regimenter   ,   .   2700 Pf.

                             — 10,656 Pf.

               Summa — 46,720 Pf.

Die Reuterei der Armee-Korps war höchst
unbedeutend, und nur wenige hatten erst eine
schwache Brigade. Bei dem 4ten Armee-Korps
(Bertrand) z. B. waren zwei württembergische
Regimenter leichte Reuterei (das 1te Chevaurlegers-Regiment und das 3te Jäger-Regiment),
unter dem General Briche — 1000 Pferde. Die
Formation der Armee hatte noch keinen bleiben-
den Karakter, wedhalb hier auch noch nichts bestimmt aufgeführt werden kann. Die Sicherheit
und die Ordnung des Jahrs 1812 war nicht
mehr. Es fehlte mit der Zeit die Organisationen
zu vollenden, zugleich der Geist der Zuversicht
und des Vertrauens.

Die Verbündeten dagegen hatten eine Reuterei, nicht nur an Zahl, sondern auch an innerer
Güte, weit überlegen.

Diese Reuterei bestand aus:

a) die russische,

13 Küraffier-Regimenter worunter
1 Garde-Regiment . . . . 5814 Pf.

4 Ulanen-Regimenter à 300 u. 500   1400 Pf.

22 Regimenter Dragoner à 300   6600 Pf.

10 Husaren-Regimenter à 300 u.

    500 . . . . :   3400 Pf.

1 Garde-Kosaken-Regiment . ..   500 Pf.

3 Ukränische Kosaken-Regimenter .   900 Pf.

                              — 18,614 Pf.

72 Pulks irreguläre Kosaken   17,450 Pf.

                              — 36,064 Pf.

b) die preußische,

dem Regiment Garde du Corps   750 Pf.

dem leichten Garde-Kavallerie-Re-

    giment   . . . .   900 Pf.

3 Küraffier-Regimenter à 601 .   1803 Pf.

6 Dragoner-Regimenter   . .   3301 Pf.

3 Ulanen-Regimenter .   .   .   1202 Pf.

6 Husaren-Regimenter   , .   2700 Pf.

                              — 10,656 Pf.

         Summa — 46,720 Pf.

Die Reuterei der Ruffen und Preußen hatte
den Vortheil, größtentheils gediente Reuter zu
haben. Ihre Pferde waren gut, und sie befand
sich in einem vortrefflichen Zustand, wozu, wenigstens für die Ruffen, die Erfahrung eines so
eben geendeten Feldzugs kam, welcher sie durch
die Schulen des Unglücks und des Glücks geführt
hatte. Ein solcher Feldzug galt mehr, als
früher ein ganzer 3njähriger Krieg.

Schlacht von Lützen oder Großgörschen den 2. Mai 1813.

Französischer Seits waren nur die 3000 Pferde von der Garde, das 10te französische Husaren = und das badensche leichte Dragoner-Regiment in der Schlacht-Linie. Die württembergische Brigade leichter Reuterei, traf erst am Abend auf dem Schlachtfelde ein.

Die Alliirten hatten 25,000 Pferde. Das Terrain war günstig für Reuterei, und einladend mit der Ueberlegenheit dieser Waffe, die Initiative, welche eine Offensiv-Schlacht giebt, zu nehmen. Die Relationen, welche von den Verbündeten vorliegen, sagen, daß diese In-

auch gefaßt gewesen, und daß die entworfene Disposition zu dieser Schlacht zu den vortreff= lichsten aller Zeiten gehöre. Sie ist also Werth studirt zu werden, besonders deßhalb, um das bis jetzt begrabene Geheimniß zu finden, wie eine vortreffliche Disposition so fehlerhaft ausge= führt werden konnte.

Da die Franzosen wenig Reuterei hatten, so durfte die der verbündeten Russen und Preußen für ihre eigene Sicherheit nichts besorgen; sie konnte daher schon zu Anfang der Schlacht alles unternehmen, was dazu führen konnte, die feindlichen Kolonnen zu trennen, bevor sie ver= einigt waren, und somit Verwirrung in ihre Reihen zu bringen.

Reuterei kann zu Anfang, in der Mitte, oder am Ende einer Schlacht, je nach Lage der Dinge, gleich vortheilhaft verwendet werden; sich keilförmig zwischen die noch getrennten Ko= lonnen des Feindes drängen; die Angriffe gegen
die

die Flanken des Fußvolks richten, bevor die Schlacht-Linie gebildet ist, sind Gelegenheiten, welche, wenn sie sich zeigen, nie versäumt werden dürfen. Die Ideen-Taktik zeigt in diesen Fällen, wie große Resultate mit geringen Mitteln zu erreichen sind.

Hier springt zum zweitenmal, seit Borodino, hervor, welche Vortheile ein Reuter-System, und die, im taktischen Exponenten dargelegten Offensiv-Schlachtordnungen geben können, wenn sie genial angewendet werden würden.

Die Reuterei bedarf einer Taktik, welche der Natur nachahmt und die dies lehrt; sie hat aber insbesondere Generale nöthig, die diese natürliche und einfache Taktik verstehen und ausüben können; mehr noch nöthig als das Fußvolk (welchem mehr Bedenkzeit für seine Manöver bleibt), weil es von Ergreiffung und Benutzung von Minuten sich handelt, die versäumt, nicht wiederkehren.

Man hat nicht die Absicht eine Kritik dieser Schlacht zu geben; *) Thatsachen sprechen.

Die Reuterei der Verbündeten, hielt in einer unabsehbaren Linie auf ihrem linken Flügel, p a s s i v nahe hinter ihrer Artillerie: sie ertrug die bedeutenden Verluste, welche das feindliche Geschützfeuer ihr verursachte, mit Resignation. „Eine g r o ß e Reuter-Bewegung fand an dem ganzen Tage nicht statt," sagen die Betrachtungen über die großen Operationen und Schlachten der Feldzüge von 1813 und 1814.

Es fehlte dieser schönen Reuterei nicht an Generalen, aber keiner ergriff die Initiative, wozu hier eine so einladende Aufforderung gegeben war.

---

*) Die Betrachtungen über die großen Operationen und Schlachten der Feldzüge von 1813 und 1814 enthalten Seite 16 bis 23, eine treffende Kritik.

„Die Coalisirten," diktirte Napoleon auf St. Helena, „verstanden es nicht, sich ihrer Reuterei mit Vortheil zu bedienen."

Napoleon war sehr vergnügt, den Gefahren entgangen zu seyn, die ihn in Lützens Ebenen umgaben.

Diese Gefahren minderten sich jedoch, nachdem ihm am 1. Mai geglückt war, die vereinigte russische Reuterei unter General von Winzingerode mit Infanterie-Massen zurückzudrängen. Er entnahm daraus, daß eine Reuterei nicht sehr gefährlich werden würde, die vor Fußvolk, welches sich b e w e g t , zurückweicht. Mangelt einem Reuter-General Unternehmungsgeist, so mangelt ihm Alles.

Eine schönere Gelegenheit, sich unvergänglichen Ruhm zu erwerben, wurde keinem General. Der Zustand der französischen Infanterie, in jener Epoche, war lockend eine That zu wagen, die ungeheuere Resultate in Aussicht stellte, wenn sie gelang. Es giebt keine Entschuldigung für

Dd 2

das Unterlaſſen, wenn ſelbſt das Mißlingen keine nachtheiligen Wechſelfälle zeigt. Dennoch wurde mit 15,000 Pferde kein Verſuch gemacht.

Napoleon irrte ſich diesmal in den Vorausſetzungen nicht, die er unterſtellte, als er es wagte, mit einer unerfahrenen, eben erſt ausgehobenen, und nur in alte Rähmen gefaßten Infanterie auf ein Terrain vorzugehen, wo die OffenſivWaffe, in großer Ueberlegenheit ihm entgegen rückte. Wenn die Reuterei ſeiner Gegner, von einem Genie, welches mit ſchöpferiſcher Phantaſie zu handeln verſtand, geführt wurde, ſo konnte in dieſem Terrain der Feldzug, kaum begonnen, ſein Ende erreichen. Die verſtändige Beſonnenheit, welche jedes mit größerem Glanz umſtrahlte Wagniß von ſich ſtößt, und die Sicherheit vorzieht, rettete Napoleon vom wahrſcheinlichen Untergang.

Die Geſchichte der Reuterei iſt eingehüllt, in der Geſchichte ihrer Generale.

Reflexion.

In den Begebenheiten, die sich in den Ebenen von Lützen zutrugen, liegen wieder wichtige Wahrheiten, welche die Schriftsteller so gerne übersehen. Die Ueberschwemmung der Urtheile nimmt nämlich immer die Richtung gegen das Materielle und Formelle. Tausenderlei Abschweifungen gehen aus dieser schiefen Richtung hervor.

Die gelehrten Organisatoren der Kriegs-Völker suchen immer in den Archiven der Theorien. Dunkle Ueberlieferungen und mancher Schein der Vermuthung berechtigen sie anzunehmen, daß die Zusammensetzung des kriegerischen Körpers Hauptsache bleibe. Sie mißkennen das ziehende Gewicht des geistigen Einflusses des Generals. Indem sie die Fundamental-Organisation der Kriegs-Völker für das Höchste halten, schließen sie den geistigen Faktor aus derselben aus. Ein Irrthum, der zwar eingesehen wird, wenn im Kriege keine Thaten zum Vorschein kommen. Dann aber ist die Einsicht zu spät.

Wenn kein Einklang zwischen dem, der als Chef befiehlt, und denen die feine Befehle vollziehen, vorhanden ist, wenn somit das Vertrauen, welches nur dadurch Harmonie wird, daß es gegenfeitig ist, fehlt, so kann keine Unternehmung, kein Manöver gelingen. In dieser Richtung sind alle diejenigen im Irrthum, die glauben, die Thaten wären verbürgt, wenn der materiellen Organifation nichts mangelte. Diese Organifation der Truppen, so nothwendig an sich, kann ohne den Impuls des Befehls zu keinen Resultaten gelangen.

Der Werth und die einflußreiche Wichtigkeit des Ober=Generals der Reuterei, scheint noch immer verkannt. Dem Materiellen wird zuviel Werth gegeben, dem Geistigen zu wenig; dem Pedantismus zuviel und dem Idealisten zu wenig. Die Phantasie des Ober=Generals ist das Schaffende und Zeugende, aus dem die Thaten hervorwachsen. Die Reuterei kann nichts als paffiv sich verhalten, bis die Genialität des Generals sich ihr naht, und wie eine helle Flamme, auf der Bahn des Ruhms und der Thaten ihr vor-

leuchtet. Der Verstand reicht hier nicht aus.
Wenn er auch e r k e n n t, so bleibt die Reuterei doch todt und ungebraucht, wenn die
Energie des Willens nicht hinzutritt,
ihr Leben giebt, und sie zur Handlung erhebt.

Großes Zusammentreffen der widersprechend-
sten Eigenschaften nur macht den vollendeten
Reuter-General. Mürat war kühner Unternehmungsgeist, aber Unternehmungsgeist ohne Besonnenheit führt zu keinen günstigen Resultaten
— sahen wir in Rußland. Winzingerode war
vorsichtige Besonnenheit, aber Besonnenheit ohne
Unternehmungsgeist, verliert mit den Vortheilen,
die schon im Besitz sind, die Achtung derer, die
sich gegenüber befinden — lehrt das Beispiel in
Sachsen.

Unternehmungsgeist allein stehend, ist nichts
— Besonnenheit allein, schädlicher noch als
nichts — die Geschichte zeigt ein Heldenbild der
Ferne (Seydlitz) und was aus ihm hervorgieng,
so oft es in Mittelpunkt der Handlung trat.

Ueberall bleibt der beste Lehrsatz nur ein Werkzeug, und sein Gebrauch unsere Kunst; jede Kunst eine Uebung aus vielseitigem Wissen und Können; die Anwendung der Kunst aber das Geheimniß des Geistes der lebendig macht.

Schlacht von Bautzen am 20. und 21. Mai 1813.

—

Die Verhältnisse und Stärke der Reuterei hatten seit Lützen keine wesentliche Veränderung erlitten.

Der Großfürst Konstantin hatte den Befehl aller Reserven, sowohl Fußvolk wie Reuterei, bei der alliirten Armee übernommen. Diese Reuterei hatte durch die, in die Schlacht-Linie gerückten Armee-Korps der Generale Barklay de Tolly und von Kleist, Verstärkung erhalten, und mochte 30,000 Pferde betragen.

Französischer Seits war das 1te Reuter-Korps Latour-Maubourg in die Gefechts-Linie

gerückt. Allein noch immer in auffallender Minderzahl zog Napoleon vor, dieser jungen Reuterei in der Schlacht nur eine passive (Zuschauer-)
Rolle zu geben, aus Besorgniß ihre moralische
Haltung und ihren Ruhm blos zu geben. Sie
leistete auch in dieser Passivität immer genug,
indem sie der Reserve-Reuterei der Verbündeten
gegenüber in mehrere Linien aufmarschirte, und
solche dadurch abhielt, irgend eine Bewegung zu
machen.

Nachdem die württembergische Reuterei dem
4ten Armee-Korps, bei seinem Uebergang über
die Spree zwischen Nimschütz und Nieder-Gurka
gefolgt war, um die Angriffe der württembergischen Infanterie-Division Franquemont gegen die
Kreckwitzer Höhen zu unterstützen, bildete sie, in
einer verlängerten Linie, den linken Flügel der
Reuterei unter Latour-Maubourg, mit der sich
auch die Reuterei der Garde vereinigt hatte.
Napoleon war hier selbst, ohnweit Basankwitz,
gegenwärtig, und betrachtete diese Reuterei,
welche gegen 12,000 Pferde betragen mochte, als
eine letzte Reserve. Allein theils stand sie der

gegenüberhaltenden Reuterei an Zahl, theils an
Werth so sehr nach, daß keine Bewegung gewagt werden konnte, selbst nicht, um den Rückzug
des Feindes zu beunruhigen; sie hätte auch nicht
zu hindern vermocht, daß die Coalisirten mit
Ordnung ihre Stellung verließen, und ihre Verwundeten so wie ihr Geschütz mitnehmend, den
Rückmarsch in mehreren Kolonnen, wie bei einem
Manöver, antraten und vollendeten.

Die Technik, die Taktik und auch der Geist
dieser kaum formirten Regimenter erlaubte noch
keine Manöver, und noch keine Angriffe. Was
möglich war zu leisten, wurde geleistet: die Generale brachten sie in der Schlacht in Linie, und
zur Ruhe im Geschützfeuer. *)

Die genommene Stellung hielt die feindliche
Reuterei in Respekt, und gab ihr Unbeweglichkeit.

―――――――

*) Das württembergische 1te Chevaurlegers-Regi-
    ment verlor in dieser Stellung gegen 100
    Pferde durch Artillerie-Feuer.

Contentons-nous de nôtre rôle, et gardons-nous bien d'aller frotter à ce guêpier! sagte Graf Latour=Maubourg.

Die alliirte Reuterei hätte hier unstreitig viel thun können. Denn wenn sie gegen uns losbrach, so warf sie uns in das Défilé der Spree, wovon die Folgen nicht zu übersehen waren. „Die Coalisirten," diktirte Napoleon auf St. Helena, „besorgten immer ihre Reuterei zu compromittiren, und behielten sie gewöhnlich bewegungslos in Reserve."

Der Mangel und die schlechte Beschaffenheit seiner Reuterei war Ursache, daß Napoleon diesen 2ten Sieg, wie den 1ten bei Lützen, nicht benutzen konnte und folglich keine Vortheile ärntete. Aus analogen Ursachen entwickelt sich immer ein analoges Resultat.

Dies war die zweite Schlacht, welche, obgleich gewonnen, keine Gefangene und kein erobertes Geschütz gab. Niemals zeigte sich der Mangel einer Reuterei empfindlicher; denn nur diesem Mangel können solche Erfolge zugeschrieben werden. Die Geschichte wird das nicht bestreiten.

Reflexion.

Obgleich gesiegt, befand sich Napoleon in einer sehr unangenehmen und kritischen Lage.

Es war nicht mehr dieselbe Armee, jene Armee, die sonst gegen den Feind im Sturmschritt und in taktischer Ordnung marschirte, jene Reuterei, die blos fragte: où est l'ennemi? um zu chokiren. Es war ein Heer von Conscribirten, ohne kriegerischen Geist, ohne technische Bildung, ohne taktische Kunst, ohne Gewohnheit und Disciplin, und ohne Erfahrung! Wie also konnte ein solches Heer in das Verborgene, Erhabene des Kriegs vordringen? Diese Neulinge trugen nur den Namen von Soldaten, aber sie waren noch keine. Erst die zweite Hälfte des Feldzugs zeigte wieder Soldaten und jene Hingebung, welche französische Krieger immer aus

zeichnete. Wenige Monate reichten hin diese
Veränderung zu bewirken.

Aber im Monat Mai war die Armee neu
und erst im Werden. Auch vermochte Napoleon
dieses Heer damals nicht zu begeistern; jene
Sprache, die sonst so viele Gewalt ausübte, wenn
er sagte: „Soldaten! vergeßt es nicht, die Nachwelt sieht Euch!" Diese Sprache hatte noch
keine Macht und daher finsterm Ernst Platz gemacht. Was auch sollte eine Sprache denen,
welche sich nicht stärker fühlten, durch Reden,
die für sie ein tiefes Dunkel waren! Der Krieg
war ihnen von der erhabenen Seite des Ruhms
noch nie erschienen; es zeigte dieser Krieg auch
keine Annehmlichkeiten; jedes Gefecht schien den
Ungewohnten ein Schritt zum Tode; überall
sahen sie nur Zerstörung; den Kaiser kannten sie
nur aus erzählenden Bildern, hingeopferter Armeen; zwischen den alten Offizieren und diesen
jungen Truppen bestand kein Band des Vertrauens; mit ödem Schweigen führten die Generale ihre Abtheilungen in den Kampf. Trau-
rende Stille umgab selbst die Bivouaks, wo die

Ruhe störenden Kosacken jeden Genuß verbit-
terten.

Stumm gegen die Truppen, und ohne Zei-
chen des Wohlgefallens für den erfochtenen Sieg,
blieb der Kaiser. Gegen die kommandierenden
Generale zeigte er Unzufriedenheit, warf ihnen
Mangel an Eifer vor und beschuldigte sie, die
Kunst nicht zu verstehen von einer gewonnenen
Schlacht Vortheil zu ziehen. Er kündigte den
Entschluß an, sich selbst an die Spitze des Vor-
trabs zu setzen, und ein Vorbild einer kräftigen
Verfolgung zu geben.

———

Gefecht von Reichenbach am 22. Mai.

———

Der Kaiser Napoleon setzte sich um 4 Uhr Morgens mit dem Vortrab in Bewegung. Bei Kötitz stieß man auf den Feind.

Der Divisions-General Lefebvre-Desnouettes eröffnete mit der leichten Reuterei der Garde, den Marsch. Zu seiner Unterstützung rückte das 7te Armee-Korps, Reynier, nach; diesem folgte Latour-Maubourg mit dem 1ten Reuter-Korps. Das 4te Armee-Korps, Bertrand, marschirte in der rechten Flanke, die württembergische leichte Reuter-Brigade vor sich.]

Bei

Bei Reichenbach hatte das erste Reuter-
Gefecht in diesem Feldzug statt.

Lefebvre-Desnouettes machte mit den polnischen Lanciers von der Garde, und denen von
Berg, 10 Schwadronen in deployirter Linie,
denen 10 Schwadronen des 2ten Lanciers-Regi-
ments der Garde in 2ter Linie folgten, einen
Chok auf die russische Reuterei der Nachhut,
welcher gänzlich mißlang. Nur, indem Graf
Latour-Maubourg mit seinem ganzen Korps in
4 Linien vorrückte, und die württembergische
Reuterei in die linke Flanke der weit vorgegan-
genen Sieger giengen, konnte das Gefecht wieder
hergestellt werden. Die allzuhitzig verfolgenden
Feinde wurden nun ihrerseits geworfen und
verfolgt.

Reflexion.

Dieses Gefecht hatte für die Alliirten den
großen Vortheil, daß sie bedeutend in der Ach-

tung bei ihren Gegnern gewannen. — Die Franzosen aber wurden behutsam.

Napoleon, der dieses Gefecht selbst leitete, und sich an der Spitze des 7ten Armee-Korps befand, konnte nichts ändern, und mußte sich der Nothwendigkeit ergeben. Der Verlust seines Großmarschalls und General Düroc, war zugleich ein Verlust für sein Herz.

Dieses Gefecht zeigte, daß die besten und unternehmendsten Generale, mit Rekruten auf Remonte gesetzt, nichts auszurichten vermögen, selbst nicht unter den Augen des größten Feld-herrn. Weder Muth noch Talent können anti-cipiren, was nur die Zeit giebt. So wurde selbst das Stück traurig, und die Generale sahen den Schmerz vergangener Erinnerung sich täglich erneuern. Muth und die Tugenden harter Thätig-keit, eilten zwar immer noch auf dem Wege zur Ehre voraus — aber die Herrscher-Rolle, welche durch glänzende und erfolgreiche Siege dem Feinde das Gesetz giebt, gieng mit jedem

Gefecht mehr an die Gegner über. Fruchtlos
waren die Kämpfe — sie hielten den Untergang
der Armee mit seinen zerreissenden Bildern nicht
auf.

Napoleon erkannte die Nothwendigkeit eines
Waffenstillstandes, um die Armee zu organisiren
und zu bilden.

Gefecht bei Seifersdorf in Schlesien am 25. Mai.

———

Von Görlitz aus zog die alliirte Armee in zwei Kolonnen auf Schweidnitz. Napoleon theilte seine Armee und folgte.

Das 4te Armee=Korps marschirte an der Spitze der rechten Flügel=Kolonne. Den Vor= trab machte die württembergische leichte Reuter= Brigade, womit sich die Reuterei des 6ten Armee= Korps vereinigte.

Es war an jenem 25. Mai wo die preußi= sche Reuterei, unter dem vielversprechenden Oberst von Dolfs, bei Haynau die Division des Vor=

trabs der Kolonne des französischen linken Flügels, überraschte und so glänzend chokirte, daß
von dieser Division nur wenig entkam — an
diesem 25. Mai war es, als auch die Russen
der Kolonne des französischen rechten Flügels
einen Hinterhalt gelegt hatten, der jedoch gänzlich mißlang.

Der Marschall Macdonald, Herzog von Tarent, befand sich an der Spitze des Vortrabs der
Reuterei, welcher 4 Uhr Nachmittags durch Seifersdorf zog; einige Tausend Kosacken, unterstützt von der ganzen Division des Grafen Pahlen,
kamen aus einem, nahe am Dorfe gelegenen
Wald, drangen unbemerkt und von der Seite in
Seifersdorf, überfielen und trennten die ruhig
marschirende Kolonne mitten im Ort.

Das württembergische 1te Chevauxlegers-
Regiment war das fünfte in der Kolonne, und
kaum mit der Spitze im Dorfe, als einzelne
Schüsse die Aufmerksamkeit des Kommandeurs
erregten. Da gleichdarauf im Regiment vor ihm,
sich Unruhe zeigte, und verderbliches Geschrei ge-

hört wurde, so ließ er sein Regiment, auf dem
breiten Wege in dem langen Dorfe, mit halben
Schwadronen in geschlossener Kolonne aufmarschiren, doch so, daß Raum blieb, die Flüchtigen vorbeizulassen. Zugleich ließ er durch seinen
Adjutanten, das zunächst folgende Regiment be-
nachrichtigen, und ersuchen, außerhalb dem Ort
zu bleiben, aber sich zu formiren.

Die Bildung der geschlossenen Kolonne kaum
beendet, kamen die Regimenter, welche voraus-
marschirten, in so wilder Unordnung zurück, daß
selbst der Marschall mit fortgerissen wurde. Die
Russen verfolgten mit dem, ihnen eigenthümlichen Geschrei, den Fliehenden die Picken in
den Rippen. Allein sie stutzten, erstaunt hier
so unerwartet auf ein Regiment in Ordnung
zu treffen. Dies Regiment gieng ihnen, wie
es war, in Kolonne und im Galopp von der
Stelle entgegen. Dieses Zusammenstoßen konnte
nicht ohne Erschütterung und ohne Verlust für
die Russen seyn. Bevor der Druck, den das
Ende ihrer regellosen Kolonne nach vorwärts
gab, aufhörte, und der Spitze Freiheit zum

Umkehren verschaffte, war diese Spitze dem Angriff einer geordneten Kolonne preiß gegeben.
Hier zeigte sich wie sehr eine irreguläre Reuterei,
im Nachtheil ist in einem Gefecht, wo die taktische Geschlossenheit eines Linien-Regiments seine
Ueberlegenheit spielend anwenden kann. Dieses
Gefecht trug viel dazu bei, die Harmonie zwischen dem Kommandeur und dem Regiment zu
befestigen. Es gab gute Laune und Beutpferde.
Zum Gebrauch der Waffen kam indessen nur die
Spitze der Kolonne. So wie es Luft gab trieben
wir, mit Zügen abbrechend als der Weg schma-
ler ward, die Kosacken unaufhaltsam durch das
Dorf, zurück in den Wald aus dem sie gekommen.
Hier wurden sie von Infanterie aufgenommen,
welche das verfolgende Chevauxlegers-Regiment
mit einem Feuer empfieng, welches den Kommandeur desselben verwundete.

Der Marschall hatte unterdessen die übrige
Reuterei wieder gesammelt, und das Dorf links
umgangen. Graf Pahlen entwickelte seine reguläre Reuterei, eröffnete eine Kanonade und setzte
sodann seinen Rückzug nach Löwenberg fort.

hört wurde, so ließ er sein Regiment, auf dem
breiten Wege in dem langen Dorfe, mit halben
Schwadronen in geschlossener Kolonne aufmar=
schiren, doch so, daß Raum blieb, die Flüchti=
gen vorbeizulassen. Zugleich ließ er durch seinen
Adjutanten, das zunächst folgende Regiment be=
nachrichtigen, und ersuchen, außerhalb dem Ort
zu bleiben, aber sich zu formiren.

Die Bildung der geschlossenen Kolonne kaum
beendet, kamen die Regimenter, welche voraus=
marschirten, in so wilder Unordnung zurück, daß
selbst der Marschall mit fortgerissen wurde. Die
Russen verfolgten mit dem, ihnen eigenthüm=
lichen Geschrei, den Fliehenden die Picken an
den Rippen. Allein sie stutzten, erstaunt hier
so unerwartet auf ein Regiment in Ordnung
zu treffen. Dies Regiment gieng ihnen, wie
es war, in Kolonne und im Galopp von der
Stelle entgegen. Dieses Zusammenstoßen konnte
nicht ohne Erschütterung und ohne Verlust für
die Russen seyn. Bevor der Druck, den das
Ende ihrer regellosen Kolonne nach vorwärts
gab, aufhörte, und der Spitze Freiheit zum

Umkehren verschaffte, war diese Spitze dem Angriff einer geordneten Kolonne preiß gegeben.
Hier zeigte sich wie sehr eine irreguläre Reuterei,
im Nachtheil ist in einem Gefecht, wo die taktische Geschlossenheit eines Linien-Regiments seine
Ueberlegenheit spielend anwenden kann. Dieses
Gefecht trug viel dazu bei, die Harmonie zwischen dem Kommandeur und dem Regiment zu
befestigen. Es gab gute Laune und Beutpferde.
Zum Gebrauch der Waffen kam indessen nur die
Spitze der Kolonne. So wie es Luft gab trieben
wir, mit Zügen abbrechend als der Weg schma-
ler ward, die Kosacken unaufhaltsam durch das
Dorf, zurück in den Wald aus dem sie gekommen.
Hier wurden sie von Infanterie aufgenommen,
welche das verfolgende Chevauxlegers-Regiment
mit einem Feuer empfieng, welches den Kommandeur desselben verwundete.

Der Marschall hatte unterdessen die übrige
Reuterei wieder gesammelt, und das Dorf links
umgangen. Graf Pahlen entwickelte seine reguläre Reuterei, eröffnete eine Kanonade und setzte
sodann seinen Rückzug nach Löwenberg fort.

Reflexion.

Der Marsch war mit zu wenig Vorsicht geordnet. Das Unerwartete verwirrt so leicht die Gegenwart des Geistes. Im entscheidenden Moment, in der Ueberraschung des ersten Augenblicks, stellt eine ganz einfache und natürliche That, die gestörte Harmonie wieder her. *)

———

*) Der Herzog von Tarent suchte noch während dem Gefecht, den verwundeten württembergischen Kommandeur auf, und traf ihn, als dieser, die im dicken Fleisch der Lende stecken gebliebene kleine Gewehrkugel, sich ausschneiden ließ: „il faut que je vous fasse mon compliment:“ sagte der Marschall — „c'est à vous, que nous devons l'heureuse issue de cette affaire; je demanderai pour vous à l'empereur la croix d'officier: vous l'avez bien meritée!“

———

Waffen=

Waffenstillstand.

—

Napoleon benutzte die Waffenruhe, um die Organisation seiner Armee zu vollenden.

Die auf dem Kriegsschauplatz active Reuterei betrug — 48,740 Pferde, und ein sechstheil des Fußvolks.

Diese Reuterei wurde auf folgende Art eingetheilt:

a) bei den auf dem Kriegs-Schauplatz activen Armee-Korps:

1tes Armee-Korps:
Graf von Lobau.

eine Brigade leichter Reuterei, Gobrecht: 9tes französisches Chevaurlegers- und 1 anhalt'sches Jäger-Regiment, jedes zu 2 Schwadronen — 4 Schw. à 120 Pf. . — 480 Pf.

2tes Armee-Korps:
Marschall, Herzog von Bellune.

eine Brigade leichter Reuterei, Bruno: 1tes
und 2tes westphälisches Husaren-Regiment,
jedes zu 3 Schw. ..

— 6 Schw. . . . . . . — 720 Pf.

3tes Armee-Korps:
Marschall, Prinz von der Moskwa.

eine Brigade leichter Reuterei, Beurmann:
10tes französisches Husaren-Regiment 6 Schw.
und 1 badensches Dragoner-Regiment 5 Schw.

— 11 Schw. . . . . . — 1320 Pf.

4tes Armee-Korps:
Graf Bertrand.

eine Brigade leichter Reuterei, Briche: 1tes
württembergisches Chevaurlegers-Regiment
4 Schw. und 3tes, württemb. Jäger-Regiment 4 Schw., 2tes neapolitanisches Jäger-
Regiment 2 Schw.

— 10 Schw. . . . . . — 1200 Pf.

5tes Armee=Korps:
Graf Lauriston.

eine Brigade leichter Reuterei, Dermoncourt:
2tes und 3tes französisches Jäger=Regiment,
jedes zu 2 Schw., 6tes französisches Jäger=
Regiment zu 3 Schw.

— 7 Schw. . . . . . . — 840 Pf.

6tes Armee=Korps:
Marschall, Herzog von Ragusa.

eine Brigade leichter Reuterei, Normann:
2tes württembergisches Chevauxlegers= und
4tes württemb. Jäger=Regiment, jedes zu
4 Schw.

— 8 Schw. . . . . . . — 960 Pf.

7tes Armee=Korps:
Graf Reynier.

eine Brigade leichter Reuterei, Gablenz:
1 Regiment Dragoner, 1 Regiment Husa=
ren und 1 Regiment Ulanen, Sachsen,

— 12 Schw. . . . . . . — 1560 Pf.

8tes Armee-Korps:

Marschall, Fürst Poniatowski.

eine Brigade gemischte Reuterei, Weissenhof:
14tes poln. Küraffier-Reg. 3 Schw., 1 leichtes
polnisches Regiment des Vortrabs 4 Schw.
— 7 Schw. . . . . . . — 720 Pf.

*) 11tes Armee-Korps:

Marschall, Herzog von Tarent.

eine Brigade leichter Reuterei, Montbrün:
1 italienisches Jäger-Regiment 4 Schw.,
1 westphälisches Chevaurlegers-Regiment 4
Schw., und von dem würzburgischen Chevaurlegers-Regiment 1 Schw.
— 9 Schw. . . . . . . — 1080 Pf.

12tes Armee-Korps:

Marschall, Herzog von Reggio.

eine Brigade leichter Reuterei, Baumont:
2 baierische Chevaurlegers-Regimenter, jedes
zu 3 Schw. und 1 Großh. Hessisches Chevaurlegers-Regiment 3 Schw.
— 9 Schw. . . . . . . — 1080 Pf.

---

*) Das 9te Armee-Korps, die baierische Armee,
stand am Inn, und das 10te Korps Graf Rapp
stand in Danzig.

13tes Armee-Korps:

Marschall, Prinz von Eckmühl.

zwei Brigaden leichter Reuterei, 1te Brigade,
von der dänischen Division des Prinzen
Friedrich von Hessen, 1 Husaren-Regiment
2 Schw., 1 holsteinisches Reuter-Regiment
4 Schw., 1 jütländisches Dragoner-Regiment
4 Schw.
— 10 Schw. . — 1200 Pf.

2te Brigade, Wathiez: 17tes polnisches Ulanen-
Regiment 3 Schw., 28tes franz. Jäger-
Regiment 2 Schw.
— 5 Schw. . — 600 Pf.
_____
1800 Pf.

14tes Armee-Korps:

Marschall, Graf Gouvion Saint-Cyr.

eine Brigade leichter Reuterei, Jacquet: 14tes
französisches Husaren-Regiment 4 Schw.,
2tes italienisches Jäger-Regiment 4 Schw.,
und 7tes franz. Chevaurlegers-Regiment
4 Schw.
— 12 Schw. . . . . . . — 1440 Pf.

Summe der Reuterei der 12
Armee-Korps

— 13,200 Pferde,

und zwar beim

1ten Armee-Korps	4 Schw.	480 Pf.
2ten — —	6 —	720 —
3ten — —	11 —	1320 —
4ten — —	10 —	1200 —
5ten — —	7 —	840 —
6ten — —	8 —	960 —
7ten — —	12 —	1560 —
8ten — —	7 —	720 —
11ten — —	9 —	1080 -
12ten — —	9 —	1080 —
13ten — —	15 —	1800 —
14ten — —	12 —	1440 —

— 110 Schw. 13,200 Pf. *)

b) Die große Reserve-Reuterei unter dem
König Joachim:

1tes Reuter-Korps unter dem Grafen Latour-
Maubourg.

---

*) 1812 hatten 11 Armee-Korps 34,710 Pferde.

2te leichte Reuter-Division Corbineau: 4tes
(2 Schw.) 7tes und 8tes (jedes zu 3 Schw.)
französisches Husaren-Regiment, 16tes franz.
Jäger-Regiment (2 Schw.), 1tes, 3tes, 5tes
und 8tes franz. Chevaurlegers = Regiment
(jedes zu 2 Schw.) und 1tes italienisches
Jäger-Regiment (4 Schw.)

— 22 Schw. . . . à 120 Pf.
_____
2640 Pf.

3te leichte Reuter=Division Chastel, 1tes
(3 Schw.), 8tes, 9tes, 25stes (jedes zu 2
Schw.) und 19tes (4 Schw.) französisches
Jäger=Regiment

— 13 Schw. . . . . . . — 1560 Pf.

1te Kürassier=Division Bordesoulle, 2tes, 3tes,
6tes und 12tes (jedes zu 2 Schw.) 9tes und
11tes (jedes zu 3 Schw.) französisches Kürassier-Regiment, die beiden sächsischen Kü-
rassier=Regimenter von der Garde und von
Zastrow (jedes zu 4 Schw.)

— 22 Schw. . . . . . . — 2640 Pf.

2te Kürassier-Division Doumerc, 4tes, 7tes
(jedes zu 3 Schw.) und 14tes (2 Schw.)
französisches Kürassier-Regiment, das Regiment Napoleon Dragoner (4 Schw.), 7tes,
28stes, 30stes (jedes zu 2 Schw.) und 23stes
(3 Schw.) französisches Dragoner-Regiment,
— 21 Schw. . . . . — 2520 Pf.

— 78 Schw. . . . . — 9360 Pf.

2tes Reuter-Korps unter dem Grafen Sebastiani.

2te leichte Reuter-Division Roussel d'Hurbal,
2tes und 4tes französisches Chevaurlegers-
Regiment (jedes zu 3 Schw.), 11tes und
12tes französisches Jäger-Regiment (jedes zu
3 Schw.), 5tes (3 Schw.) und 9tes (4 Schw.)
französisches Husaren-Regiment,
— 19 Schw. . . . . — 2280 Pf.

4te leichte Reuter-Division Excelmans, 6tes
franz. Chevaurlegers-Regiment (2 Schw.),
4tes (2 Schw.) 7tes, 24stes (jedes zu 3 Schw.)
20stes und 23stes (jedes zu 4 Schw.) franz.

Jäger-Regiment, und 11tes franz. Husaren-Regiment (2 Schw.)

— 20 Schw. . . . . — 2400 Pf.

2te Kürassier-Division Saint-Germain, 1tes und 2tes franz. Karabinier-Regiment (jedes zu 2 Schw.), 1tes, 8tes, 10tes (jedes zu 2 Schw.) und 5tes (3 Schw.) franz. Küraßier-Regiment,

— 13 Schw. . . . . . . — 1560 Pf.

— 52 Schw. . . . . . . — 6240 Pf.

3tes Reuter-Korps unter dem Herzog von Padua.

5te leichte Reuter-Division Lorge, 5tes, 10tes, 13tes, 22stes (jedes zu 2 Schw.) 15tes u. 21stes (jedes zu 1 Schw.) franz. Jäger-Regiment,

— 10 Schw. . . . . . . — 1200 Pf.

6te leichte Reuter-Division Fournier, 29tes und 31tes franz. Jäger- und 1tes 2tes 4tes und 12tes franz. Husaren-Reg. (jedes zu 1 Schw.)

— 6 Schw. . . . . . . — 720 Pf.

4te schwere Reuter=Division Defrance, 4tes,
5tes 12tes 14tes 16tes 17tes 21stes 24stes
26stes und 27stes franz. Dragoner = und
13tes franz. Kürassier=Regiment (jedes zu
1 Schw.)

— 11 Schw. . . . . . . — 1320 Pf.

— 87 Schw. . . . . . . — 3240 Pf.

4tes Reuter=Korps unter dem Grafen von
Balmy.

7te leichte Reuter=Division Sokolnizki, 1tes
polnisches Jäger = und 2tes 3tes und 4tes
polnisches Ulanen=Regiment (jedes zu 4 Schw.)
— 16 Schw. . . . . . . — 1920 Pf.

8te leichte Reuter=Division Pr: Sulkowski,
6tes und 8tes polnisches Ulanen = und 13tes
und 16tes polnisches Jäger=Regiment (jedes
zu 4 Schw.)

— 16 Schw. . . . . . . — 1920 Pf.

— 32 Schw. . . . . . . — 3840 Pf.

5tes Reuter-Korps unter dem Grafen Pajol.

9te leichte Reuter-Division Subervic, 3tes
(3 Schw.) und 13tes (4 Schw.) franz. Husaren-Regiment, 14tes 26stes (jedes zu 3
Schw.) und 27stes (4 Schw.) franz. Jäger-
Regiment,

— 17 Schw. . . . . . . — 2040 Pf.

5te schwere Reuter-Division Lheritier, 2tes
15tes (jedes zu 3 Schw.) 6tes 11tes (jedes
zu 4 Schw.) und 13tes (2 Schw.) franz.
Dragoner-Regiment,

— 16 Schw. . . . . . . — 1920 Pf.

6te schwere Reuter-Division Milhaud, 18tes
19tes (jedes zu 2 Schw.) 20stes 22stes und
25stes (jedes zu 3 Schw.) franz. Dragoner-
Regiment,

— 13 Schw. . . . . . . — 1560 Pf.
_____
— 46 Schw. . . . . . . — 5520 Pf.

Summe der großen Reserve-Reuterei

— 28,200 Pferde,

und zwar beim

1ten Reuter-Korps	78 Schw.	9360 Pf.
2ten — —	52 —	6240 —
3ten — —	27 —	3240 —
4ten — —	32 —	3840 —
5ten — —	46 —	5520 —
	— 235 Schw.	28,200 Pf.

Jedes Reuter-Korps hatte seine reitende Artillerie, wobei sogar 12pfündige Batterien waren.

c) Die Reuterei der Kaiserlichen Garde unter Nansouty.

1te Division Ornano, das Lanzenträger-Regiment von Berg (6 Schw.), das 2te Lanzenträger-Regiment (10 Schw.) und ein Dragoner-Regiment der jungen Garde (2 Schw.)
— 18 Schw. . . . . . . — 2160 Pf.

2te Division Lefebvre - Desnouettes, junge Garde: das 1te Lanzenträger - Regiment (4 Schw.), das Regiment Jäger zu Pferd (4 Schw.) und das Regiment Grenadier zu Pferd (2 Schw.)

— 10 Schw. . . . . — 1200 Pf.

3te Division Walther, das 1te 2te 3te und 4te Regiment der Ehren-Garde (jedes zu 4 Schw.), das 1te Lanzenträger-Regiment der alten Garde (3 Schw.), das Jäger-Regiment der alten Garde (6 Schw.), das Dragoner-Regiment und das Regiment Grenadier zu Pferd der alten Garde (jedes zu 4 Schw.)

— 33 Schw. . . . . . . — 3960 Pf.

Summe der Reuterei der Kaif. Garde

— 7320 Pferde,

und zwar bei der

1ten	Division	18 Schw.	2160 Pf.
2ten	—	10 —	1200 Pf.
3ten	—	33 —	3960 Pf.
		— 61 Schw.	7320 Pf.

d) Außerdem waren:

in Hamburg . . . . . 15 Schw. 1800 Pf.

bei dem Observations-Korps

in Italien . . . . . 26 Schw. 3120 Pf.

— 41 Schw. 4920 Pf.

Total-Summe der französischen und
verbündeten Reuterei

— 53,640 Pferde,

und zwar:

		Schw.	Pf.
a)	12. Armee-Korps	110	13,200
b)	5. Reuter-Korps	235	28,200
c)	Kaiserl. Garde	61	7320
d)	Außerdem	41	4920
		— 447.	53,640.

Da die Schwadronen überall gleich, nämlich
zu 120 Pferde angenommen sind, ein Stand
den nur wenige hatten, so wird die Stärke nicht
übertrieben angegeben erscheinen.

Die Reuterei der Coalisirten

dagegen betrug — 134,447 Pferde,

und ein Drittheil des Fußvolks.

Ihre Eintheilung war folgende:

a) bei der Haupt-Armee in Böhmen,

Oesterreichische Reuterei:

28	Schw.	Kürassiere,
36	„	Chevaurlegers,
18	„	Dragoner,
42	„	Husaren,

124 Schw. zu 200 Pf. — 24,800 Pf.

Russische Reuterei:

6	Schw.	Chevalier Garde,
6	„	Garde zu Pferd,
4	„	Garde Kosacken,

38 Schw. Küraffiere,

9 „ Dragoner,

20 „ Ulanen,

25 „ Hufaren,

108 Schw. reguläre Reuterei

— 10,900 Pf.

25 Regimenter irreguläre Kofacken

— 7200 Pf.

—————— 18,100 Pf.

Preußische Reuterei:

4 Schw. Garde du Corps,

4 „ leichte Garde-Reuterei,

12 „ Küraffiere,

4 „ Dragoner,

4 „ Ulanen,

6 „ Hufaren,

18 „ Landwehr,

52 Schw. . . . . — 7800 Pf.

— 284 Schw. 25 irr. Reg. 50,700 Pf.

b)

b) bei dem Schlesischen Kriegsheere:

Russische Reuterei:

34 Schw. Dragoner,
16 „ Husaren,
10 „ Jäger,

60 Schw. reguläre Reuterei
— 7720 Pf.

23 Regimenter irreguläre Kosacken
— 9200 Pf.
———————— 16,920 Pf.

Preußische Reuterei:

12 Schw. Husaren,
 8 „ Dragoner,
 4 „ Ulanen,
20 „ Landwehr,

Schw. . . . . — 6038 Pf.

— 104 Schw. 23 irr. Reg. 22,958 Pf.

38 Schw. Küraffiere,

9 „ Dragoner,

20 „ Ulanen,

25 „ Hufaren,

108 Schw. reguläre Reuterei

— 10,900 Pf.

25 Regimenter irreguläre Kosacken

— 7200 Pf.

——————— 18,100 Pf.

Preußische Reuterei:

4 Schw. Garde du Corps,

4 „ leichte Garde-Reuterei

12 „ Küraffiere,

4 „ Dragoner,

4 „ Ulanen,

6 „ Hufaren,

18 „ Lantwehr,

52 Schw. . . . . — 7800 Pf.

— 284 Schw. 25 irr. Reg. 50,700 Pf.

b)

b) bei dem Schlesischen Kriegsheere:

Russische Reuterei:

34 Schw. Dragoner,
16 „ Husaren,
10 „ Jäger,

60 Schw. reguläre Reuterei
— 7720 Pf.

23 Regimenter irreguläre Kosacken
— 9200 Pf.

————————— 16,920 Pf.

Preußische Reuterei:

12 Schw. Husaren,
8 „ Dragoner,
4 „ Ulanen,
20 „ Landwehr,
————————
44 Schw. . . . . — 6038 Pf.

— 104 Schw. 23 irr. Reg.   22,958 Pf.

c) bei der Nord-Armee:

Schwedische Reuterei:

4 Schw. Kürassiere,
4 „ Karabiniere,
11 „ Dragoner,
12 „ Husaren,
1 „ Pommersche reitende Jäger,

32 Schw. . . . . — 3742 Pf.

Reuterei der norddeutschen Allianz unter General
Graf Wallmoden:

33 Schw. leichte Reuterei . — 3850 Pf.

Russische Reuterei:

7 Schw. Dragoner,
17 „ Husaren,
6 „ Ulanen,
2 „ Jäger,

32 Schw. reguläre Reuterei
— 3750 Pf.

29 Regimenter irreguläre Kosacken
— 8961 Pf.

——————
12,711 Pf.

Preußische Reuterei:

10 Schw. Husaren,
12 „ Dragoner,
4 „ Ulanen,
71 „ Landwehr,

97 Schw. . . . . . . : — 11,550 Pf.

— 194 Schw. 29 irr. Reg. 31,853 Pf.

d) bei der Reserve-Armee des Generals der Kavallerie, von Benningsen:

Russische Reuterei:

22 Schw. Ulanen,
5 „ Dragoner,
5 „ Husaren,
8 „ Jäger,

40 Schw. regulärer Reuterei
— 5530 Pf.
27 Schw. Miliz-Reuterei
— 3792 Pf.
55 Schw. irreguläre Kosacken
— 3564 Pf.

40 reg. Schw. u. 82 irr. Schw. 12,886 Pf.

Gg 2

e) bei dem Armee-Korps des General-Feldzeug-
meisters Fürsten Reuß - Plauen gegen
Baiern, 36 Schw.   .   .   .   7250 Pf.

   und

f) die Kaiserl. Oesterreichische Armee
in Italien (oder von Inner-
Oesterreich genannt) 44 Schw.   8800 Pf.

Total-Summe der Reuterei der
verbündeten Heere,

— 134,447 Pferde,

   und zwar:

a) bei der Haupt-Armee in Böhmen:
   284 Schw. u. 25 irr. Reg.   50,700 Pf.

b) bei dem Schlesischen Heere:
   104 Schw. u. 23 irr. Reg.   22,958 Pf.

c) bei der Nord-Armee:
   194 Schw. u. 29 irr. Reg.   31,853 Pf.

d) bei der Armee b. Gen. Benningsen:

40 Schw. reg. u. 15 Kosacken-

u. Miliz-Regimenter 12,886 Pf.

e) bei der Armee gegen Baiern:

36 Schw. . . . .   7250 Pf

f) bei der Armee in Italien:

44 Schw. . . . .   8800 Pf.

— 702 Schw. u. 92 Miliz- u. irr. R. 134,447 Pf.

Diese Darstellung der Reuterei in diesem Zeitraum zeigt, welche Anstrengungen von beiden kriegführenden Seiten gemacht wurden. Napoleon konnte seine Reuterei, weder nach der Zahl, noch nach der taktischen Brauchbarkeit, auf den Standpunkt erheben, wo sie ein Jahr vorher gewesen war. Das nummerische Verhältniß zu der seiner Gegner, war wie 3 zu 1, mithin ein Verhältniß der evidenten Minderzahl, ein Verhältniß, welches noch auffallender erscheint, wenn der Zustand der beiderseitigen Reuterei ins Auge gefaßt wird.

Dieses Verhältniß der Reuterei war eine der Hauptursachen, welche die Defensive erklären, die Napoleon nach dem Ablauf des Waffenstillstandes, beobachtete.

Offensiv-Operationen lassen sich, ohne das Uebergewicht der Reuterei zu haben, nicht anlegen. Ein Sieg, der nicht benutzt werden kann, verschafft wenig Gewinn. Ohne Reuterei aber

kann aus keinem Sieg Vortheil erwachsen der
Sensation macht. Diese Wahrheit wird künftig
Niemand bestreiten, der diese Periode mit klarem
Geiste studirt hat.

Nahe an der letzten Katastrophe des Napoleo=
nischen Kaiser=Reichs drängt sich alles Außeror=
dentliche und Wundervolle zusammen. Aber bei
weitem das Wichtigste in der Taktik dieser Zeit
ist der Einfluß der Reuterei in den Schlachten —
und zwar darum, weil die verkündende Stimme,
demjenigen Feldherrn der ihre Macht entbehrt,
die Niederlage offenbart. Die Geschichte ist nicht
blos dadurch wichtig, daß sie das Daseyn einer
höhern Hand beurkundet, sondern sie erhält noch
dadurch einen eigenthümlichen Werth, daß der
Forscher auffindet, durch welche Elemente die
Katastrophen ihren Ausgang erhielten.

Oesterreich wurde in diesem Kampfe das
ziehende Gewicht, welches den Ausschlag gab.
Oesterreich verstand die Gelegenheit, und machte
sich zur Macht, die das Schicksal leitete, eine
Ordnungs=Höhe, auf welcher das europäische

Staaten-System, dieses Kaiser-Reich bei großen Krisen angewiesen hat. Oesterreich ist das politische Zentrum der alten Welt, in welchem sich die kreuzenden Linien, gleichwie im Bild des Sterns vereinigen. Welche Orkane auch gegen den Höhenpunkt, den die Natur selbst in Wien ausgedrückt hat, anstürmen, Oesterreich steht, gleichsam die Hieroglyphe des Staatenalls, unerschüttert und immer gebietend in seiner Sternen-Größe da.

Die auftretende Entscheidung dieser Macht, welche die Elemente der Unzerstörbarkeit in sich trägt, und die im Glück nie übermüthig, im Unglück nie verzagt sich zeigt, diese Macht von den ältesten Ahnen, und einer militärischen Geschichte, die, was die Armee betrifft, jeden Vergleich aufnimmt — dieses Oesterreich veränderte alle Verhältnisse zu Napoleons Nachtheil. Alle Anstrengungen des außerordentlichen Mannes, so wie sein kriegerisches Genie, vermochte gegen den ungleichen Kampf nichts: die Politik sprach das Gottes-Urtheil, bevor die Taktik anfing ihre Kreise zu durchlaufen. —

Welche

Welche glorreiche Namen, welcher Ruhm, welche kriegerische Tugenden Napoleon auch in seinem Gefolge und zu seiner Unterstützung hatte — all ihr Wirken so wie ihre glanzvollen Thaten, waren nicht vermögend Ereignisse aufzuhalten, aus denen für Europa und vielleicht für die Welt eine neue Zeit hervortrat. Nur was nie stirbt, die Erinnerungen an den Ruhm, auf dessen Höhe dieser Herrscher, diese Helden, diese Armee, und diese Reuterei sich immer erhielten, diese Erinnerungen sind der Geschichte anheimgefallen.

Preußen, auf immer berühmt durch das Genie Friedrich II., und durch den kriegerischen Geist, der in Großthaten sich forterbt, bewieß in dieser Zeitperiode, daß der Glanz der Lorbeeren durch ein Zusammentreffen ungünstiger Verhältnisse und Umstände, für einen Augenblick erblassen kann. Aber mit um so frischerer Kraft erhebt sich ein kriegerisches Volk, wenn ein neuer Impuls ihm Schwungkraft giebt.

Zweite Abtheilung.   Hh

Europ. Annalen.   Hh

Durch Instruktionen, die alle auf den Krieg berechnet sind, hat der große Friedrich seinem Volk eine Bürgschaft seiner politischen Existenz gegeben, die so lange dauern wird, als seine Nachfolger den kriegerischen Geist fortbilden werden, der aus jenen Instituktionen emporgewachsen ist.

Die Vorsehung wollte nicht, daß dieses Volk seinen Ruhm überlebte. Indem es sich in Masse erhob, und mit den Gesinnungen der Liebe und treuen Anhänglichkeit sich um seinen König versammelte, gab es der Welt ein erhabenes Beispiel, was eine edle Nation von Muth und von Vaterlandsliebe beseelt, von Religion und einer richtigen Politik geleitet, vermag. Preußen zeichnete sich aus, durch eine Hingebung und Opfer, welche in der neueren Historie kein zweites Beispiel finden, und welche ihm einen Platz in der Geschichte, und einen Anspruch auf die Bewunderung und Anerkennung der künftigen Geschlechter sichert. Eine Menge neuer glänzender Thaten gaben dem alten Ruhm frisches Le-

›ben, und den kriegerischen Tugenden dieses Volks
rstrahlende Verherrlichung. —

———

Die Zeit der Waffenruhe wurde auf beiden
Seiten genützt, um die taktische Ausbildung der
Truppen möglichst weit zu bringen.

Die zahlreiche irreguläre Reuterei der Russen,
jene Reuterei, die so häufig überraschte, indem
sie unversehens durch Schluchten und Gehölze
hervorbrang, dabei aber geordneten Angriffen aus-
wich — diese Fechtart gab dem Vf., der seine
Beobachtungen täglich aufzeichnete — die erste
Idee zu seinem Schützen-System. Er zog aus
den Schwadronen diejenigen, welche schon in
ihren früheren bürgerlichen Verhältnissen, mit
Schießgewehren sich vertraut gemacht, und bildete
sie zu Schützen. Da das ganze Regiment aus
Rekruten bestand, mit denen vieles durchzuar-
beiten war, so konnte ein solcher erster Versuch
zu keinen bedeutenden Resultaten führen. Aber
er nützte doch so viel, daß während dem nach-

Hh 2

folgenden Herbst-Feldzug, das Regiment niemals
mehr durch die, immer kühner werdenden Kosaken
beunruhigt wurde. Diese Schützen wurden ihrer
Seits bald so dreist und faßten ein so großes Vertrauen zu ihren Schießwaffen, besonders dem
Karabiner, daß sie beim Blänkeln mit der größten Zuversicht sich benahmen. Die irreguläre
Reuterei des Feindes sah sich dadurch in Nachtheil
versetzt und verlor wieder von dem Ansehen, zu
welchem sie gelangt war, als wir zu Anfang
dieses Feldzugs die Rekruten nicht zum Einzeln-
Fechten gegen sie zu verwenden wagten.
Reguläre Reuterei nimmt immer das Recht zu
Herrschen in Anspruch, wenn sie technisch und
taktisch gebildet ist. Unsere Schützen wurden
bald die Mächtigen, welche die Schwächen
ihrer irregulären Gegner erkannten, und gaben
ihnen daher das Gesetz. Ja sie wurden so
sicher und stolz, daß sie bald ohne Wirkung keinen
Schuß mehr thaten. Das Regiment aber blieb
häufig abgesessen, während die Schützen mit
dem Feinde blänkelten: das Vertrauen war gegenseitig.

Geschickter Gebrauch der Feuerwaffen, Benutzung des Terrains, hartnäckige Ausdauer, und jene Gewandtheit im Gefecht, welche dem Feinde imponirt, machen die karakteristischen Eigenschaften der Schützen.

Das Vollkommene ist allerdings nicht gleich von Anfang. Alle neue Institutionen haben ein Schicksal, und Kreise oder Stufenbahnen zu durchlaufen, durch die sie erst Werden! Wo aber kein Anfang ist, da kann auch nichts Werden.

Die Taktik ist kein geschlossener Koder: sie ruht nur auf Prinzipien, die aus der Praktik abgeleitet werden.

Schlacht bei Groß-Beeren am 23. August 1813.

————

Das 4te, 7te und 12te Armee-Korps und das dritte Reuter-Korps, Herzog von Padua (Arrighy), mit 27. Schwadronen, machten unter dem Herzog von Reggio gegen die feindliche Nord-Armee Front.

Die Reuterei dieser Armee, die bei den Armee-Korps eingetheilte mitgerechnet, betrug kaum 7000 Pferde; diejenige der Nord-Armee unter dem Kronprinz von Schweden 28,000 Pferde.

Die Schlacht bei Groß-Beeren dient als Beispiel, wie eine Armee in ihrer Operation unterbrochen ist, wenn auch nur ein sehr kleiner Theil geschlagen wird.

Ein Gesetz der Offensive ist, Vereinigung.
Der Marschall zertheilte seine Armee in so viele
Kolonnen als er Armee-Korps hatte. Nachdem
das 7te Korps, welches die mittelste Kolonne bildete, bei Groß-Beeren geschlagen war, so mußte
die ganze Armee sich zurückziehen.

Das 4te Armee-Korps folgte dem allgemeinen
Rückzug, ohne zum Gefecht gekommen zu seyn.
Die Division Fournier war die einzige von dem
3ten Reuter-Korps, welche noch spät Abends auf
dem Schlachtfelde des 7ten Armee-Korps ankam.
Ein schöner Chok des preußischen Leib-Husaren-
Regiments auf die linke Flanke der, in zwei
Linien entwickelten Division reichte hin, sie in
Unordnung zu bringen: ein Beweiß welche Er-
folge ein richtig gegen die Flanke geleiteter An-
griff hat.

Reflexion.

Die schwächsten Punkte der Reuterei sind
ihre Flanken. Es ist immer ein Fehler sie bloß
zu geben, und dieser Fehler wird nur zu oft mit
einer Niederlage bestraft.

Die Schützen, richtig verwendet, begegnen schützend den Schwächen der Reuterei. Man hat dies Institut für diesen Zweck zu einem System erhoben.

Der Division Fourmier konnte das sie betroffene Unglück nicht begegnen, hätte sie die Vortheile des Schützen-Systems schon haben können.

Der Krieg ist der oberste Gerichtshof, welcher über die Richtigkeit eines Systems entscheidet.

Gefecht bei Jüterbock am 28. August 1813.

———

Der Herzog von Reggio, sich gegen die Elbe zurückziehend, stand mit dem größten Theil der Armee, bei Jüterbock im Lager.

Der General Graf Woronzoff machte Nachmittags einen Angriff gegen die Stadt, die nur schwach besetzt war. Dieser Angriff glückte als Ueberfall, den die walbigte und mit Höhen durchzogene Gegend begünstigte.

Die württembergische Brigade leichte Reuterei stand dem Punkt des Angriffs zunächst, bei den Weinbergen, und hatte die Straßen vorwärts des Galgenberges mit Feldwachen besetzt. Kaum

fielen die erſten Schüſſe, als die Brigade zu
Pferde war. Die Regimenter rückten, ihre reitende Batterie auf der Höhe zurücklaſſend, in
Linie über die Windmühlen hinaus, vor, und
nahmen das Gefecht an. Nachdem die Artillerie
einigemal durchgefeuert hatte, machten die Regimenter einen Choc nach allen Signalen, der
ein vollkommenes Reſultat hatte. Die ruſſiſche
Reuterei wurde bis an den Wald, der ihr Fußvolk
verbarg, zurückgeworfen.

Graf Woronzoff ließ darauf zwei Kolonnen
irregulärer Reuterei, gegen die Flanken der Brigade manöveriren, während ſein ganzes Korps,
aus allen Waffen beſtehend, aus dem Wald
trat, in unſerer Front ſich entwickelte, und ein
lebhaftes Artillerie-Feuer begann.

Jedes der beiden württembergiſchen Regimenter entſendete ſofort eine Schwadron aus der
Flanke, welche die Koſacken verjagten. Hierauf
befahl General Briche (welcher im Hauptquartier
geweſen und jetzt wieder bei der Brigade eintraf),
den Rückzug, welcher in der Art ſchachbrettförmig

ausgeführt wurde, daß immer ein Regiment stehend Front hatte, bereit jeden entgegenkommen-
den Angriff anzunehmen, während das Andere
in Linie zurückmarschirte. Wirklich auch versuchte
die russische Linien-Reuterei einen Angriff, auf das
1te Chevauxlegers-Regiment. Allein dieses Regiment
befand sich durch den Umstand in einer besonders
günstigen Lage, daß die entsendet gewesene Schwadron, unerwartet hinter einem Hügel hervorbrach
und die Flanke des Feindes in dem Augenblick
faßte, als das Regiment seinen Chok machte,
welcher Chok somit vollkommen gelang. Dieser
Chok gab dem Gefecht Stillstand.

General Briche setzte seinen Rückzug bis zu
dem Punkt fort, von dem wir ausgegangen waren,
als das Gefecht seinen Anfang nahm, d. h. bis
an die Weinberge. Die reitende Batterie, die sich daselbst unter dem Schutz eines Bataillons der Infanterie-Division Franquemont, deren Gros beim Fuchsberge stand, aufgestellt hatte, nahm die Brigade
auf.

Reflexion.

Der Herzog von Reggio, Graf Bertrand und Graf Franquemont hatten dem Gefecht, welches mit dem Abend endete, mit Vergnügen vom Fuchsberge aus zugesehen, und bekomplimentirten die Brigade wegen dem glücklichen Ausgang desselben, den sie der Ruhe und Festigkeit ihrer Manöver und der Kühnheit ihrer ersten Angriffe dankte.

Schlacht von Dennewitz am 6. September 1813.

—

Nachdem der Fürst von der Moskwa am 4. September im Lager vor Wittenberg die Armee vom Herzog von Reggio übernommen hatte, ergriff er sogleich die Offensive.

Die Schlacht die hierauf am 6. September bei Dennewitz statt hatte, gehört zu den sehr auffallenden. Ein Zusammentreffen ganz eigener Umstände, falscher Nachrichten, unrichtiger Voraussetzungen, Sorglosigkeiten und widersprechender Befehle, so wie Staub und Wind erklären die ungemessenen Verluste, und die eingreiffenden Folgen dieser Schlacht. Der Fürst fand hier den Weg zur höhern Größe, jener Größe, die eine

Reflexion.

Der Herzog von Reggio, Graf Bertrand und Graf Franquemont hatten dem Gefecht, welches mit dem Abend endete, mit Vergnügen vom Fuchsberge aus zugesehen, und bekomplimentirten die Brigade wegen dem glücklichen Ausgang desselben, den sie der Ruhe und Festigkeit ihrer Manöver und der Kühnheit ihrer ersten Angriffe dankte.

Schlacht von Dennewitz am 6. September 1813.

―

Nachdem der Fürst von der Moskwa am 4. September im Lager vor Wittenberg die Armee vom Herzog von Reggio übernommen hatte, ergriff er sogleich die Offensive.

Die Schlacht die hierauf am 6. September bei Dennewitz statt hatte, gehört zu den sehr auffallenden. Ein Zusammentreffen ganz eigener Umstände, falscher Nachrichten, unrichtiger Voraussetzungen, Sorglosigkeiten und widersprechender Befehle, so wie Staub und Wind erklären die ungemessenen Verluste, und die eingreiffenden Folgen dieser Schlacht. Der Fürst fand hier den Weg zur höhern Größe, jener Größe, die eine

Schlacht mit Besonnenheit leitet, nicht. Persön-
liche Tapferkeit ist die Tugend eines Kriegers,
aber nicht die Einzige für einen Feldherrn, der
in seinem Karakter wie in seinem Geist groß
seyn muß. Diese Größe beherrscht das Geschick.

Die Truppen setzten viel Vertrauen in den
Fürsten, und umgaben den mit ihrer Liebe, dessen
tapferer, ruhmgekrönter Name eine Hingebung
bewirkte, welche ein besseres Schicksal zu verkünden schien.

Die Reuterei des Herzogs von Padua, war
Divisionsweise vereinzelt. Vielleicht glaubte der
Fürst, daß auf diese Weise ausgeführt werden
müsse, wozu er den Herzog unfähig erkannte.
Der Herzog überließ auch gerne den Divisions-
Generalen eine Ehre, die er für sich selbst hätte
erhalten sollen. Wer netblos sich selbst seine Stelle
giebt, gewinnt Anspruch auf Achtung.

General Large gieng mit seiner Division in
deplojirter Linie dem General Oppen, der die
preußische Reserve-Reuterei befehligte, entgegen,
wurde aber geworfen.

Der Mangel an Zutrauen in die eigene Kraft, jenes Zutrauen, welches Folge der technischen Bildung und taktischen Bewegungskunst ist, der Mangel an diesem Zutrauen gab dieser Reuterei eine Schüchternheit, die jede Ueberraschungen ausschloß.

Dennoch wurden mehrere Angriffe versucht, aber sie hatten kein günstiges Resultat.

Als endlich die schwedische und russische Reserve-Reuterei in die Gefechts-Linie rückte, ihre zahlreiche reitende Artillerie in Batterie setzend, ward der Rückzug ein Sturm, der Alles mit sich fortriß.

General Briche versuchte mit der Reuterei des 4ten Armee-Korps noch gegen Abend die aus Rohrbeck hervorbrechende preußische Reuterei aufzuhalten, und stellte sich ihr entgegen. Noch hatte diese Brigade, in diesem Feldzug keinen Unfall erlitten: mehrere glückliche Gefechte hatten die Erziehung dieser Regimenter beschleunigt. Doch vergangene glückliche Tage täuschten hier die Er

wartungen des Generals. Die Gewalt eines
finsteren Geschicks trug sich in seinen verwildert-
sten Gestalten zur Schau.

Eine Nacht folternder Gedanken, folgte unter
der Last peinigender Ungewißheiten diesem Tage.
Der Muth dieser jungen Krieger, und ihre sorg-
fältig gebildeten Kräfte, giengen in der allgemeinen Verwirrung in die Verheerung. Das
Beispiel der Verwilderung, welches diese Armee
nach diesem Tage gab, beurkundete Zöglinge,
aber keine Krieger deren Bildung vollendet ist.
In Unordnung sah der nächste Morgen die Armee.
So zeigen sich Rekruten.

Reflexion.

Die Schlacht enthält mehrere wichtige Momente. Man hebt zwei heraus:

1.) Die Thatsachen vermehren sich, welche
den Beweiß des Satzes verstärken, daß die Zer-
stückelung der Reuterei keine glückliche Resultate
gibt, hingegen ihre Conzentrirung deren immer.

Die

Die Alliirten hatten in dieser Schlacht ihre Reuterei in mehrere große Maſſen vereinigt, die Franzoſen nicht. Ueberall fanden dieſe vereinzelten Diviſionen und Brigaden ihre Gegner in der Mehrzahl vor ſich, und ſo ihre Angriffe gebrochen. Nur die Anwendung großer Reuter-Maſſen, giebt einer Schlacht einen eklatanten Schluß.

2.) Neue Regimenter erfordern eine vorſichtige Anführung. Der erſte mißlungene Angriff, und die erſte verlorene Schlacht, ſetzt leicht an die Scheidung, Alles zu verlieren. Schmerzende Erfahrungen haben es hier bekräftigt. Nur alte Regimenter beſtehen in wechſelnden Glücks-lagen, weil der alte Soldat gelernt hat, ſich immer im Adel ſeines Herzens, und in ſeiner Würde zu erkennen. Neulinge macht Unglück weich und verzagt: dies führt zu Aergerniſſen, die nicht ausbleiben, wenn Zeit fehlt die Truppen disciplinariſch, techniſch und taktiſch zu erziehen.

————

wartungen des Generals. Die Gewalt eines
finsteren Geschicks trug sich in seinen verwildert-
sten Gestalten zur Schau.

Eine Nacht folternder Gedanken, folgte unter
der Last peinigender Ungewißheiten diesem Tage.
Der Muth dieser jungen Krieger, und ihre sorg-
fältig gebildeten Kräfte, giengen in der allgemeinen Verwirrung in die Verheerung. Das
Beispiel der Verwilderung, welches diese Armee
nach diesem Tage gab, beurkundete Zöglinge,
aber keine Krieger deren Bildung vollendet ist.
In Unordnung sah der nächste Morgen die Armee.
So zeigen sich Rekruten.

Reflexion.

Die Schlacht enthält mehrere wichtige Momente. Man hebt zwei heraus:

1.) Die Thatsachen vermehren sich, welche
den Beweiß des Satzes verstärken, daß die Zer-
stückelung der Reuterei keine glückliche Resultate
gibt, hingegen ihre Conzentrirung deren immer.

Die

Die Alliirten hatten in dieser Schlacht ihre Reuterei in mehrere große Massen vereinigt, die Franzosen nicht. Ueberall fanden diese vereinzelten Divisionen und Brigaden ihre Gegner in der Mehrzahl vor sich, und so ihre Angriffe gebrochen. Nur die Anwendung großer Reuter-Massen, giebt einer Schlacht einen eklatanten Schluß.

2.) Neue Regimenter erfordern eine vorsichtige Anführung. Der erste mißlungene Angriff, und die erste verlorene Schlacht, setzt leicht an die Scheidung, Alles zu verlieren. Schmerzende Erfahrungen haben es hier bekräftigt. Nur alte Regimenter bestehen in wechselnden Glücks-lagen, weil der alte Soldat gelernt hat, sich immer im Adel seines Herzens, und in seiner Würde zu erkennen. Neulinge macht Unglück weich und verzagt: dies führt zu Aergernissen, die nicht ausbleiben, wenn Zeit fehlt die Truppen disciplinarisch, technisch und taktisch zu erziehen.

Gefecht bei Eilenburg am 9. Oktober 1813.

———

Die Schlacht von Wartenburg und die übrigen Gefechte übergehend, welche täglich statt hatten, hebt man nur das hervor, wo General Sebastiani mit seinem Reuter-Korps und der Reuterei des 4ten Armee-Korps, durch ein geschicktes Manöver den General Sacken zurückdrängte.

Der russische General hatte den Auftrag, durch seine Bewegungen den Marsch des schlesischen Heers zu verbergen, und stand bei Eilenburg.

General Sebastiani, welcher durch die Brigade Briche verstärkt wurde, rückte gegen ihn.

Sacken hatte mit seinen leichten Truppen einen großen Raum besetzt, hielt aber eine Reserve vereinigt. General Sebastiani ließ seine Kürassier-Division in zwei Linien deployiren, auf jedem Flügel zwei Batterien. Die beiden leichten Divisionen entwickelten sich rechts und links in einer Linie. Die Brigade Briche in Kolonne hinter den Kürassieren als Reserve.

Die Artillerie eröffnete eine Kanonade, während die leichten Divisionen von beiden Flügeln in Regimenter mit Echelons vorrückten.

Das Gefecht dauerte keine Stunde. Baron Sacken nahm den Chok, der ihn bedrohte, nicht an, sondern zog sich gegen Mokrehna zurück, indem er eine Lücke in der Vorposten Kette hinterließ, welche von der französischen Armee benutzt wurde.

Reflexion.

General Sebastiani hatte, ohne einen Mann zu verlieren, durch ein einfaches Manöver seinen Zweck erreicht; General Sacken konnte nur durch einen Nachtmarsch, und einen Umweg, sich wieder mit der Armee vereinigen, wovon ihn Sebastiani weggeworfen hatte.

Schlacht von Leipzig vom 16. bis 19. Oktober 1813.

Ganz Europa war in dieser Schlacht beschäftigt. Napoleon war nicht für einen langsamen Mittelweg der Unentschiedenheit; sein Karakter war für das Erschüttern. Groß war sein Leben — auf der Bahn der Ehre war er Geworden — mit ihm erhob sich zur Größe eine Nation, mit ihm sank sie von ihrer politischen Höhe herab.

Ein großer Feldherr vollendet oft erst durch sein Andenken, was seine Gegenwart nicht vollbrachte.

Der Kaiser wurde zur Zeit der Schlacht von Leipzig von Begebenheiten beherrscht, die kolossal über ihn hinaufgewachsen waren. Er regulirte nicht mehr die Zeit — die Normaluhr war seinen Händen entfallen. Er kämpfte zwar um den Wiederbesitz der verlornen Initiative, aber er übersah, daß diese nicht an der Elbe, sondern nur noch am Rhein zu gewinnen war. Dieses Uebersehen erklärt den ganzen Feldzug und Napoleons Schicksal, klarer als ganze Abhandlungen nicht vermögen. Wer in der Geschichte nicht Wahrheit findet, hat es nur eigener Schuld beizumessen.

Die Taktik leistete immer noch Großes.

Den 90,000 Pferden, welche die Alliirten, nachdem das polnische Kriegsheer unter Benningsen herangezogen war, in der Schlacht von Leipzig hatten, vermochte Napoleon kaum einige 10,000 Pferde entgegen zu setzen. Der Regen, der Ende September und Anfangs Oktober in Strömen fiel, hatte die französische Reuterei um so mehr geschwächt, als Rekruten mit Remonte vereinigt, keine Elemente sind, welche Erhalten.

Die Reiterei der Armee Schweiz, zu schwach schon zu Anfang des Feldzugs, war durch mancherlei Umstände bewahre auf nichts herabgekommen. *)

Die Reserve-Reuterei und die der Garden konnte nur noch allein gerechnet werden; sie betrug aber kaum noch 20,000 Pferde.

Diesem Mißverhältniß ungeachtet ging der Kaiser am 16. Mittags in die Offensive über. Er hatte seine ganze Reuterei um sich vereinigt.

Besonders rechnete Napoleon auf das 5te Reuter-Korps, und auf dessen zwei Divisionen Dragoner von alten Regimentern, die der Krieg

---

*) Die Brigade Briche war, durch tägliche Gefechte, einen angestrengten Vorposten-Dienst, und durch die Bivouaks während den kalten regnerischen Nächten von 1200 bis auf 120 Pferde geschmolzen. Das neapolitanische Regiment existirte nicht mehr. Dies Schicksal theilten mehrere Regimenter in der Armee.

in Spanien erzogen hatte. Aber der Ober-General dieses Korps, der unternehmende Pasol, wurde durch eine Granat-Kugel verwundet, während er die vorbereitenden Bewegungen zum Angriff machte. Die Abwesenheit dieses Generals paralysirte die Erwartungen, welche der Kaiser auf dieses Korps gesetzt hatte, damals die Elite der französischen Reuterei.

Das 4te Korps bestand aus der polnischen Reuterei, von jeher einen hohen Rang unter der europäischen Reuterei behauptend.

Das 1te Korps war noch das zahlreichste. Wenn auch jung die Reuter, so wurden sie von alten Offizieren geführt, und hatten durch glück- liche Gefechte, z. B. bei Dresden Zutrauen ge- wonnen.

Mit diesen drei Reuter-Korps, etwa 10,000 Pferde stark, sollte der König von Neapel die feindliche Schlacht-Linie durchbrechen. General Drouot mit seiner ganzen Artillerie bereitete diesen Angriff vor; Infanterie-Massen unterstützten ihn.

Die Reuterei der Garde sollte als Reserve …

Dieser, so wie das zweite Reuter-Korps …

Unds eine andere Bestimmung erhalt …

wurde an die Befehle des Königs …

Joachim disponirte somit über 18,000 …

Die Reuterei der Coalisirten war …

große Bewegung nicht gefaßt. …

großen Massen zu fechten, immer …

Brigadenweise auf dem Schlachtfeld …

war sie auch hier nicht vereinigt. …

trennt war, konnte sie nicht bloß …

entbehrte den Impuls des Weise …

Momente beherrsche."

Aber auch Joachim w…

seiner erhabenen Rolle. …

die Momente zu Eruption…

bereiten, nicht sie selbst …

ruhte auf dem

Die französische …

in Reuter-Korps zu …

Es war nun Zeit zu deployiren. Eben als Graf
Latour-Maubourg — der Besonnenheit mit Unternehmungsgeist verband — dies kommandiren
will, wird er schwer verwundet und muß das
Gefecht verlassen. Es war der Augenblick wo er
am nöthigsten gewesen wäre. Der König thut
nichts. Der entscheidende Augenblick war gekommen. Er war halb gewonnen. Wäre die Reuterei vereinigt gehalten, ihre Artillerie mitnehmend, das Fußvolk gefolgt, so mußte er ganz
gewonnen werden. Aber das offensive Element
wurde nicht vereinigt, versplittert und kein genialer
Gebrauch davon gemacht.

Joachim setzt diese tapfern Regimenter, in
Kolonne bleibend, dem feindlichen Artillerie=Feuer
blos. Die Reuterei der Alliirten, in Brigaden
und Regimenter vereinzelt, kommt von mehreren
Seiten heran. Die Souveräne eilen selbst herbei.

Dennoch erhielten die Alliirten nur mit Anstrengung diesen Punkt. Kein Vereinigungspunkt
des Befehls führte die verbündete Reuterei zu
einem zusammenhängenden Manöver. Mehrere

isolirte Chots wurden gegen die, bereits durch
Artillerie-Feuer erschütterte Reuter-Kolonne ge=
macht. Die Tapferkeit des Königs konnte nicht
gut machen, wo sein Talent keinen Rath mehr
wußte. Ueber die gefährlichen Klippen, wenn
eine tiefe und geschlossene Kolonne in innere
Verwirrung geräth, fand er keinen Weg. Darin
eben besteht das Gewagte, mit geschlossenen Ko=
lonnen zu chokiren.

Der Kaiser Alexander läßt das Garde-Kosacken=
Regiment einen Angriff gegen die Flanke dieser
Kolonne machen. Sie weicht endlich in Unord=
nung zurück, verfolgt bis zur Reserve der Garde=
Reuterei, auf deren Flügeln General Drouot
seine Batterien 12pfünder gestellt hat, mit deren
Feuer er die Feinde aufhält.

Diese ganze große Bewegung blieb ohne Re=
sultat.

Der Graf von Valmy, unterstützt von den
Dragonern der Garde rückte, Brigadenweis de=
ployirt, rechts von Wachau vor. Er machte

Kk 2

glänzende Chots, warf Alles vor sich nieder, und durchbrach auch auf diesem Punkt die feindlichen Linien, indem er bis nach Gröbern vordrang.

In diesem Augenblick erschien der Feldmarschall-Lieutenant Graf Nostiz mit 4 österreichischen Kürassier-Regimentern auf dem Schlachtfelde; die Pleiß bei Gröbern übersetzt, befand er sich in der Flanke des Grafen Valmy. Ohne sich zu besinnen warf sich Nostiz, selbst aus der Flanke marschirend, in die ihm blos gegebene Flanke der polnischen Reuterei, welche ihn jedoch mit Entschlossenheit empfieng. Das Glück wechselte, endlich behielten die Oesterreicher die Oberhand. Die Verfolgung führte sie in das Feuer der Französischen Fußgarde, welches ihnen bedeutenden Verlust gab.

So endete die vortrefflich eingeleitete Offensiv-Bewegung der Reuterei. Diese Reuterei hatte Alles gethan, was möglich war zu thun: das beste Zeugniß ist das Geständniß der Gegner. Wenn ihr der Sieg nicht wurde, so trugen weder die kommandirenden Generale der Korps, noch

die Truppen die Schuld. Mehr als einmal schie-
nen diese Angriffe dem Gipfel des Siegs nahe.
Das Glück trat untreu, wie eine Klippe im Laufe
des Schickfals, ihnen entgegen. Die entscheidende
Ursache war die kranke Seite des Tapfern,
welcher im Trotz seines unbeugsamen Muthes,
sich als Chef an der Spitze der gesammten Reserve-Reuterei befinden sollte, hier aber von seiner
kühnen Ungeduld verleitet, die Befehle des Kaisers mit Schnelligkeit zu vollziehen, ohne Ueber-
ficht des Ganzen, mit zu schwachen Kräften in
den Feind sich stürzte.

Es war 3 Uhr Nachmittags als diese Wendung entschieden war.

Noch stand die ganze Infanterie in Takt:
Doch was vermochte sie, in einer so großen Krise,
wo nur ein entscheidendes Zerreissen der feindlichen Schlacht-Linie an den Pol des Siegs führen konnte! Nur Reuterei hat dazu das Vermögen. Diese alte Wahrheit ward hier eine
neue drückende Erfahrung.

Aber Napoleon bedurfte den Sieg. Also gab er täuschenden Erwartungen Gehör, und gieng in neuen Offensiv-Bewegungen mit Infanterie-Massen gegen Gossa und Stromthal vorwärts. Joachim konnte nur noch unterstützen: seine selbstständige Rolle hatte geendet. Sebastiani und Nansouty machten mehrere glückliche Angriffe, aber sie blieben ohne Erfolg.

Macdonald, Mortier, Lauriston, Victor, Oudinot, Poniatowsky rücken vor: Berühmte Namen. Alles umsonst. Das Schicksal des Tages blieb entschieden.

Joachim war in dem Mittelpunkt hoher Entscheidung gewesen. Die verborgene Macht des Genius hatte ihn verlassen. Die Schlacht konnte nicht mehr gewonnen werden.

Was sonst, und auf andern Punkten des Schlachtfeldes sich zutrug, hat für die Reuter-Taktik kein allgemeines Interesse. Einzelne kühne Thaten konnten auf die Entscheidung so großer Fragen, als hier zu lösen waren, nicht einwirken.

Die Geschichte giebt nur selten so große Tage, als dieser 16te Oktober einer war.

Reflexion.

Und so ist abermals bewiesen: die Reuterei ist Etwas, aber die geistige Macht ihres Führers ist mehr. Die Stärke des Kárakters des Ober-Generals ist nicht Alles: seine Größe bestimmt sein Genie. Die Laufbahn zunehmender Größe erfordert einen Meister, der als solcher geboren, sich unter den Ereignissen fortbildet. Ein höheres Schicksal ist im Kriege einheimisch. Das Höchste ist, auf diesem Schauplatz der Prüfung zu bestehen.

Ende des Feldzugs.

Bei den Alliirten waren die Köpfe derjenigen, welche über den Krieg geschrieben hatten, bevor sie zur Praktik gekommen waren, voll von Ideen des Alterthums. Falsche Theorien traten durch sie, an die Stelle der wahren Prinzipien des Krieges, und brachten die Alliirten um die Früchte großer Siege. Nach dem Muster der römischen Legionen wurden Brigaden aus allen Waffen formirt, welche wie kleine Armeen, selbstständig in sich seyn sollten. Diese kleinen vollständigen Armeetheile aber genügten den großen Ereignissen nicht, welche die herrschenden waren. Sie sind wenig geeignet eine große Armee zu bilden, und sich zu einem großen Manöver, auf einem großen Schlachtfelde zu vereinigen. Hätte

Napoleon noch die alte Macht zu entwickeln gehabt, die ihm früher zu Gebot stand, besonders
aber in Hinsicht der Reuterei, so würde das
Fehlerhafte eines solchen Systems noch greller und
folgenreicher hervorgetreten seyn.

Wie sehr auch die Meinung von der Macht
dieser kleinen Armee-Abtheilungen sich vergrößert
hat, dieser Formation ist der Sieg über die magische Riesenmacht des französischen Kaiser-Reichs
nicht beizumessen.

Die Inconvenienzien einer kleinlichen Vermischung der Waffen haben diese Feldzüge vielmehr genügend bewiesen. Besonders aber hat
sich dargestellt, wie geringen Nutzen die Reuterei
gewährt, wenn sie nicht in selbstständige Korps
organisirt ist, und wenn es an Generalen fehlt,
diese Korps zu einem regelmäßigen Manöver auf
dem Schlachtfelde zu verbinden. Ohne Anwendung der Reuter-Massen sind, offensiv, keine
große Resultate zu gewinnen, und selbst große
Siege enden mit kleinen Vortheilen.

Welche Zeit geht verloren, wenn die einzelnen Brigaden und Regimenter im Augenblick der Handlung erst zusammengerufen werden müssen; und sind sie endlich beisammen, so finden sie sich isolirt, ohne Organisation, ohne Gewohnheit, und ohne Chef, um manöverirend zu fechten. Diese Inconvenienzien ergaben sich in allen Kriegen und auf allen Schlachtfeldern. In den frühern Kriegen gegen Napoleon waren diese falschen Theorien so schädlich als im Jahr 1813. Wenn ihre Folgen in Schlachten früherer Zeit größer waren, als bei Leipzig, so haben sie dadurch nicht aufgehört weniger falsch zu seyn.

Viel ist immer gesprochen worden, von Napoleons Kriegs-System, aber wenig darnach gehandelt. Dies System ist dasjenige aller großen Feldherrn. Niemals hatte dies System jene gemischte Organisation, wo die Reuterei nichts als eine Hülfswaffe ist. Dies System gab stets die Selbstständigkeit allen Waffen, und zwar deshalb, damit keine gehemmt und jede in einer großen Vereinigung auf dem ihr günstigen Terrain, zum Vortheil des Ganzen und zum Gewinn der Schlachten, in gegenseitiger Hülfe und zu gegenseitigem Schutz, frei wirken konnte. Dies System zeigt in seiner Entwickelung Armee-Korps, wo die Waffen sich durch eine natürliche Organisation beistehen. Es zeigt große Reuter-Reserven in einer permanenten Form, mit Artillerie und allem dem vervollständigt, was ihrer Selbstständigkeit Bürgschaft geben kann.

Es giebt keinen Ausweg mehr, dies System zu umgehen; denn Alles läßt glauben, daß es lange die Hülfe geben wird, welche das Wohl der Staaten erfordert.

Aber das Vorurtheil und die herkömmlichen Förmlichkeiten bedingen die Vermischung der drei Waffen. Dies war Napoleon in seiner kritischen Lage nach der Schlacht von Leipzig sehr vortheilhaft, und wurde sein bester Alliirter. Wie hätte er ohne diesen Alliirten über den Rhein kommen wollen?

„Von dem Vorwurf einer schwachen, kraftlosen Verfolgung, ohne einen tief greiffend

Plan zur Zerstörung Napoleons, können die Ver=
bündeten nicht freigesprochen werden," sagen die
Betrachtungen über die großen Operationen und
Schlachten der Feldzüge von 1813 und 1814
Seite 89.

Ein genialer Gebrauch von 40,000 Pferden
regulärer Reutterei, hätte den Feldzug von 1814
erspart.

So tief brechen die Folgen in die Geschichte,
wenn die Kunst der Kriegführung Vorurtheile
hat, daß alle Wechselfälle des Jahrs 1814 und
1815 zu bestehen waren, um die Fehler wieder
gut zu machen, welche während und nach der
Schlacht von Leipzig gemacht wurden.

Der Feldzug 1814 in Frankreich. *)

Das Mißverhältniß der Reuterei mußte zu Napoleons Nachtheil wachsen. Seine bisherigen Verbündeten, verstärkten die Zahl seiner Gegner.

Der Kaiser konnte, welche Anstrengungen er auch machte, nur

— 22,200 Pferde

aufstellen, wovon 7200 Pferde für die Garde und 15,000 Pferde Linien-Reuterei.

---

*) Der Verf. war in diesem Kriege Oberst und Chef vom Generalstab der Reuterei des Kronprinzen von Württemberg.

Sie war eingetheilt:

in eine Division der alten
    Garde . . . . — 2400 Pf.

in 3 Divisionen der jungen
    Garde à 1600 Pf. — 4800 Pf.
                      —————— 7200 Pf.

    und

in 5 Reuter=Korps jedes
    zu . . . . . — 3000 Pf.
                  —————— 15,000 Pf.
                     — 22,200 Pf.

Der Kaiser behielt diese Reuterei bei der Armee, an deren Spitze er sich selbst setzte.

Einige Frei=Korps à la Cosaque können in keine Berechnung gezogen werden.

Aus Spanien wurde, zum Nachtheil der dort fechtenden Armeen, der größte Theil der noch dort gestandenen Dragoner und leichten Regimenter gezogen. Diese Reuterei bildete einen vortrefflichen Stamm, der reorganisirten Reuter=Korps. Von der neuen Aushebung wurde der

Abgang bei den alten Regimentern zwar erſetzt, allein dieſe Regimenter dadurch nicht beſſer, wenn auch ſtärker. Bei der Garde wurde das Korps der Gensd'armarie d'élite durch Gensdarmen, gezogen aus der Maréchaussée, verſtärkt. Kurz alle Mittel wurden erſchöpft, die Reuterei zu ver-ſtärken. Aber dieſe Mittel waren entweder un-genügend, oder fehlte Zeit, ſie zu ordnen, und zur Vertheidigung der Grenzen zu befähigen.

Als die Coaliſirten am 1. Januar den Rhein überſchritten, trafen ſie zum Theil, die Garde-Reuterei, den Vorpoſten-Dienſt verſehend.

Die franzöſiſchen Reuter-Korps waren zu Diviſionen herabgekommen; dennoch wollte der Kaiſer keine Veränderung in ihrer Formation vornehmen. Geſchah es, weil er durch die Zahl der Korps zu täuſchen gedachte, oder geſchah es, weil er den Ehrgeiz ſeiner Generale zu berück-ſichtigen hatte, oder weil ſein eigenes Gefühl ſich dagegen erhob, den Formen der großen Armee zu entſagen. Genug dieſe kleinen Reuter-Korps

waren nicht vortheilhaft, und ihren Thaten er-
mangelten um so sicherer entscheidende Erfolge,
weil sie unabhängig von einander, wenig Harmonie in ihre Manöver zu bringen wußten.

Sie litten an denselben Folgen und Gebre-
chen unabhängiger Divisionen, welche man Seite
224 — 226 entwickelt hat. Die Führung der
Reuterei an einem Schlachttage ist die größte aber
schwierigste Operation eines Generals, besonders
deshalb, weil sie der größten Pünktlichkeit und
Schnelligkeit mit übereinstimmender Zusammen-
wirkung aller Körper- und Seelen-Organe bedarf.
Die sich ereignenden Fehler sind bei Reuterei immer
schwer, meistens folgenreich und selten zu ver-
bessern. Fußvolk kann nie so folgenreich entscheiden als Reuterei. Es ist daher immer ein Ver-
brechen, wenn die Organisation der Reuterei,
schon jenes Mißverhältniß mit sich auf die Schlachtfelder nimmt, welches ihre Siege unnütz, oder
deren Resultate ohne Entscheidung für den Ausgang des Krieges läßt. Der Umstand, daß Napoleon in diesem Feldzug seiner Reuterei keinen

Ober-

Ober=General gab, machte die Vorhersagung
weniger unsicher, daß ihre Thaten keinen Einfluß
ausübenden Rang haben würden. An einem
Talent, welches Unternehmungsgeist mit Beson=
nenheit verband, fehlte es nicht, aber vielleicht
war es schwer, unter mehreren Gleichen, Einem
den Vorzug zu geben. Mehrere Generale mit
gleicher Macht nebeneinander, gehen immer in
verschiedene Richtungen, auch wenn sie sich nicht
entgegen wirken. So giebt es immer Wider=
sprüche, um es nie zu einem Bund der Einig=
keit kommen zu lassen. — Welche Ursachen aber
auch der Wahl eines Ober=Generals entgegen=
traten, dieses Unterlassen machte die französische
Reuterei unbedeutend, verfehlte ihre Bestimmung,
und entzog ihr jedes Große und Erwartungsvolle
der Zukunft.

Die Verbündeten, verstärkt durch die Trup=
pen der Rheinischen Conföderation, stellten

— 162,877 Pferde

ins Feld, welche eingetheilt waren:

bei der Haupt-Armee . . . . . 54,625 Pf.

bei der schlesischen Armee . . 26,860 Pf.

bei der Nord-Armee . . . . . 29,742 Pf.

bei der österreichisch-italienischen

Armee . . . . 13,600 Pf.

—————

— 124,827 Pf.

und

bei den Reserven . . . . . . 38,050 Pf.

—————

— 162,877 Pf.

Die beiderseitigen Reutereien zeigen mithin das Verhältniß wie 1 zu 7. Die Französische hatte sich seit dem Waffenstillstand 1813 um 31,420 Pferde vermindert, die der Verbündeten dagegen um 28,430 Pferde vermehrt.

Die Armee des Herzogs von Wellington mitgerechnet, so erreicht die Reüterei der Heere, welche zu dieser Zeit Frankreich überzogen, mäßig gerechnet, die Zahl von 200,000 Pferden, ein in der neueren europäischen Geschichte, unerhörtes Beispiel. —

Die Verbündeten blieben ihrer früheren Organisation getreu, welche nur Divisionen, aber keine Reuter-Korps zeigt. Sie bilben noch immer bei den niedern Ordnungen, wo in kleinen Armeen die Divifionen die Einheiten bildeten, welche die Manöver einer Schlacht entschieden. Die Erfahrung hat die Schwierigkeit gezeigt, in großen Heeren mehrere solche Divifionen, ohne permanente Verbindung in Reuter-Korps, zu einem großen Manöver zu vereinigen.

Nach Umständen wurden zwar zu einzelnen Operationen mehrere Divifionen vereinigt, welche aber immer den Mangel einer permanenten Organifation, und den Keim des Mißlingens mit sich nahmen. Die Erfahrung wurde nicht benutzt. Die Gewohnheit — festzuhalten an den Bildern und Formen des Gekannten, blieb die Stärke; der Zufall — der Führer der Reuter-Thaten. Der verborgene Mittelpunkt für Einheit im Ganzen wurde nicht gefunden.

Von den Mächten, welche der Coalition beigetreten waren, machte Würtemberg die größten Anstrengungen; es stellte das Doppelte von d

auf, was es früher traktatenmäßig als Bundes=
genoſſe von Frankreich gegeben hatte.

Mit einer ſeltenen Thätigkeit hatte der Kö=
nig, die, nun zweimal in zwei Jahren, verlo=
renen Regimenter wieder aufgerichtet.

Für die höheren Offiziere war es eine ſchwere
Aufgabe, mit jungen Regimentern zum zweiten=
mal ins Feld zu rücken.

Zum erſtenmal aber hatte dieſe Reuterei die
Zufriedenheit vereinigt zu bleiben.

Der Kronprinz von Württemberg befehligte
das 4te Armee=Korps der Haupt=Armee, wovon
die Königlich Württembergiſchen Truppen einen
Theil ausmachten.

Der General=Lieutenant Prinz Adam von
Württemberg kommandirte die Reuterei dieſes
Armee=Korps; ſie beſtand aus dem Kaiſerl. Königl.
öſterreichiſchen Huſaren=Regiment Erzherzog Fer=
dinand, und 4 württembergiſchen leichten Reuter=
Regimentern, jedes zu 4 Schwadronen, und 2
Batterien reitender Artillerie, im Ganzen aus

20 Schwadronen = 2500 Pferden und 12 Geschützen.

Die Gefechte bei Eröffnung des Feldzugs, waren wenig erheblich. Die Franzosen in der Minderzahl, zogen sich zurück.

Bis zur Schlacht von Brienne waren sämmtliche stattgefundenen Gefechte der Art, wie sie ein General, der junge Truppen an den Feind gewöhnen will, zu wünschen hat.

Die französischen Garden manöverirten mit Ordnung, und benahmen sich mit Anstand. Da es ihnen an Reuterei fehlte, so wählte der Herzog von Treviso solche Terrain-Abschnitte zu seinen Anstandsgefechten, wo die unsrige ihm nicht beikommen konnte. Ohne eine regelmäßig bestandene Kanonade zogen diese alten Truppen nicht ab. Neue Regimenter konnten von ihnen lernen.

Der Kronprinz von Württemberg war bei Hüningen über den Rhein gegangen, beschoß Neu-Breisach, durchzog die Vogesen, lieferte bei Epinal, Chaumont, Bar-sur-Aube c dem von Treviso Gefechte, und stand bei A als der Feldmarschall Fürst Blücher von Brienne in das Aube-Thal sich zurückzog.

Der Kronprinz hatte Alles zur Aufnahme des Feldmarschalls geordnet, und war im Vormarsch. Er machte den Fürsten Blücher auf die Vortheile der Stellung von Trannes aufmerksam. Der Entschluß wurde sogleich an Ort und Stelle gefaßt sie zu besetzen, und die Vortheile zu benutzen, welche ein Schlachtfeld darbot, das die Entwickelung der überlegenen Maßen begünstigte, welche der vereinigten Haupt- und schlesischen Armee zu Gebot stand. Der Fürst Schwarzenberg übergab dem Fürsten Blücher den Befehl über die vereinigten Heere für den Tag der Schlacht.

Schlacht von Brienne am 1. Februar 1814.

———

Diese Schlacht ist bekannt. Bekanntes will man nicht erzählen.

Der Kronprinz von Württemberg, welcher die Idee zu der Schlacht gegeben, eröffnete sie auch, auf dem rechten Flügel durch einen Angriff auf den Wald vor Eclance.

Die Reuterei der Verbündeten hatte auch in dieser Schlacht keine große Vereinigung. — Die Qualen der Zersplitterung führten noch nicht zum Streben einer Verbindung der Divisionen. Und doch wohnt nur in technisch und taktisch organisirten Reuter-Korps die Selbstständigkeit freier Kraft. Ihre bewilligte Ordnung aber ist nur ein Vorrecht außerordentlicher Zeiten, geleitet durch einen außerordentlichen Geist.

Es giebt Verhältniffe, die darauf einen be=
fonderen Werth legen, daß einzelne Generale auf
keine Weife hervorragen.

Das Schlachtfeld zwifchen Trannes und
Brienne war befonders günftig für die Entwicke=
lung großer Reuter=Maffen, und geftattete den
vortheilhafteften Gebrauch derfelben. Die Ver=
bündeten hatten das eminente Uebergewicht diefer
Waffe, aber kein Ober=General war ernannt,
die Initiative des Befehls zu übernehmen. Die
Reuterei wurde weder zu einem zufammenhän=
geuden Manöver vereinigt, noch auf eine Art
Gebrauch von ihr gemacht, die ihr die gefetzge=
bende Rolle hätte überweifen können. Sie blieb
fekondär, wo Alles aufzufordern fchien, fie mit
ihrer ganzen Macht herrfchen zu laffen.

Die Reuterei von Sacken, unter dem Ge=
neral=Lieutenant Waffiltfchikow deckte den erften
Aufmarfch des Centrums. Später griff diefer
General die franzöfifche Reuterei, die in der
Ebene hinter la Rothiere in drei Treffen hielt,
in Linie an. Es waren drei fchwache Divifionen
kaum 3000 Pferde. Der immer kampfbereite
Pajol

Pajol nahm den Chok nicht nur an, sondern
gieng ihm entgegen, indem er die Treffen aufrücken ließ und mit allen drei Linien zum Angriff vormarschirte. Er warf Wassiltschikow bis
auf seine Infanterie zurück. Die französische
Reuterei war zu schwach, um diesem Sieg weitere Folge zu geben. Der Chok gereicht ihr aber
unter den Umständen sehr zur Ehre.

Fürst Blücher, als er das Mißgeschick der
Reuterei von Sacken sah, schickte ihr von der
Reserve Verstärkung. Wassiltschikow gieng darauf mit großer Uebermacht aufs Neue zum Angriff in Linie vor, und warf nun die des Feindes zurück, die er bis nach Alt-Brienne verfolgte.
18 Geschütze fielen in seine Gewalt.

Sofort eilten Grouchy, Nansouty und Lefebvre-Desnouettes, von beiden Flügeln herbei,
um den Chok der verbündeten Reuterei in beide
Flanken zu nehmen; sie kamen zu spät, und
konnten nicht hindern, daß Wassiltschikow, seine
Trophäen mitnehmend, sich wieder in die Position
zurückzog.

Bismarks Ideen-Taktik.   M m

Reflexion.

Der Mangel einer beschleunigenden Kraft des Befehls zeigt sich hier auffallend bei der französischen Reuterei. Die Generale waren sich nur coordinirt, ohne Einem subordinirt zu seyn, der sie zu einer gleichförmigen Bewegung hätte beschleunigen können. Sie zogen sich in ihren unabhängigen Verhältnissen zwar einander an, allein es fehlte ein allgemeines Phänomen, wo die Herrschaft eines Obergenerals den Mittelpunkt der leitenden Macht hat. Eine solche leitende Macht, an der die Divisionen und Korps gefesselt sind, kann allein den wechselweisen Störungen entgegen wirken, welche den Erfolg eines Manövers verrücken.

Der Angriff der verbündeten Reuterei, der eine Andeutung ist, was große Massen Reuterei, genievoll angewendet, auf diesem Terrain für Resultate hätten haben können, blieb ohne Erfolg. Nervenlos, weil sie zersplittert war, und Niemand sie führte, blieb sie nach diesem Chok Zuschauerin, wo sie hätte entscheiden können.

Die Reuterei des 4ten Armee-Korps kam nur mit Mühe durch den grundlosen Boden des Waldes vor Eclance. Die Wegnahme der Dörfer la Gibrie und Petit-Mesnil koftete Zeit. Als die Reuterei in der Ebene ankam war es Nacht. Andere Trophäen wurden ihr nicht, als die in der Eroberung einiger Batterien beftanden.

Der größte Theil der Referve-Reuterei, darunter drei ruffifche Küraffier-Divifionen, blieb ungebraucht. Der Anblick diefer fchönen Reuterei erregte Bewunderung; der Eindruck lag in der Größe der Thaten, die fie vollbringen konnte.

Reuterei wird nur wichtig durch den Ernft, mit dem fie handelt.

Schlachten belehren; nur Schlachten entfcheiden Kataftrophen, und nur Reuterei vermag den Schlachten große Erfolge zu geben.

Weil die Reuterei der Verbündeten in der Schlacht von Brienne nicht genievoll verwendet

wurde, so gab dieser Sieg auch keine großen
Vortheile. Die Vortheile dieser Schlacht waren
so gering, daß Napoleon 14 Tage nach der Schlacht
an der Spitze von 60,000 Mann, die ganze große
Macht der Verbündeten in einen völlig defensiven
Zustand versetzte.

Hier liegt eine große Lehre. Wäre die Reuterei in der Schlacht nach großen Beispielen verwendet worden, so konnte der Krieg durch sie
entschieden werden. So aber hatten die Verbün-
beten nichts als eine, gewonnene Schlacht ohne
Resultat. Aus Fehlern ist zu lernen.

Der 2te Februar.

—

Der Kronprinz von Württemberg, den seine Kampflust immer ungeduldig machte, wenn ein Gefecht in Aussicht stand, rückte früh Morgens an der Spitze seiner Reuterei über Brienne hinaus. General Briche, mit einer alten Dragoner-Division, 3000 Pferde stark erst aus Spanien angekommen, machte den Nachtrab. Als dieser General gegen sich von den Regimentern erkannte, die in Sachsen unter ihm gedient hatten, sandte er seinen Adjutanten mit einem Trompeter, um solche zu bekomplimentiren; eine Artigkeit, die man sofort erwiderte.

Die kleine Ebene von St. Christophe war einladend für ein Reuter-Gefecht. Allein General Briche, der unsere Absicht voraus errathen hatt

wurde, so gab dieser Sieg auch keine großen Vortheile. Die Vortheile dieser Schlacht waren so gering, daß Napoleon 14 Tage nach der Schlacht an der Spitze von 60,000 Mann, die ganze große Macht der Verbündeten in einen völlig defensiven Zustand versetzte.

Hier liegt eine große Lehre. Wäre die Reuterei in der Schlacht nach großen Beispielen verwendet worden, so konnte der Krieg durch sie entschieden werden. So aber hatten die Verbündeten nichts als eine gewonnene Schlacht ohne Resultat. Aus Fehlern ist zu lernen.

Der 2te Februar.

—

Der Kronprinz von Württemberg, den seine Kampflust immer ungeduldig machte, wenn ein Gefecht in Aussicht stand, rückte früh Morgens an der Spitze seiner Reuterei über Brienne hinaus. General Briche, mit einer alten Dragoner-Division, 3000 Pferde stark erst aus Spanien angekommen, machte den Nachtrab. Als dieser General gegen sich von den Regimentern erkannte, die in Sachsen unter ihm gedient hatten, sandte er seinen Adjutanten mit einem Trompeter, um solche zu bekomplimentiren; eine Artigkeit, die man sofort erwiderte.

Die kleine Ebene von St. Christophe war einladend für ein Reuter-Gefecht. Allein General Briche, der unsere Absicht voraus errathen hatte,

wurde, so. gab dieser Sieg auch keine großen Vortheile. Die Vortheile dieser Schlacht waren so gering, daß Napoleon 14 Tage nach der Schlacht an der Spitze von 60,000 Mann, die ganze große. Macht der Verbündeten in einen völlig defensiven Zustand versetzte.

Hier liegt eine große Lehre. Wäre die Reuterei in der Schlacht nach großen Beispielen verwendet worden, so konnte der Krieg durch sie entschieden werden. So aber hatten die Verbündeten nichts als eine. gewonnene Schlacht ohne Resultat. Aus Fehlern ist. zu lernen.

Der 2te Februar.

Der Kronprinz von Württemberg, den seine Kampflust immer ungeduldig machte, wenn ein Gefecht in Aussicht stand, rückte früh Morgens an der Spitze seiner Reuterei über Brienne hinaus. General Briche, mit einer alten Dragoner-Division, 3000 Pferde stark erst aus Spanien angekommen, machte den Nachtrab. Als dieser General gegen sich von den Regimentern erkannte, die in Sachsen unter ihm gedient hatten, sandte er seinen Adjutanten mit einem Trompeter, um solche zu bekomplimentiren; eine Artigkeit, die man sofort erwiderte.

Die kleine Ebene von St. Christophe war einladend für ein Reuter-Gefecht. Allein General Briche, der unsere Absicht voraus errathen hatte,

manövrirte, sich demselben zu entziehen. Wir
rückten drei Regimenter in Front, hinter jedem
Flügel ein Regiment in Schwadrons=Kolonne,
zum Angriff vor. Die Artillerie feuerte, während
diese Anordnungen gemacht wurden, einigemal
durch, und folgte dann hinter der Mitte in enger
Stellung.

Der Kronprinz, diesen Angriff selbst führend,
kommandirte Trab. Ein dicht fallender Schnee
verfinsterte in diesem Augenblick die Luft, und
begünstigte das Verschwinden der französischen
Reuterei.

Auf den Höhen bei Lesmont war der Kaiser
selbst mit der Leitung der Artillerie beschäftigt,
welche den Rückzug seiner Reuterei schützte. Er
empfieng uns mit strengem Ernst. Unsere reitende
Artillerie dagegen tödtete ihm hier ein Pferd
unter dem Leibe.

Schlacht von Montereau am 18. Februar 1814.

Nach der Beſitznahme von Troyes, bereitete ſich die Haupt-Armee auf den Marſch nach Paris, durch Ruhetage vor.

Der Kronprinz von Württemberg hatte Sens unterdeſſen mit Sturm genommen, und ſtand bei Montereau, als Napoleon, von der ſchleſiſchen Armee zurückkehrend, den Spitzen der Haupt-Armee begegnete. Er griff ſie mit Entſchloſſenheit an, und hatte am 17. Februar einen glücklichen Tag gegen Wittgenſtein und Wrede.

Der Marſchall Victor, Herzog von Bellune, ſollte an demſelben Tag, dem Kronprinzen Mon-

manöverirte, sich demselben zu entziehen. Wir
rückten drei Regimenter in Front, hinter jedem
Flügel ein Regiment in Schwadrons-Kolonne,
zum Angriff vor. Die Artillerie feuerte, während
diese Anordnungen gemacht wurden, einigemal
durch, und folgte dann hinter der Mitte in enger
Stellung.

Der Kronprinz, diesen Angriff selbst führend,
kommandirte Trab. Ein dicht fallender Schnee
verfinsterte in diesem Augenblick die Luft, und
begünstigte das Verschwinden der französischen
Reuterei.

Auf den Höhen bei Lesmont war der Kaiser
selbst mit der Leitung der Artillerie beschäftigt,
welche den Rückzug seiner Reuterei schützte. Er
empfieng uns mit strengem Ernst. Unsere reitende
Artillerie dagegen tödtete ihm hier ein Pferd
unter dem Leibe.

Schlacht von Montereau am 18. Februar 1814.

———

Nach der Besitznahme von Troyes, bereitete sich die Haupt-Armee auf den Marsch nach Paris, durch Ruhetage vor.

Der Kronprinz von Württemberg hatte Sens unterdessen mit Sturm genommen, und stand bei Montereau, als Napoleon, von der schlesischen Armee zurückkehrend, den Spitzen der Haupt-Armee begegnete. Er griff sie mit Entschlossenheit an, und hatte am 17. Februar einen glücklichen Tag gegen Wittgenstein und Wrede.

Der Marschall Victor, Herzog von Bellune, sollte an demselben Tag, dem Kronprinzen Mon-

tereau entreißen. Allein, dieser Prinz, in dem
der Wille immer expansiv wie das Licht wirkte,
folgte hier der Freiheit seines Karakters, der sich
nur im Handeln erkannte. Der strategische
Punkt Montereau schien ihm so wichtig, daß er
den Entschluß faßte, mit seiner Person und seinen
Truppen für das Beste des ganzen Heers einzu=
stehen. Wer für einen großen Zweck auch Großes
wagt, steht im Centrum der höchsten kriegerischen
Freiheit. Nicht in jedem General sind diese
Ideen deutlich, und nur wenige besitzen sie in
vorzüglichem Grade. Sie wohnen nur in einem
tapferen Herzen. Das macht sie so bedeutend.
Sie sind die Orakel, welche dem freien Entschluß
das freie Handeln verkünden.

Da der Herzog von Bellune, an der Festig=
keit des Kronprinzen scheiterte, so entsetzte Na=
poleon ihn des Oberbefehls seines Armee=Korps,
und sandte am 18ten des Morgens den Divisions=
General Gerard es zu übernehmen Allein auch
dieser war nicht glücklicher. Drei sich einander
folgende Angriffe wurden zurückgeworfen.

Napoleon, deſſen Operation gegen Bray und Nogent von dem Ausgang dieſes Gefechts abhieng, hatte das Korps des Herzogs von Tarent eben=falls gegen Montereau dirigirt, wo auch das Reuter=Korps von Pajol ſich befand. Zwiſchen 2 und 3 Uhr traf der Kaiſer an der Spitze ſeiner alten Garden ſelbſt ein.

So bedeutenden Streitkräften hatte der Kron=prinz nur noch 12,000 Mann ermattete, und ſeit 2 Tagen im Feuer geſtandene Truppen ent=gegen zu ſetzen. Von 30 Geſchützen waren die Hälfte bereits unbrauchbar und zurückgebracht.

Der Prinz erkannte perſönlich den Kaiſer nicht nur gegenüber, ſondern auch ſeine Anſtal=ten. Zwei Batterien, jede von 30 Geſchützen, alſo 60 Stück, bereiteten den Angriff vor, der in drei Kolonnen (zwei aus Fußvolk und eine aus Reuterei beſtehend), ſich in Bewegung ſetzte. Die Garden erkannte man im Centrum als Reſerve.

Der Augenblick war dringend die Schlacht abzubrechen.

tereau entreißen. Allein, dieser Prinz, in dem
der Wille immer expansiv wie das Licht wirkte,
folgte hier der Freiheit seines Karakters, der sich
nur im Handeln erkannte. Der strategische
Punkt Montereau schien ihm so wichtig, daß er
den Entschluß faßte, mit seiner Person und seinen
Truppen für das Beste des ganzen Heers einzu-
stehen. Wer für einen großen Zweck auch Großes
wagt, steht im Centrum der höchsten kriegerischen
Freiheit. Nicht in jedem General sind diese
Ideen deutlich, und nur wenige besitzen sie in
vorzüglichem Grade. Sie wohnen nur in einem
tapferen Herzen. Das macht sie so bedeutend.
Sie sind die Orakel, welche dem freien Entschluß
das freie Handeln verkünden.

Da der Herzog von Bellune, an der Festigkeit des Kronprinzen scheiterte, so entsetzte Napoleon ihn des Oberbefehls seines Armee-Korps,
und sandte am 18ten des Morgens den Divisions-
General Gerard es zu übernehmen Allein auch
dieser war nicht glücklicher. Drei sich einander
folgende Angriffe wurden zurückgeworfen.

Napoleon, deſſen Operation gegen Bray und Nogent von dem Ausgang dieſes Gefechts abhieng, hatte das Korps des Herzogs von Tarent ebenfalls gegen Montereau dirigirt, wo auch das Reuter=Korps von Pajol ſich befand. Zwiſchen 2 und 3 Uhr traf der Kaiſer an der Spitze ſeiner alten Garden ſelbſt ein.

So bedeutenden Streitkräften hatte der Kronprinz nur noch 12,000 Mann ermattete, und ſeit 2 Tagen im Feuer geſtandene Truppen entgegen zu ſetzen. Von 30 Geſchützen waren die Hälfte bereits unbrauchbar und zurückgebracht.

Der Prinz erkannte perſönlich den Kaiſer nicht nur gegenüber, ſondern auch ſeine Anſtalten. Zwei Batterien, jede von 30 Geſchützen, alſo 60 Stück, bereiteten den Angriff vor, der in drei Kolonnen (zwei aus Fußvolk und eine aus Reuterei beſtehend), ſich in Bewegung ſetzte. Die Garden erkannte man im Centrum als Reſerve.

Der Augenblick war dringend die Schlacht abzubrechen.

Der Engpaß von Montereau setzte diesem Manöver große Schwierigkeiten entgegen. Das rechte Seine-Ufer beherrscht mit der entschiedensten Ueberlegenheit das linke, welches, so wie die Stadt am Zusammenflusse der Yonne und der Seine, keine Vertheidigungs-Mittel besitzt. Auf dieses keine Vertheidigung darbietende linke Ufer, mußte unter schlimmen Umständen übergegangen werden. Es war 4 Uhr gegen Abend.

Der Kronprinz gab seine Befehle. Sie wurden mit Schnelligkeit vollzogen.

Die Reuterei, welche in der Position zerstreut sich befand, gieng von allen Punkten zugleich zurück, und im Trab durch den Engpaß. Ihr wurde das Schicksal des Tages auf dem andern Ufer der Seine anvertraut.

Die Artillerie folgte. Hierauf zog die Infanterie in Bataillons-Kolonnen ab.

Allein General Graf Pajol wurde nicht so bald die Aordnung des Rückzuges gewahr, als

er sich auch schon mit seiner Reuter-Kolonne in
Trab seßte, zwei Bataillons-Kolonnen im Marsch
überraschte, sie durchbrach, und ohne sich aufzuhalten, mit Schnelligkeit in den Engpaß drang. *)

Dieser überraschende Angriff brachte die erschöpfte Infanterie in eine allgemeine Unordnung:
sie stürzte sich die Anhöhe hinab, und suchte die
Brücke zu erreichen. Die feindliche Reuterei war
mit ihr untermischt; im ersten Erstaunen drängte
sich Freund und Feind vorwärts, ohne sich zu
bekämpfen. Die schmale Straße und Brücke erlaubte nur wenigen zugleich den Uebergang, und
das Gedränge stieg auf das höchste, als auch
aus den Häusern der Vorstadt, von den Einwoh-
nern auf die verbündeten Truppen gefeuert wurde.

---

*) Graf Pajol stürzte bei diesem Chok Bergab,
auf einem Boden, welcher durch Glatteis gefährlich geworden war, so bedeutend, daß,
da zugleich alte Wunden aufbrachen, der
Kaiser ihn, mit Gunst überhäuft, nach Paris
bringen ließ, seine Gesundheit wieder herzustellen.

Der Kronprinz selbst war bereits von Feinden umringt, und nur mit der augenscheinlichsten Gefahr, erreichte er kämpfend das andere Ufer. Hier traf er die Reserve-Infanterie-Brigade Prinz von Hohenlohe an, und befahl dem 6ten Infanterie-Regiment über die Brücke zu bringen, um die jenseitige Vorstadt vom Feinde zu reinigen, und den zerstreuten Truppen den Uebergang zu erleichtern. Mit gefälltem Bajonet drang dieses Regiment in die Vorstadt, und rettete dadurch einen großen Theil der Infanterie. Die feindliche Ueberlegenheit, und hauptsächlich ein mörderisches Kartätschenfeuer nöthigten aber auch dieses Regiment zum Rückzug, welchen es mit vieler Haltung vollzog, jedoch ohne mehr zu Zerstörung der Brücke Zeit zu gewinnen.

Die gerettete Infanterie hatte sich bei Marolles wieder gesammelt, und war mit einbrechender Dunkelheit nach Bazoches marschirt, bei welchem Dorfe sie ein Lager bezog.

So wie das Fußvolk aus der Stadt war, trat die Reuterei in Scene. Sie stand staffelweis in zwei Treffen, zwischen den beiden Straßen von Bray und von Sens: zwei Regimenter in erster, drei Regimenter auf Treffen-Entfernung, in zweiter Linie. Eine reitende Batterie, die einzige noch brauchbare, auf dem rechten Flügel des ersten Treffens, an der Straße nach Bray.

Das Terrain ist hier offen, und gestattete der Reuterei frei zu manöveriren.

Die französische Reuterei formirte sich in Kolonne am Ausgang der Vorstadt, gedeckt durch die letzten Häuser derselben. Ihre reitende Artillerie eröffnete mit der unsrigen eine lebhafte Kanonade. Obgleich in auffallender Minderzahl, hielt diese das Feuer standhaft aus, und erwiderte es mit Wirkung.

Unsere Reuterei, deren Stellung mit Umsicht und Rücksicht auf den Boden gewählt war, erlitt hier nur unbedeutenden Verlust durch das französische Artillerie-Feuer. Der französischen Reuterei fortwährend das Gefecht anbietend, blieben wir, ohne eine Bewegung zu machen, bis-

die völlig eingetretene Nacht uns überzeugte, daß dieselbe nicht geneigt war, es anzunehmen.

Wir traten hierauf den Rückmarsch an, und lagerten bei la Tombe. Vom Feinde folgte nichts.

Reflexion.

Dieses ruhmvolle Treffen gab der Haupt-Armee Zeit sich zu vereinigen. Indem es Napoleon von seiner kürzesten und vortheilhaftesten Operations-Linie, welche Bray oder Nogent war, abzog, gab es ihm zugleich den unersetzlichen Verlust von 3 Tagen. Die Haupt-Armee auseinander zu werfen, und die getrennten Theile einzeln zu schlagen, dies große Ziel war nun nicht erreicht. Statt großen, erfolgreichen Resultaten, gewann Napoleon nichts als den Rückzug der vereinigten Haupt-Armee für eine kurze Zeit. Die große Katastrophe wurde blos verzögert, nicht abgewendet.

So folgenreich und eingreiffend war das Treffen von Montereau. Der heldenmüthige Entschluß des Kronprinzen von Württemberg hatte großen Einfluß auf die Geschichte der Zeit. Sein Händeln weckte zu Thaten, und erhielt den gebahnten Weg zu den großen Begebenheiten, welche 6 Wochen später diesen Krieg endeten, und eine der größten historischen Katastrophen wurde.

That und Entschluß in einem großen Augenblicke vereint, dient in der Vollbringung entfernten Zeiten noch zum Schauspiel.

Gefecht bei Vendoeuvres am 25. Februar 1814.

———

Der Kronprinz von Württemberg machte die Nachhut der Haupt-Armee.

Als der Feind Nachmittags aus Vendoeuvres vorrückte, zog sich der Nachtrab langsam zurück.

Wir hatten das Terrain zu einer Ueberraschung benutzt.

Als nämlich der Feind bis an den Punkt gekommen war, wo die gerade, aber wenig gangbare Straße nach Bar-sur-Aube, sich von der über Arçonval trennt, rückte ein in Versteck gelegtes Reuter-Regiment in die linke Flanke, der

vor-

vormarschierenden Reuter-Kolonne, während man mit zwei andern Regimentern einen Chok in Linie auf die Front des Feindes machte. Zwei Regimenter blieben in Reserve.

Dieser Angriff hatte ein so vollkommenes Gelingen, daß der Feind bis nach Vendœuvres, wo die, in diesem Augenblick vorrückende französische Infanterie sich schnell formirte, zurückgeworfen wurde. Nach diesem Chok zog man sich langsam zurück. Es dauerte eine Stunde bevor der Feind wieder zum Vorschein kam.

Der Kronprinz marschirte diesen Abend noch bis hinter die Aube bei Arçonval.

Reflexion.

Eine Nachhut muß sich immer erinnern, was sie thun kann, den Feind durch Ueberraschungen zu erstaunen; sie muß wissen was zu thun ist, und darf nie lässig am Ruder sitzen. Ein schnelles Handeln giebt den Truppen Kühnheit und erhöht ihr Vertrauen. Die Stürme des Unglücks werden dadurch gemildert. Die allgemeine Stimmung des Heers, wird durch glänzende Nachtrab-Gefechte allmählig gebildet, gestärkt und wächst von der Unruhe trüber Ahnungen, zu Hoffnungen glücklicher Tage.

Der Befehlshaber eines Nachtrabs muß die Macht kühner Entwürfe berechnen, und das in ihn gesetzte Zutrauen rechtfertigen, dadurch, daß er keine Ausführung der Entwürfe versäumt.

Gefecht bei Plancy am 20. März 1814.

Die lange getrennt und nur in kleinen Gefechten thätig gewesene Haupt-Armee, wurde bei
Troyes versammelt, und rückte in mehreren Kolonnen zu neuer Thätigkeit gegen Plancy und
Arcis-sür-Aube.

Dem Kronprinzen von Württemberg wurde
außer dem 4ten Armee-Korps, auch der Oberbefehl
über das 3te und 6te Armee-Korps.

Nach der Disposition des Oberfeldherrn,
marschirte der Kronprinz in drei Kolonnen, von
Troyes auf der Straße nach Plancy gegen Arcis.

Die offene und ebene Gegend, nur von wel-
lenförmigen Erhöhungen unterbrochen, erlaubte
den Marsch in breiten Kolonnen.

Der Kronprinz setzte sich an die Spitze seiner Reutterei, die nun aus den beiden leichten Divisionen des Prinzen Adam von Württemberg und des Grafen von Pahlen, so wie aus der österreichischen Kürassier=Division des Grafen von Nostiz bestand.

Diese Reuterei marschirte in zwei Kolonnen, über Pont St. Hubert, und die flachen Höhen von les grandes Chapelles und Premierfait, dem Fußvolk voraus. Graf Pahlen rechts — Prinz Adam links — Graf Nostiz folgte.

Gegen Mittag ruheten die Kolonnen einige Zeit in der Gegend von Aube=terre.

Vom Feinde war nichts zu bemerken.

Der Chef des Generalstabes der Reuterei, welcher den Vortrab führte, entdeckte endlich Nachmittags gegen 5 Uhr von den Höhen von les grandes Chapelles, das Dorf bereits im Rücken, eine feindliche Kolonne Reuterei, von Mery nach Arcis marschirend. Es war die Reuter=Division der alten Garde, zu der auch die Mamelucken gehörten. Sie marschierte mit Schwadronen in geschlossenen Kolonnen, neben der Straße.

Als diese Reuterei die Spitzen unserer Kolonnen entdeckte, und sich dadurch von Arcis bereits abgeschnitten sah, machte sie kehrt, und wendete wieder zurück gegen Mery, wo sich noch das Korps des Herzogs von Tarent befand.

Die Marschdirektion des Vortrabs führte gerade auf die rechte Flanke des Feindes, ein Vortheil der durch Zaudern bald verloren gegangen seyn würde. Man folgte also der gegebenen Einladung zum raschen Angriff, und chokirte mit dem 2ten Jäger-Regiment, *) welches den Vortrab bildete, in geschlossener Kolonne mit Schwadronen, die bereits entweichende rechte Flanke der feindlichen Reuterei. Als diese die Unmöglichkeit sah, dem Gefecht zu entgehen, machte sie Halt, Front, und suchte rechts zu schwenken.

---

*) Der Kommandeur des Regiments war krank und abwesend.

Allein man gab ihr dazu keine Zeit. Das Regiment des Vortrabs chokirte schon die Flanke.

Die französische Reuterei war in ihren Evolutionen langsam und schwerfällig. Sie verstand anzugreiffen, aber die Manöverier-Kunst war auf keinem hohen Grad der Vollkommenheit. Ein rascher Gegner gewann leicht Vortheile.

Dieser Flanken-Angriff kam der Rechtsschwenkung zuvor, erschütterte selbst die alte Garde, und brachte sie in Verwirrung. Sie machte aufs Neue kehrt, und wandte sich, übrigens fest geschlossen, gegen Mery. Die Vortheile der Kolonne bei Rückzügen zeigten sich hier. (Siehe 2ter Th. Seite 145.)

Als Graf Pahlen, den Chok des Vortrabs auf die Flanke des Feindes erkannte, wollte er keine Zeit mit Anordnungen verlieren, und sandte sämmtliche Kosacken seiner Division in wilder Unordnung dem Feinde nach; die Oliopolchischen und Grobnoschen Husaren dirigirte er zugleich gegen Plancy. Die übrige Reuterei hatte sich während dem Choc des Vortrabs formirt; allein nur von der württembergischen Division folgten zwei Regimenter der Bewegung des Vortrabs. Die übrige Reuterei blieb auf den Höhen zurück, da ihre Mitwirkung nicht mehr erfordert wurde. Der Angriff des 2ten württembergischen Reuter-Regiments hatte entschieden. Der Feind wurde vollkommen geworfen, zur Flucht gezwungen, und auf derselben lebhaft verfolgt. Wahrscheinlich würde die feindliche Reuterei ganz aufgerieben worden seyn, wenn nicht in Mery Infanterie zu ihrer Aufnahme bereit gewesen wäre. Demungeachtet wurden ungefähr 100 Mann zusammengehauen, und 1 Oberst, 12 andere Offiziere und über 300 Mann zu Gefangenen gemacht; ein Brücken-Train und viele Bagage und Pferde erbeutet.

Reflexion.

Jeder Flanken-Angriff der Reuterei, gegen Reuterei wirkt schnell. Wenn sich ihre kühne Kraft, wie in einem Strome, gegen die Schwächen

des Gegners wirft, so zerstört sie in ihrem Fort-
schritt, und nichts mehr hält die Wirkung dieser
Kraft auf. Gefechte sind die Schule des Kriegers. Sie enden alle Fragen über die Richtigkeit taktischer Wahrheiten. Der Entschlossenste,
der Gewandteste ist Sieger. Die Summe dessen,
was jeder nicht ist, erscheint im Verluste.

Schlacht

Schlacht von Arcis-sur-Aube am 21. März.

Napoleon hatte seine Armee auf dem linken Ufer der Aube in einem Halbkreis vor jener Stadt aufgestellt; sein rechter Flügel hielt le moulin neuf und der linke grand Torcy besetzt.

Sobald der Kaiser die ganze Haupt-Armee sich gegenüber, vereinigt und in Schlachtordnung erkannte, trat er Mittags den Rückzug durch Arcis an.

Als gegen 3 Uhr Nachmittags dieser Rückzug bei der Haupt-Armee gewiß schien, erhielt der Feldmarschall Fürst Wrede den Auftrag, bei Rameru und Lesmont über die Aube zu gehen und

Bismark Ideen-Taktik.   Do

gegen die linke Flanke, des sich zurückziehenden
Feindes zu manöveriren.

Der Kronprinz von Württemberg war befeh=
ligt, mit dem dritten, vierten und sechsten Armee=
Korps Napoleon, so weit derselbe noch diesseits
der Aube vor Arcis in Stellung war, anzu=
greiffen. Es war beinahe 4 Uhr Nachmittags,
als der Fürst Schwarzenberg auf der Höhe von
Mesnil, wo sich auch der russische Kaiser und
der König von Preußen befanden, durch 3 Kano=
nenschüsse das Zeichen zur Schlacht gab.

Der Kronprinz hatte die ganze Reuterei der
3 Armee=Korps in der Ebene rechts von St.
Remy aufgestellt.

Der Kronprinz ließ die vereinigte Artillerie
der 3 Armee=Korps vorrücken, und eröffnet aus
ungefähr 120 Geschützen den Angriff.

Die Reuterei deployirte; die Division Prinz
Adam auf dem rechten Flügel, ihr zunächst die
Kürassier=Division Graf. Nostiz, und auf dem

linken Flügel, die Division Graf Pahlen. Der
Artillerie folgend, marschirte die Reuterei in
Staffeln mit Regimenter von beiden Flügeln vor.

Das Fußvolk rückte in drei Kolonnen mit
Kompagnie Breiten nach; die des dritten und
vierten Armee=Korps von der Höhe von Mesnil
la Comtesse, die des sechsten Armee=Korps aber
links, längst der Straße von Vour. Den Raum,
der sich zwischen den beiden ersten, und der drit=
ten Infanterie=Kolonne befand, sollte die Reuterei
bewachen.

Das russische Grenadier=Korps blieb in
Reserve.

Dieser Schlachtordnung und der Wirkung
eines Artillerie=Feuers, welches in so überlegener
Zahl in die Gefechts=Linie rückte, vermochte der
Feind nicht zu widerstehen. Er wich zurück.

Napoleon hatte die Stunden von Mittag bis
3 Uhr Nachmittags nicht verloren. Die franzö=
sische Armee war großentheils schon durch den
Engpaß von Arcis gegangen, und befand sich

auf dem Marsch nach Vitry. Nur der Herzog von Reggio mit 3 Divisionen Fußvolk, und das 2te Reuter-Korps des Grafen Sebastiani waren noch in der Position, mit dem Befehl Arcis zu behaupten, und den Rückmarsch des Heers zu decken.

So wie Graf Sebastiani die überlegene Reuterei gegen sich anrücken sah, und das zerstörende Artillerie-Feuer seine Reihen lichtete, zog er sich mit vieler Ruhe durch das Fußvolk, und trat den Rückzug an. Bei dieser Bewegung litt seine Reuterei durch Kartätschen-Feuer außerordentlich. Er gieng bei der Stadt, unter dem Schuß einer auf dem rechten erhöheten Aube-Ufer vortheilhaft gestellten großen Batterie, durch eine Furth, während die Artillerie durch Arcis zog, und die Infanterie sich in eine enge Stellung am Eingang der Stadt, zur letzten Vertheidigung aufstellte.

Der Kronprinz ließ den Halbzirkel, den die von ihm befehligten Truppen bildeten, immer enger schließen. Der Feind, wollte er nicht gedrückt werden, mußte sich zurückziehen. Ohne den Chok, der ihm drohete, abzuwarten, zog er sich auch in die letzte Stellung bis zur Stadt zurück.

Es wurde bereits Nacht, als der Prinz Eugen von Württemberg diese letzte Stellung mit dem Bajonet angriff und überwältigte.

Der Marschall zog sodann die letzten Truppen über die Aube, und ließ die Brücken zerstören.

Reflexion.

Der Kronprinz von Württemberg erscheint in der Schlacht von Arcis=für=Aube als ein Feldherr, in dem die positive Polarität der taktischen Kunst klar ist, jene Kunst, die das Wesen des Geistigen in sich aufgenommen hat: das Erhabene der Handlung ist ihr Karakter.

Jede Waffe läßt er abgesondert wirken, jede hat ihre eigene Indifferenz=Linie, und doch sind alle drei verbunden, drängen sich aneinander, und erreichen, sich gegenseitig unterstützend, vereinigt ihr Ziel. Dies ist der Maßstab, der dem Taktiker den Kranz giebt.

Die große Vereinigung jeder Waffe, und die eben dadurch fähig wird die höchste Kraft zu entwickeln, ist der Brennpunkt aller taktischen Kunst. Die Vereinigung der Wirkung aller drei Waffen zu einem Ziel, eine Wirkung an die, wie auf eine drohende Wolke, alle Blicke sich heften, ist die geniale Kraft des Taktikers, die vollendet sich nur im Meister ausdrückt.

Gefecht bei Groß-Trouan und Sommepuis am 23. März.

———

Der Vortrab des Kronprinzen von Würtemberg traf den Nachtrab des französischen Heeres Nachmittags bei Groß-Trouan, auf dem Marsch gegen Vitry.

Unter dem Grafen Sebastiani waren ungefähr 4000 Pferde vereinigt. Vor ihm marschirte der Herzog von Reggio mit drei Divisionen Fußvolk.

Der Fürst von der Moskwa führte den Oberbefehl, und begrüßte uns aus einer Batterie von zwölfpfündigen Geschützen.

Das noch in der Kindheit sich befindende
Schützen-System, wurde hier mit dem besten
Erfolg angewendet. Man umgab mit dem Vortrab die in Kolonne sich zurückziehende französische Reuterei, fügte ihr durch Karabiner-Feuer
beträchtlichen Schaden zu, und nöthigte sie ihren
Marsch so sehr zu übereilen, daß sie Munitions-
und eine große Menge Bagage-Wagen zurück-
lassen mußte.

Dies wirkte zugleich auf den Marschall, Herzog von Reggio, der einen zahlreichen Park von
Kriegs-Stoffen und Pontons in Sommepuis zu-
rückließ, welcher dem russischen General Dza-
romsky zufiel.

Man verfolgte auf diese Art, mit plänkern-
den Schützen die französische Reuterei, bis unter
die Höhen von Vitry.

Der Kronprinz hatte Befehl gegeben, daß
die Reuterei ihren Marsch beschleunigen und mit
dem Vortrab sich vereinigen sollte. Als diese
Vereinigung bewerkstelligt war, schnitt jedoch die

indeſſen eingetretene Nacht, einen entſcheidenden
Angriff ab.

Reflexion.

Die franzöſiſche Reuterei blieb während dieſem Marſch in geſchloſſenen Kolonnen, ohne Flankeurs vorzuſenden. Sie hatte dieſem wichtigen
Gegenſtand niemals viel Aufmerkſamkeit gewidmet. Dieß zog ihr häufig Verlegenheiten und
Verluſt zu. Die Bildung geſchloſſener Kolonnen
ſicherte gegen Angriffe eines Vortrabs, der zu
einem Choc nicht ſtark genug war, aber er ſicherte
nicht gegen ein gutgeleitetes Karabiner-Feuer.
Der Mangel eines Schützen- oder Flankeur-
Syſtems bei der Reuterei, zeigte ſeine Nachtheile
erſt im Unglück und bei Rückzügen. Den Mangel
eines ſolchen Syſtems bei der franzöſiſchen Reuterei kennend, umgab man ihre Kolonnen mit
einem Schwarm Flankeurs. Unſere Schützen
waren auf ihrer Front, tödteten ihre Offiziers
und Unteroffiziere, ohne daß ſie ein Mittel hatten,
dieſe läſtigen Beſucher in reſpektvoller Entfernung zu halten.

Dies ist nicht das erstemal daß die Geschichte dieser Zeit, zugleich die Vortheile und die Nachtheile des Schützen-Systems sehen läßt. Zeugniß und Lehre geben die Begebenheiten, die man erläuternd erzählt. So wird eine Nachlese dessen, was andere nicht finden, wichtig, um durch Thatsachen Prinzipien und Systeme zu legitimiren. Die glänzendsten Thaten verlieren sich, wenn sie nicht der Mittelpunkt werden, in dessen Dauer sich Grundsätze verewigen, aus denen zukünftiges Handeln emporkeimt.

I.

Der Lichtpunkt eines taktischen Systems ist der Krieg. Dort bilden, regen, entzünden sich Krieger in täglichen Gefechten: denn in Kriegsverhältnissen entwickelt sich erst die Taktik zur Praktik.

Der Friede erschlafft den Geist; alles Wissen der taktischen Kunst wird Stückwerk, vereinzelte Gegenstände, nicht ein Ganzes, die ganze Taktik selbstfindige Forschung.

Gefechte bei Fère-Champenoise am 25. März 1814.

(Tab. XX. und Beilage I.)

—

Bei Vitry hatte die abermalige Vereinigung der Haupt- und schlesischen Armee statt.

Napoleon glaubte durch eine Operation gegen den Rhein, die Verbündeten sich nach- und auf ein anderes Kriegstheater zu ziehen. Er irrte, denn sie hatten seine Schwäche endlich bei Arcis-sur-Aube erkannt, übersahen die ganze große Crisis, und — marschirten auf Paris; das Haupt-heer auf der Straße über Fère-Champenoise, Sezanne und Coloumiers gegen Meaux, das schlesische Heer über Montmirail und la Ferté sous Jouarre gegen Meaux.

Der Kronprinz von Württemberg setzte sich mit dem 3ten, 4ten und 6ten Armee-Korps gegen 4 Uhr Morgens von dem Lager bei Vitry aus, auf der großen Straße über Fère-Champenoise in Marsch.

Die Division Graf Pahlen marschirte rechts der großen Straße, die Division Prinz Adam von Württemberg links derselben, beide in geöffneten Kolonnen mit Schwadronen. Die reitende Artillerie beider Divisionen neben einander auf der Straße. Dem Grafen Pahlen folgte die russische Kürassier-Division des General-Lieutenant von Kretow, der eine Batterie von 12 Geschützen attachirt war. Dem Prinzen Adam folgte die österreichische Kürassier-Division Graf Nostiz.

Das Fußvolk der drei Armee-Korps marschirte der Reuterei in drei breiten Kolonnen nach.

Der übrige Theil des Hauptheers folgte dem Kronprinzen.

Der Chef des Generalstabs der Reuterei des Kronprinzen führte den Vortrab. *)

---

*) Der Kronprinz, welcher zu Anfang des Feld-
zugs nach der Methode, wie sie bei der österreichischen Armee in Anwendung war, gemischte Vorwachen bildete, war seit der Schlacht
von Montereau davon abgegangen. Die Methode der gemischten Vorwachen soll bezwecken,
daß die Truppen durch wechselseitigen Schutz
und Vertheidigung mehr Stärke gewinnen.
Die Erfahrung belehrte den Kronprinzen, daß
die Truppen an Stärke verlieren, wenn sie
untermischt, ihre Selbstständigkeit nicht mehr
behaupten können. Der Kronprinz vertraute
seit jener Zeit die Sicherheit seines Heeres,
sowohl in der Bewegung als in Ruhe, seiner
leichten Reuterei, und hat diesen Entschluß
nie zu bereuen gehabt. Derjenige, welcher
die Sorge des Befehls der Reuterei hat, muß
den Vortrab selbst führen, und auf den Vorposten gleichsam mit offenen Augen schlafen:
wo jeder Augenblick Entscheidung fordert,
kann nur derjenige sie geben, der Zeuge der
Begebenheiten und der Veränderungen ist, die
jeder Augenblick geben kann. Im Kriege giebt

Die Gegend, durch welche der Marsch führte, erlaubte in breiten Kolonnen zu marschiren. Dieser Theil der Champagne ist offen, und ihre unbedeutenden Erhöhungen und kleinen Bäche, die keine beschwerliche Engwege bilden, setzen

---

jeder Tag Anlaß zu Reflexionen, jedes Gefecht bereichert die Erfahrung, und jede Stunde bringt Veränderungen.

Napoleon entwarf vom General Stengel auf St. Helena, als das Ideal eines Reuter-Generals folgende kurze Karakteristik: „Stengel „war ein vollkommener Reuter-General. Zwei „oder drei Tage vor seinem Tode drang er „zuerst in Lezegno ein; der erste Consul langte „einige Stunden später daselbst an und alle „Anordnungen, die nöthig waren, hatte Sten-„gel bereits getroffen. Die Engpässe, die „Furthen waren recognoscirt, sichere Führer „herbeigeschafft, der Pfarrer und Postmeister „ausgefragt, Verbindungen mit den Einwoh-„nern angeknüpft, in mehreren Richtungen „Spione ausgeschickt, die Briefe auf der Post „weggenommen und diejenigen, welche mili-„tärische Notizen versprachen, übersetzt und „analysirt worden. Alle Maßregeln waren

den Bewegungen der Massen, in vereinigten Massen, keine erhebliche Hindernisse entgegen. Die Witterung war, einige Stürme abgerechnet, im Ganzen trocken; und so günstig als von der Jahrszeit war immer zu erwarten seyn: konnte. Die Wege waren gut.

Der größere Theil des Hauptheers war also dem Befehl des Kronprinzen vertraut, der diesen entscheidenden Marsch damit auf eine Art eröffnete, die der Selbstständigkeit und der Kraft seines Karakters entsprach.

Erster Moment.

Die Kolonnen hatten bei dem Dorfe Eske einen kurzen Halt gemacht, und setzten gegen 8 Uhr ihren Marsch fort.

„getroffen, um Magazine zum Unterhalt der „Truppen zu bilden. Unglücklicherweise hatte „Stengel ein kurzes Gesicht, ein wesentlicher „Mangel für einen Reuter=General, der ihm „verderblich wurde. Stengel blieb in der „Schlacht bei Montenotte 1796.“

Ein starker Nebel beschränkte den Gesichtskreis.

Diesem Umstand ist es beizumessen, daß die
Schützen der Vorwache eine Doppel-Vedette des
Feindes, die auf der Höhe vor Soubé St. Croix
stand, gefangen nahmen. Diese Vedette konnte
noch nicht erkennen was aus der Niederung ihr
entgegen kam, während man ihre Stellung auf
der Höhe schon deutlich im Gesicht hatte.

Der Zug der Vorwache gieng im Galopp
auf die Höhe, und schnitt dadurch noch mehrere
Vedetten ab. Der ganze Vortrab folgte im Galopp.
Dies machte Lärm.

Man erfuhr durch die Gefangenen, daß der
Marschall, Herzog von Ragusa, hinter Soubé
St. Croix lagerte und der Herzog von Trévise hinter
Domartin.

Der Zug Artillerie des Vortrabs war jetzt
ebenfalls im Trab auf der Höhe angekommen.
Die Kugeln dieser Geschütze, die bis ins feindliche

ihre Lager richten, benachrichtigten diesen von der Anwesenheit der Verbündeten; ihr Donner meldete dem Kronprinzen, daß man auf den Feind gestoßen war.

Der Vortrab warf die feindlichen Reiter-Vorposten ins Dorf, welches mit Infanterie besetzt war.

Man hörte Trompeten- und Trommelschall im feindlichen Lager. Es war ein förmlicher Ueberfall.

Der Nebel zog in die Höhe. Dies gab Aussicht auf Regen.

Der Kanonen-Donner rief die Divisions-Generale; sie versammelten sich auf der Höhe; einige Augenblicke nachher war auch der Kronprinz da. Er gab sogleich seine Befehle.

Graf Pahlen sollte rechts in Staffeln vorm schiren, Saudé notre Dame und Domart gehen, und die linke Flanke des Feindes angr

Bismarks Ideen-Taktik.   P p

Prinz Adam von Württemberg sollte links mit Regimenter in Staffeln, in die rechte Flanke des Feindes angriffsweise vormarschiren.

Die Küraffier-Divissionen sollten im Zentrum vorrücken. Die zwei württembergischen reitenden Batterien wurden dem Grafen Nostiz, welcher keine Artillerie hatte, zugetheilt. Sie hatten sich bereits auf der Höhe in Batterie gesetzt, und eröffneten eine Kanonade.

Als der Herzog von Ragusa das Erscheinen so bedeutender Reuter-Massen sah, trat er seinen Rückzug gegen Sommesous an. Um seinen Marsch zu decken, und seine Vereinigung mit dem Herzog von Trévise während demselben zu erleichtern, ließ er Soudé St. Croix durch 4 Voltigeur-Kompagnien vertheidigen, zu deren Aufnahme die ganze Reuterei eine Stellung nahm.

Die Bewegung der Reuterei im Gang, griff der Vortrab Soudé St. Croix an, indem die Schützen der württembergischen Reuterei absaßen, und zu Fuß in die Gärten drangen. Mit eini=

gen Schwadronen hatte man das Dorf bereits links umgangen. Als nun die Voltigeurs das Dorf verlassen wollten, nahm man sie in Empfang, und was sich nicht ergab, wurde niedergehauen.

General Bordesoulle, der dies sah, wollte mit seiner Reuterei kein müßiger Zuschauer bleiben, und rückte, in 2 Linien deployirt, vor, die Voltigeurs zu befreien.

Allein Graf Pahlen hatte bereits Demartin umgangen und breitete sich, der Disposition des Kronprinzen gemäß, in der Ebene aus. Er sah nicht so bald die Bewegung des General Bordesoulle, als er auch schon mit 2 Husaren-Regimenter in die linke Flanke beider Treffen desselben eilte, während der Kronprinz mit dem Husaren-Regiment Erzherzog Ferdinand und dem 4ten württembergischen Reuter-Regiment die rechte Flanke beider Treffen chokirte.

Was von dem Vortrab verfügbar war, füh man auf die Front des Feindes. General B besoulle vermochte diesen vereinigten und zusammentreffenden Angriffen nicht zu widerstehen: er wurde geworfen, und konnte sich erst hinter seiner Infanterie setzen, welche in guter Ordnung und in festen Kolonnen sich zurückzog. Beide Marschälle hatten sich auf dem Marsch vereinigt.

Zweiter Moment.

Der Vortrab rückte bei den Divisionen ein, die nun unter der unmittelbaren Leitung des Kronprinzen, nach der zuerst gegebenen Disposition, mit vorgeschobenen Flügeln gegen beide Flanken des Feindes manöverirten. Die leichten Divisionen auf die äußersten Flügel, die Küraffier-Divisionen mit 24 Geschützen im Zentrum.

Das Reuter-Gefecht bei Soubé St. Croix hatte den vereinigten Marschällen Zeit gegeben, bei dem Dorfe Chapelaine eine vortheilhafte Stellung zu nehmen. Der linke Flügel war an dieses Dorf gelehnt, und durch die sumpfigten Ufer eines kleinen Baches gegen Angriffe der Truppen zu Pferde gesichert.

Die Stellung lief auf den Höhen fort, welche eine zahlreiche Artillerie vertheidigte. Hinter dem rechten Flügel, den kein natürliches Hinderniß deckte, hielt der größere Theil der Reuterei in Kolonnen vereinigt.

Die Marschälle, da sie noch kein Fußvolk gegen sich sahen, glaubten in dieser Stellung den Angriffen der Reuterei, mit Aussicht auf Erfolg, widerstehen zu können.

Der Kronprinz aber wollte die Ankunft seines Fußvolks nicht abwarten, und gab seine Befehle zum Angriff.

Ein Angriff auf einen, in vortheilhafter Stellung sich befindenden Feind, mit den Hülfsmitteln einer zahlreichen Artillerie wohl versehen, gehört zu den kühnsten und schwersten Aufgaben. Die Truppen dieser beiden Korps, wurden zu den Besten der französischen Armeen in jener Zeit gerechnet. Das Fußvolk war noch unerschüttert.

Den Entschluß, die Marschälle in dieser Stellung mit den vorhandenen Mitteln anzugreiffen, konnte nur ein General faffen, der ſtets nur einem höhern Zweck gehorchte. Der Kronprinz glaubte auf der Bahn des Schickſals zu ſtehen. Mit Kraft gebrauchte er die ihm anvertrauten Mittel, die Bahn des Schickſals zu öffnen.

Aber der Angriff, ſollte er gelingen, erforderte Vorbereitung.

Graf Pahlen hatte, um den ſumpfigten Bach zu umgehen, welcher ihn hinderte an den Feind zu kommen, ſich zu weit rechts gewendet, und dirigirte ſich Lenhare rechts zu umgehen: die Küraſſier=Diviſion Kretow war ihm gefolgt. Es waren alſo nur die beiden Diviſionen des Grafen Noſtiz und des Prinzen Adam zum Angriff verwendbar. Die Diſpoſition erlitt daher die Abänderung, daß Prinz Adam beide Flanken der Küraſſiere, während der Attake decken ſollte.

Graf Noſtiz, als man ihm den Befehl brachte, anzugreiffen, marſchirte in zwei Treffen, in Divisions-Kolonnen (zwei Schwadronen eine Kolonne bildend). Er gieng in dieser Ordnung in das Tempo zum Angriff über, ohne zu deployiren. Die Artillerie hatte den raschen Bewegungen nicht folgen können, und ihre Mitwirkung fehlte. Graf Nostiz, dem das Mißliche einer Attake unter solchen Umständen, nicht entgieng, hoffte durch Schnelligkeit die Sicherheit zu ersetzen. Er rückte an der Spitze des ersten Treffens, im Galopp die Höhe hinauf, die Front der feindlichen Stellung zum Objekt nehmend.

Durch einen falsch ausgerichteten Befehl wurde die ganze Division Prinz Adam, von dem linken Flügel, wo man sie deployirt gelassen hatte, in dem entscheidenden Augenblick der Attake des Grafen Nostiz, hinter den Kürassieren weg auf den rechten Flügel derselben geführt. Man brachte, in die Bewegung eilend, mit Mühe die beiden letzten Regimenter zum umkehren, und gieng mit ihnen in Kolonne und in Galopp, der Dragoner-Division unter dem General Belliard, entgegen, welche hinter dem rechten Flügel des Fußvolks hervorbrechend, die linke Flanke der

Küraffiere bedrohete. Man war so glücklich diesem Angriff in der Flanke zu begegnen, und ihn
nicht nur aufzuhalten, sondern zurück zu werfen.

Die Marschälle empfiengen unsern Angriff
mit dem Spiel ihrer ganzen Artillerie. Graf
Nostiz blieb noch immer und so lange im ruhigen Vormarsch, als er nur im Kugelschuß war.
Als er aber in die Nähe des zerstörenden Kar-
tätschen-Feuers aus mehr denn 60 Geschützen,
ankam, kämpfte er umsonst gegen die Verwirrung,
welche die Divisions-Kolonnen ergriff.

In diesem kritischen Moment erschien der
General Latour-Foissac mit einer leichten Reuter-
Division, das 8te Chasseur-Regiment Direction
gebend, und machte einen Frontalchok auf das
erste Treffen der österreichischen Küraffiere. Die
Divisions-Kolonnen, bereits durch das Kartätschen-
Feuer erschüttert, konnten diesem Angriff nicht
widerstehen. Sie wichen zurück. Die Nachtheile
der Divisions-Kolonnen zeigten sich hier auffallend. Es war selbst dem Grafen Nostiz, welcher
bei keinem Glückswechsel Geistes-Gegenwart
verlor,

verlor, nicht möglich, die Folgen abzuwenden, die entstehen, wenn Divisions-Kolonnen in innere Verwirrung gerathen.

Der Augenblick wurde noch kritischer. General Bordesoulle brach mit einer Kürassier-Division, in zwei Linien, die beiden ausgezeichneten Karabiniers-Regimenter im ersten Treffen, durch die Intervallen des Fußvolks, und attakirte die rechte Flanke des Grafen Nostiz. Diesem Angriff warf sich der Kronprinz, an der Spitze des Husaren-Regiments Erzherzog Ferdinand entgegen. Ihm folgten die zwei andern württembergischen Regimenter, welche, wie wir gesehen, rechts gezogen waren. Der Kronprinz stürzte sich mitten in den Feind. Von feindlichen Kürassieren umgeben, focht er hier für sein Leben. Wenn ein Königlicher Prinz das Beispiel der Tapferkeit giebt, wer könnte da zurückbleiben? Die braven Ungarn riefen sich in ihrer Sprache zu: „seht doch den Kronprinzen, bei Gott, er ist der Tapferste von uns Allen!" Dieses Beispiel entschied. General Bordesoulle wurde geworfen, und bis an das Fußvolk verfolgt.

Bismarks Ideen-Taktik. Qq

General Noſtiz, nachdem er die Herrſchaft über das erſte Treffen verloren hatte, ſetzte ſich vor das zweite, rückte mit demſelben vor — und warf, den ebenfalls in Unordnung gerathenen General Latour-Foiſſac, nun ſeinerſeits.

Der linke Flügel verfolgte ſchon länger die Dragoner-Diviſion des General Belliard, und ſtieß dabei auf ein Infanterie-Quarré; die Pferde waren jedoch außer Athem. Das Quarré verlor blos 2 Kanonen, und benutzte die Zeit, daß die Regimenter ſich ſammelten, ſeinen Rückzug fortzuſetzen.

Die Marſchälle hatten dies Reuter-Gefecht abermals benutzt, und ihren Rückzug gegen Fère-Champenoiſe angetreten. Ein heftiger Hagelſchauer kam ihnen dabei zu ſtatten, indem er die Bewegungen unterbrach.

Das beendigte Gefecht hatte üble Laune bei den Generalen gemacht. Es hatten Fehler und Mißverſtändniſſe ſtatt gefunden. Die Befehle des Kronprinzen waren nur theilweiſe, und

nicht ganz so, als sein unabhängiger Wille es
wünschte, vollzogen.

Ein Chef des Generalstabs besiegt oft viel
schwerer die übele Laune der Generale, als die
Dispositionen des Feindes. Es gelang jedoch die
gestörte Harmonie wieder herzustellen. Es waren
Männer, die mit dem hohen Bewußtseyn ihres
Werths, ihrer Ehre und der Achtung, die sie
sich gegenseitig schuldig waren, wetteiferten. Der
Ruhm war ihre Verherrlichung, der Sieg ihr
gemeinschaftliches Ziel.

Dritter Moment.

Es war 2 Uhr Nachmittag. Das Wetter
schien sich wieder aufheitern zu wollen.

Die Marschälle hatten bei Commantray eine
gedrängte Stellung genommen, jedoch blos in der
Absicht, um den Truppen einige Erholung zu
geben. Sie erkannten die Nothwendigkeit, ih-

Rückzug fortzusetzen, und dirigirten ihre Parks bereits durch Connantray gegen Fère-Champenoise.

Der Kronprinz sandte den Divisions-Generalen Befehle zu einem neuen Angriff.

Die Artillerie wurde vorgezogen und eröffnete eine Kanonade, welche mit Uebergewicht erwidert wurde.

Die Reuterei beployirte in zwei Treffen.

Mit dem Husaren-Regiment Erzherzog Ferdinand, und an dessen Spitze fechtend, wollte der Kronprinz das Zeichen zu einem konzentrischen Angriff für alle 4 Divisionen geben.

Graf Pahlen, den sein großer Umweg noch immer entfernt hielt, wurde abgewartet: der Kronprinz wollte den Erfolg nicht neuen Ungewißheiten blos stellen.

Die Marschälle, wie sie den Ernst der Vorbereitung erkannten, wollten in ihrer einfachen

Marsch- und Ruhe-Stellung keinen Angriff abwarten; sie ließen also ihre Reuterei, die schon
viel gelitten hatte, den Rückmarsch durch Connantray antreten, um solche in der Ebene jenseits
Fère-Champenoise zur Wiederaufnahme des Fußvolks aufmarschiren zu lassen. Ihr Fußvolk stand
noch in großen Quarrés, jedes von 4 Bataillonen,
in mehreren Treffen hintereinander.

Als sie damit schachbrettartig den Rückzug
antraten, gab der Kronprinz durch eine Attake
mit Erzherzog Ferdinand Husaren auf ein Quarré
von der jungen Garde, das Zeichen zu einer allgemeinen Angriffs-Bewegung der ganzen Reuterei.
Graf Nostiz griff mit der Brigade Desfours dasselbe Quarré von der linken Seite an, während
der Kronprinz es von der rechten Seite chokirte.
Dies Quarré wurde, buchstäblich genommen,
vernichtet, obgleich es 8 12pfündige Kanonen
hatte, und sich mit einer Tapferkeit vertheidigte,
die Achtung einflößte. Der General Jamin, der
es befehligte, wurde im Quarré gefangen.

Zwei andere Quarrés wurden ebenfalls ge=
sprengt, Eins durch die Reuterei des Grafen Pah=
len, Eins durch die des Prinzen Adam.

Zwei andere Quarrés der Brigade Le Capi=
taine widerstanden jedoch allen Angriffen, wider=
standen selbst dann noch, als sie bereits ihre
Artillerie verloren hatten.

Ein neuer Regenguß vermehrte die Unord=
nung, die so groß war, daß die Marschälle sich
in Quarrés flüchteten, welche die Divisionen
Ricard und Christiani formirten. Vor der ver=
bündeten Reuterei, die von allen Seiten hervor=
brach, gab es nur in Quarrés Sicherheit. Die
Heftigkeit des Orkans nahm zu und trug bei,
die Scene noch wilder zu machen. Auf 3 Schritt
war nichts mit Klarheit zu unterscheiden. Dies
erschwerte die Verbindung und Leitung der Reuter=
Angriffe.

Die Marschälle zogen von diesen Umständen
indessen allen möglichen Vortheil, und blieben
mit den Quarrés, in denen sie sich befanden,

im Marſch. Sie durchzogen damit den Engpaß
von Connantray.

24 12pfündige und 10 6pfündige Kanonen,
4 Haubitzen, mehr als 100 Munitions-Wagen,
mehrere Adler, ſämtlicher Bagage-Troß, mehrere Tauſend Todte und über 4000 Gefangene,
ſo wie eine gänzliche Demoraliſirung der beiden
feindlichen Armee-Korps waren das unmittelbare
Reſultat dieſes Angriffs, an dem beinahe die
Hälfte der regulären Regimenter Theil genommen
hatte. Der Geſammtverluſt der verbündeten Reuterei, todt und außer Gefecht geſetzt, betrug
zwiſchen 3 und 400 Mann.

Vierter Moment.

Der Kronprinz gab der Reuterei nur eine
kurze Erholung. Er ſetzte die Verfolgung fort,
als der Himmel ſich wieder aufheiterte. Die Artillerie war ſo erſchöpft, daß ihr vergönnt wurde
bei Connantray zu futtern. Hier blieben auch

die Feldschmieden, um die beschlaglosen Pferde wieder mit Eisen zu versehen.

Die leichten Divisionen umgiengen den Engpaß, die Kürassiere zogen durch. Dieser Marsch verursachte Aufenthalt. Der Engpaß von Connantray war mit Bagage-Wagen versperrt, die wegzuräumen Zeit kosteten; die leichten Divisionen mußten, der sumpfigen Ufer wegen, welche den Bach zu übersetzen hinderten, der das Défilé von Connantray bildet, einen großen Umweg rechts machen, und konnten erst jenseits Fère-Champenoise in der Ebene sich mit den Kürassieren wieder vereinigen. Der Feind gewann einen Vorsprung.

Zwischen Connantray und Fère-Champenoise erschien auch der Großfürst Constantin mit einem Theil der Reuterei der russischen Garde. Der Großfürst marschirte auf der Nebenstraße über Polvre; mithin die rechte Flanke des Feindes umgehend. Diese Bewegung, die auf einer kürzeren Linie, in Sezanne den Marschällen zuvorkommen konnte, war bedrohend. Sie beeilten

daher auch ihren Marsch, durchzogen Fère-Champenoise und marschirten gegen Linthe.

Zwischen diesem Dorfe und dem Dorfe Allemens befinden sich Anhöhen, welche die Marschälle zu einer letzten Aufstellung benutzten.

Der Kronprinz hatte in der Ebene hinter
Fère-Champenoise die Divisionen vereinigt, und
rückte in der primitiven Schlachtordnung, die
leichten Divisionen auf den Flügeln, die Kürassiere im Zentrum, in zwei Treffen deployirt,
dem Feinde nach. Drei leichte Geschütze des General Seslavin war die einzige Artillerie, welche
noch verfügbar war; der Kronprinz zog sie vor.

Das Gefecht, welches um eben diese Zeit
von der schlesischen Armee gegen die Divisionen
Pacthod und Amey bei St. Gond vorfiel, und
bei uns gehört wurde, erweckte bei den Franzosen
die Meinung, daß Napoleon in unserem Rücken
erschienen sey. Mit dem Ausruf: „vive l'Empereur!" machten die Marschälle in gedräng-

Kolonnen eine Bewegung vorwärts. Ihre Reuterei wollte sogar eine Attake machen, wurde aber geworfen und setzte sich dann in die Zwischenräume des Fußvolks, welches in die Stellung bis unter die Höhen von Allemens zurück gieng.

Die Reuterei, welche unter fast unausgesetztem Fechten einen Marsch von 11 Stunden gemacht hatte, war erschöpft, der größere Theil der Pferde beschlaglos; ermüdet und ermattet bedurften sie Pflege, Wartung und Futter. Der Abend dämmerte. Der Kronprinz nahm den Entschluß, das Gefecht zu endigen, und ließ die Regimenter in den nahen Dörfern Kantonnirung nehmen. Der weitere Marsch nach Paris machte diese Sorgfalt dringend nöthig.

Die französischen Marschälle zogen sich, als es Nacht geworden war, unverfolgt bis gegen Sezanne zurück.

Reflexion.

In dieser Begebenheit liegen wieder drei wichtige Punkte:

1.) Der freie Wille bleibt immer im Uebergewicht. Der Kronprinz gewann durch dies Gefecht abermals entscheidenden Einfluß auf den Ausgang des Krieges. Ein gewöhnlicher General hätte mit Vorbereitungen eine kostbare Zeit verloren, sein Fußvolk abgewartet, und wäre im günstigsten Fall bis Connantray gekommen. Das Laviren zwischen Einleitung und Angriff, hätte den Marschällen aber keine Niederlage und keinen Verlust beigebracht, hätte sie mit frischen Kräften bei Paris ankommen, und sicherlich einen ganzen Tag gewinnen lassen. Die wahrscheinlichen Folgen eines solchen Lavirens mit der Gunst des Augenblicks, sind von demjenigen leicht zu berechnen, der mit der Lage und den Begebenheiten am 30. März hinlänglich bekannt ist, und es weiß, wie das Schicksal des Tages und der Welt an Stunden hing! —

Die höchste kriegerische Eigenschaft ist das Freie des Entschlusses. Zu nichts Höherem kann sich der General erziehen. Diese höchste aller Eigenschaften wird nur lebendig in der Tapferkeit.

2.) Die unwiderstehliche Macht der Truppen zu Pferd (Reuterei und reitende Artillerie), zu einem Ganzen unter sich verbunden, hat durch eine richtige Anwendung hier ihren ganzen großen Werth sehen lassen. Wenn der Mißbrauch und eine irrige Verwendung derselben, alle taktischen Verhältnisse zerstört, so kann ein General, der das Räthsel ihrer Kraft gefunden, damit das Herrschende vollbringen. Der Zauber liegt theils im tiefer bringenden Wissen, welche Macht die verbundenen Truppen zu Pferd in sich verschließen, theils im Uebergewicht des freien Könnens, diese Macht die Sphären ihrer Wirkungskreise durchlaufen zu machen.

3.) Welche Fehler, oder welches Mißverstehen auch störend den Erfolg zu nehmen droht, : Ober-General erreicht dennoch sein Ziel, wenn

der freie selbstständige Wille nie seine Sphäre
verläßt. Behält das Freie seines Geistes sein
Uebergewicht, und bleibt es auf dem Gleichge=
wichtspunkt der Herrschaft, so werden die Dis=
harmonien des lebenden Organismusses, auch
bald wieder zur Harmonie erhoben. (Zweiter
Exponent Seite 174).

Ende des Feldzugs.

Der Kronprinz von Württemberg brach am 26. März um 5 Uhr Morgens mit der Reuterei auf, den Feind und den Marsch nach Paris zu verfolgen. Von der Reserve wurde er mit 42 reitenden Geschützen verstärkt, um der Verfolgung mehr Nachdruck zu geben.

Von Sezanne folgte der Kronprinz der Richtung der Marschälle auf der sogenannten neuen Straße, die über Esternay und Reveillon nach la ferté gaucher führt, während er den Chef vom Generalstab der Reuterei mit 12 Schwadronen, 12 Geschützen und einigen 100 Kosacken, als Seiten-Kolonne, rechts die Verbindung mit der schlesischen Armee erhalten ließ. Diese Kolonne

traf sich mit einer, zu ähnlichem Zweck von der
schlesischen Armee links entsendeten Kolonne, unter
dem Obersten von Blücher zusammen. Beide
Kolonnen setzten die Verfolgung vereinigt fort,
wobei es jedoch zu keinem ernsthaften Gefecht
kam, da der Feind, ohne Position zu nehmen,
den Rückzug fortsetzte.

Die Marschälle, obgleich nur noch Trümmer
ihrer Korps habend, deren Artillerie zuletzt auf
7 Geschütze beschränkt war, verloren auf diesem
Rückzug nichts von ihrer Entschlossenheit und
Thätigkeit; sie erwarben sich Ansprüche auf die
Anerkennung, die dem Muth gebührt, der bei
keinem Glückswechsel die Besonnenheit verliert.
Zur Ehre aber gereicht ihnen insbesondere das
Manöver, als sie, vom Rückzug über la ferté
gaucher abgeschnitten, sich links in Seitenwege
warfen, und Paris früher erreichten als die Verbündeten.

Vor Paris endete der Krieg mit einer politischen Katastrophe, eben so außerordentlich,
die Geschichte dieser Zeit außerordentlich ist. C

größere Ausdehnung des Kriegsschauplatzes, höhere Veranlassungen, höhere Interessen, größere Massen und schnellere Operationen *), zeigt die Weltgeschichte nicht. Nie stieg ein glücklicher Soldat auf dem Wege der Größe so hoch. Sein Fall hatte Folgen, die sich mit keiner frühern Weltbegebenheit vergleichen lassen. Die Weltgeschichte ist zugleich Weltgericht.

*) Der Verf. war am 14. September 1812 bei der Avantgarde, an deren Spitze der König von Neapel vor Napoleon her, durch Moskau zog, und am 31. März 1814 in der Suite der Monarchen, beim Einzug in Paris. Zwischen beiden Epochen liegen also nur 18½ Monat.

Der

Der Krieg 1815 in Frankreich. *)

Mit einer glücklichen Stärke hatte Napoleon sich von seinem Falle wieder erhoben.

Seine Einschiffung in Porto-Ferrajo und seine Landung in Frejus glückten, weil Entwurf und Ausführung sein eigenes Geheimniß blieb.

Sein Marsch nach Paris versetzte in die Zeit, wo die Halbgötter ihre Wunderthaten vollbrachten. Napoleon entwickelte große Kraft. Sein Geist war nicht schwach genug für ruhigen Besitz.

---

*) Der Verf. war in diesem Kriege General-Quartiermeister der Reuterei des Kronprinzen von Württemberg.

Bismarks Ideen-Taktik.   R r

Ganze Völker haben ihn gehaßt. Sein Weg gieng immer in der Mitte zwischen Haß und Liebe. Der Krieg war seine Schule. Nur im Kriege entwickelt sich die Größe des Mannes. Stärke steht gegen Stärke. Wie könnte ein Heros erwachen, wenn der Krieg ihn nicht bildete — wenn das Herz sich nicht stählte unter den Anstrengungen der Gefahr?

Das Glück trat noch einmal an seine Seite. Napoleon erkannte das Schicksal, welches nach unveränderten Gesetzen regiert, noch immer nicht. Eine große Zukunft schmeichelnder Bilder, that in Hoffnungen sich vor ihm auf.

Nie war der Augenblick dringender unumschränkt zu herrschen, als da er auf den Thron sich wieder gesetzt hatte. Große Crisen bezeichnen den Weg zur Befestigung des Einflusses. Aber das Zeugniß der Garantie fehlte, welche das wechselseitige Vertrauen bedarf. Und so begann jene Fehde mit einer National-Versammlung, wo List nur heuchlerischen Gehorsam sich erkämpfte.

Napoleon mußte einſehen, was ihm noch für Freiheit blieb, bei ſolchen Beſchränkungen. Da die Nation ihm nicht zurückgab, was er früher im Uebermaß ſeiner Macht beſeſſen hatte, ſo konnte ſein Geiſt, der das ihn umgebende Dun=kel zu durchbringen vermochte, bei der Klugheit den Rath holen, den Kampf mit Europa nicht zu beginnen, jenen Kampf, deſſen Ausgang ihn mit Feſſeln und Verbannung umgab. Aber ſein nie erſchütterter Muth gieng der Entſcheidung kalt und mit Trotz entgegen.

Sein ſtarker Wille gab einer Armee, wie durch Zauber, Leben. Die Nothwendigkeit des Siegs erſchaffte Erſtaunenswerthes in kurzer Zeit. Im Gebiete der Heer=Organiſation iſt Größeres nie geleiſtet worden. Die Reuterei, welche Ende März kaum in unbedeutenden Cadres vor=handen war, zeigte Anfangs Juny folgende Stärke und Eintheilung:

a.) die Reuterei bei der Armee in Flan=dern unter dem Oberbefehl des Kaiſers Napolen, belief ſich am 15. Juny 1815 auf

— 20,460 Pferde,

Rr 2

und war abgetheilt:

1) bei dem 1ten Armee-Korps, General Graf
   d'Erlong,
       1te Reuter-Division, Jacquinot,
                   — 1500 Pf.

2) bei dem 2ten Armee-Korps, General Graf
   Reille,
       2te Reuter-Division, Piré,
                   — 1500 Pf.

3) bei dem 3ten Armee-Korps, General Graf
   Vandamme,
       3te Reuter-Division, Domont,
                   — 1500 Pf.

4) bei dem 4ten Armee-Korps, General Graf
   Gérard;
       6te Reuter-Division, Morin,
                   — 1500 Pf.
                   ——————
                           6000 Pf.

5) bei der Kaiserlichen Garde, leichte Reuterei
   unter Lefebvre-Desnouettes,
                   — 2120 Pf.
   schwere Reuterei unter Guyot,
                   — 2010 Pf.
                   ——————
                           4130 Pf.

6) die Reserve-Reuterei, unter dem Marschall
   Grouchy,

   1tes Reuter-Korps, General Graf Pajol,
      4te Division, Soult,

                  — 1280 Pf.

      5te Division, Suberviç,

                  — 1240 Pf.

                                2520 Pf.

Reitende Artillerie 2 Batt. 12 Geschütze.

   2tes Reuter-Korps, General Graf Excelmans,
      9te Division, Strolz,

                  — 1300 Pf.

      10te Division, Chastel,

                  — 1300 Pf.

                                2600 Pf.

Reitende Artillerie 2 Batt. 12 Geschütze.

   3tes Reuter-Korps, General Graf Kellermann,
      11te Division, L'Héritier,

                  — 1310 Pf.

      12te Division, Roussel,

                  — 1300 Pf.

                                2610 Pf.

Reitende Artillerie 2 Batt. 12 Geschütze.

4tes Reuter-Korps, General Graf Milhaut,

13te Division, Wathier,

— 1300 Pf.

14te Division, Delort,

— 1300 Pf.

2600 Pf.

Reitende Artillerie 2 Batt 12 Geschütze.

— 8 Batt. 48 Ges.   10,330 Pf.

b.) die Reuterei bei der Rhein-Armée unter den Befehlen des General-Lieutenant Grafen Rapp, bestand aus

der 7ten und 8ten Division:

nämlich

4 Dragoner-Regimenter,

2 Chasseur-Regimenter,

und

1 Husaren-Regiment,

— 3500 Pf.

2 Regimenter Lanciers der National-Garde,

und

das 6te und 8te Chasseur-Depot,

— 1000 Pf.

4500 Pf.

c.) die Reuterei des Armee-Korps gegen Italien:

— 2400 Pf.

und

d.) die Reuterei des Armee-Korps gegen Spanien:

— 960 Pf.

Total-Summe der französischen Reuterei

— 28,320 Pferde,

und zwar:

a) die Reuterei der Armee in Flandern . . . . 20,460 Pf.

b) die Reuterei der Rhein-Armee   4500 Pf.

c) das Armee-Korps gegen Italien 2400 Pf.

und

d) das Armee-Korps gegen Spanien 960 Pf.
_____

— 28,320 Pf.

Die Rexterei der Verbündeten da-
gegen zählte, und zwar die der 4 Heerptheere in
Frankreich:

— 125,525 Pferde,

nämlich:

1) bei dem niederländischen Kriegsheer
unter dem Oberbefehl des Herzogs von
Wellington,
133 Schwadronen . . . — 13,671 Pf.

2) bei dem niederrheinischen Kriegsheer
unter dem Oberbefehl des Fürsten Blücher,
288 Schwadronen . . . — 43,200 Pf.

3) bei dem Kaiserlich russischen Kriegsheer unter
Barklay de Tolly,
192 Schwadronen

— 28,800 Pf.
9 Kosacken-Reg. — 4500 Pf.
1 Schw. donische
Leib-Kosacken — 100 Pf.
4 Schw. Gens-
d'armen . — 600 Pf.
─────────
— 34,000 Pf.

4) bei

4) bei dem Kriegsheer am Ober-Rhein unter
dem Fürsten von Schwarzenberg,

244 Schwadronen . . . . — 34,654 Pf.

Hierzu sind weiter in Berechnung zu
nehmen:

5) die Reuterei der schweizerischen Neu-
tralitäts-Armee,

— 500 Pf.

6) die Reuterei des Kaiserlich österreichischen
Kriegsheers von Ober-Italien,

— 18,000 Pf.

und

7) die Reuterei des Kaiserlich österreichischen
Kriegsheers von Neapel,

— 8400 Pf.

Total-Summe der Reuterei der
Verbündeten
— 132,425 Pferde.

Das nummerische Verhältniß der französischen Reuterei zu der — der Verbündeten war
demnach wie 1 zu 5.

Der Krieg von 1815 hatte nur eine kurze Dauer. Die Schlacht von Waterloo am 17ten Juny entschied den ganzen Feldzug, und stürzte zum zweitenmale Napoleons Herrschaft.

Dies Ereigniß hatte auf die Armee des Oberrheins den Einfluß, daß sie, ohne die Ankunft des russischen Heeres abzuwarten, den Rhein überschritt und die Offensive ergriff.

Dem Plane des Feldmarschalls Fürsten von Schwarzenberg zu Folge, gieng der Kronprinz von Württemberg am 23. Juny bei Germersheim über den Rhein, und rückte dem General Rapp, welcher das 5te französische Armee-Korps befehligte, entgegen. Dieses Armee-Korps war, nach Plotho, 36,600 Mann stark, worunter 4500 Pferde.

Die Stärke und Eintheilung des 3ten Armee-Korps, unter Kommando des Feldmarschalls Kronprinzen von Württemberg, zeigt die Beilage II.

Gefecht bei Weiſſenburg im Elſaß am 24. Juni 1815.

———

General Graf Rapp theilte dem Kronprinzen die Nachricht mit, daß Napoleon dem franzöſiſchen Throne abermals entſage, womit, wie er glaube, die angefangenen Feindſeligkeiten als beendigt anzuſehen wären. Der Kronprinz, ohne Rückſicht hierauf zu nehmen, ſetzte ſeine Operation fort.

Der Marſch gieng in zwei Kolonnen gegen Weiſſenburg.

Bei Nieder-Otterbach ohnweit Weiſſenburg, traf man den Feind auf den Höhen hinter dem Ottetbache mit einer Brigade Dragoner, einer

Brigade Fußvolk und zwei Batterien, den Ueber=
gang zu vertheidigen.

Der Vortrab, 4 Schwadronen stark, gieng
sogleich, mit 4 Rotten marschierend, durch Nieder=
Otterbach, passirte unter dem feindlichen Artillerie=
Feuer den Bach, und formirte sich unter der
Anhöhe. Mit 2 Schwadronen des 3ten Reuter=
Regiments chokirte man sofort über die Anhöhe
weg, die feindliche Reuterei, während 2 Schwa=
dronen gegen dessen Fußvolk Stellung nahmen,
und zugleich als Soutien dienten. Die zwei
feindlichen Regimenter waren nicht vereinigt.
Das vordere Regiment wurde auf das 2te gewor=
fen, und zog dieses mit in die Flucht.

In diesem Augenblick erschien der General
Rapp mit einem Chasseur=Regiment auf dem
Kampf=Feld.

Der Chok hatte unsere Ordnung unterbro=
chen. General Rapp führte das Chasseur=Regi=
ment selbst zum Angriff vor.

Eine Reuterei, die bei der Verfolgung auf
einen frischen Feind trifft, und keine Reserve hat

deſſen Chok zu begegnen, iſt immer im Nachtheil: wir mußten weichen, und konnten erſt bei
den beiden zurückgelaſſenen Schwadronen am
Otterbach uns wieder herſtellen.

Die übrigen Truppen waren nicht gefolgt
und hatten bereits eine Stunde rückwärts bei Bar-
belroth, ein Bivouak-Lager bezogen. Die Kräfte
waren mithin zu ungleich — der Abend dämmerte.
In dieſer Lage zog man die Schützen vor, und
entfaltete mit großem Erfolg das Syſtem des
E i n z e l n - F e ch t e n s, wo jede Rotte für ſich
mit allen ihren Waffen, insbeſondere aber mit
dem Karabiner ſtreitet, ein Syſtem, welches beſonders in der Defenſive von einer durchgreiffenden
Wirkung iſt. Die franzöſiſche Reuterei konnte
unſerem Karabiner-Feuer nichts entgegen ſetzen,
und zog ſich ſchachbrettartig durch ihr Fußvolk
zurück. Es iſt immer ein Nachtheil, wenn die
Kugel die trifft, nicht zurückgegeben werden
kann.

Das Fußvolk ſandte einen Schwarm Voltigeurs vor, welche aber durch einen Chok der

Schützen genöthigt wurden, sich in Klumpen zu formiren. Unter dem schützenden Feuer ihrer Artillerie, zog auch die Infanterie ab: der Vortrab blieb im Besitz der Ehre des Gefechts und des Terrains, auf dem der Feind Stellung hatte, als das Gefecht sich eröffnete.

Reflexion.

Das Schützen-System richtig verstanden und 'angewendet, zeigte sich hier in seinem Erfolg glänzend. Die Schützen sprangen zum Theil von ihren Pferden, wenn sie einen Schuß thun wollten, schlugen den Karabiner über den Sattel an, und, so wie der Schuß gefallen war, saßen sie, den Karabiner über die Schulter werfend, wieder auf. Des andern Tages fanden wir im Hospital zu Weissenburg, viele schwer Verwundete, und darunter der größere Theil Wachtmeister und Unteroffiziere. Unser Karabiner-Feuer hatte die Franzosen so erstaunt, daß sie der Meinung waren, sie hätten ein Korps von gelernten Jägern, mit Büchsen bewaffnet, gegen sich gehabt.

Gefecht bei Hagenau und Brumpt, am 27. Juni 1815.

———

Nach der Besetzung von Hagenau, traf der Vortrab ein feindliches Chasseur=Regiment auf der kleinen Ebene hinter der Stadt, welches dem Angriff des 2ten württembergischen Jäger=Regiments mit vieler Entschlossenheit entgegen gieng. Während man mit 3 Schwadronen in Front angriff, gieng die 4te Schwadron, über einen Graben setzend, in die Flanke des Feindes. Die Eliten=Schwadron des feindlichen Regiments wurde fast ganz aufgerieben: ihrem Rittmeister aber, in einem einzigen Hieb, der Kopf durch einen Jäger in zwei Hälften gespalten.

Eine halbe Stunde weiter rückwärts, hielt im offenen Felde die ganze feindliche Reuterei

in zwei Linien deployirt, der Ober-General Graf Rapp an ihrer Spitze. Zwei reitende Batterien waren auf und neben der großen Straße, an welche sich der rechte Flügel lehnte.

Der Kronprinz ertheilte sogleich seine Befehle zum Angriff. Die Regimenter, welche noch zurück waren, erhielten Befehl im Trab auf-zurücken.

General Rapp wartete aber den Angriff nicht ab. Als der Kronprinz seine Reuterei vereinigt, und damit, die 4 württembergischen Regimenter in einem Treffen deployirt, hinter jedem Flügel eine Ko-lonne von 1000 Husaren, vormarschierte, war der Feind verschwunden, und nicht mehr einzuholen.

In dieser Ordnung wurde bis Brumpt mar-schiert. Der Ort war durch Fußvolk besetzt, wel-ches ihn vertheibigte.

Die Schützen saßen ab, griffen das Dorf an, und eroberten es. Das Abwerfen der Brü-cken über den Zornbach hinter dem Ort, verhin-derte für diesen Tag um so mehr die weitere

Verfolgung des Feindes, als die eintretende Nacht den Kronprinzen bestimmte, hier halt zu machen.

Reflexion.

Diese kleinen Gefechte enthalten Stoff zu Studien und zeigen ein Benehmen, welches für die Führer von Vorwachen nicht unwichtig ist. Bevor die Nachhut die Wirkungen ihrer Waffen äußern kann, trachtet der Vortrab in einem raschen Angriff sie zu schlagen. Die Schlachtordnung eines Geschwaders, welches dem Heer vorausmarschiert, liegt in der Versammlung und der Einheit der Waffe. Das Schützen-System macht die Vermischung der Waffen entbehrlich. Ein Befehlshaber des Vortrabs muß sein Talent in den verschiedenartigsten Lagen erproben.

Wie vortheilhaft das Schützen-System sich darstellt, wird bei der Eroberung von Brumpt einleuchtend. Es giebt auf diese Weise kein Hinderniß mehr, welches den Vortrab der Reuterei aufzuhalten vermag. Die Geschichte hat diesem System schon Bürgschaft gegeben.

Der Beobachter findet hier von Seiten des Kronprinzen die Methode wieder, deren Vorzüge dieser Prinz im Feldzug 1814 kennen gelernt hatte: der Vortrab ganz Reuterei, unter Befehl des General-Quartiermeisters der Reuterei. Die Truppen werden schwächer, wenn sie zerstreut in der Untermischung sich verlieren. Die Thaten einzelner Abtheilungen verschwinden, wenn sie unter den andern Waffen vertheilt sind, aber die Thaten eines selbstständigen Geschwaders, dem innere Verwandtschaft, Ehre und die Behauptung eines Namens gemein ist, können nie verkannt werden.

Schlacht bei Straßburg am 28. Juni 1815.

(Tab. XXI.)

General Graf Rapp hatte vorwärts Straßburg hinter dem Suffel-Bach in der Art Stellung
genommen, daß sein rechter Flügel sich an die
Ill lehnte, ohnweit der Stelle, wo sie sich in
den Rhein ergießt. Die besetzte Ruprechtsau
sicherte diesen Flügel gegen Umgehung. Die
Dörfer Hönheim, Bischheim und Schiltigheim
waren verschanzt, und mit Festungs-Geschütz versehen. Die Mitte wurde durch das sumpfige Ufer
des Suffel-Baches und das Dorf Suffelweihersheim gedeckt. Der linke Flügel stand auf den
Höhen von Mundolsheim.

Der Kronprinz von Württemberg, entschlossen
den Feind unter die Kanonen der Festung zurückzudrängen, gab folgende Angriffs-Disposition:

„Der Feldmarschall-Lieutenant Prinz Philipp von Hessen-Homburg führt den rechten Flügel gegen die Höhen von Mundolsheim. Der Prinz Emil von Hessen-Darmstadt greift mit der hessischen Infanterie Lampertsheim an. Graf Franquemont geht mit dem linken Flügel über Reichstett gegen die Verschanzungen des feindlichen Zentrums. Die württembergische Infanterie greift Suffelweihersheim an."

„Prinz Adam von Württemberg deckt mit der württembergischen Reuterei das offene Terrain, und den Raum zwischen dem linken und rechten Flügel, und bleibt à cheval der geraden Straße, die von Vendenheim über die Suffel nach Straßburg führt."

„Feldmarschall-Lieutenant Graf Kinsky geht mit dem Husaren-Regiment Kronprinz von Württemberg auf dem äußersten rechten Flügel gegen Oberhausbergen."

„Feldmarschall-Lieutenant Graf Wallmoden wird auf der Straße längst des Rheins über

Wanzenau, den Angriff des linken Flügels unterstützen."

Um 2 Uhr Nachmittags rückten die Truppen aus dem Wald bei Vendenheim zum Angriff vor. Von diesem Augenblick an konnte der Feind alle unsere Bewegungen um so genauer betrachten, als das jenseitige Ufer des Suffel-Baches das diesseitige beherrscht.

Die Disposition des Kronprinzen wurde genau vollzogen.

Graf Kinsky warf den Theil der französischen Reuterei, welchen er bei Oberhausbergen fand, über den Haufen.

Prinz Emil eroberte Lampertsheim. General von Hügel Suffelweihersheim.

Prinz Adam wartete nur auf diesen Augenblick, um mit seiner Division über die steinerne Brücke des Suffel-Baches zu gehen, die eine starke feindliche Batterie 12pfünder vertheidigte. Dahinter hielt mit großen Intervallen zwischen den Brigaden, in verdeckter Stellung bei größte Theil der feindlichen Reuterei, und namentlich die Dragoner- und Chaffeur-Brigaden.

Die Schützen hatten Befehl, jene Batterie in aufgelößter Ordnung anzugreiffen, um den Uebergang der Division zu erleichtern.

Der Kronprinz kam selbst, um den Angriff seiner Reuterei zu führen.

Der Kronprinz flog von einem Flügel zum andern. Jedes Wagstück der Entscheidung sah ihn. Als das Gefecht bei Lampertsheim glücklichen Fortgang hatte, eilte er zum linken Flügel, um den Sturm auf Suffelweihersheim zu leiten. Als er von da zur Division Prinz Adam kam, hatte man die Schlachtordnung so vorbereitet, daß die Angriffs-Bewegung sogleich beginnen konnte.

Die feindliche Reuterei gieng dieser Bewegung, eben so entschlossen als umsichtig entgegen.

Das Wegnehmen der Batterie durch die
Schützen, die sich derselben allmählig bis unter
den Schuß genähert hatten, war das Werk eines
Augenblicks.

Kaum aber kam die Spitze unserer Kolonne
auf dem jenseitigen erhöhten Ufer der Suffel
an, als die feindliche Reuterei sich auch schon
in Bewegung setzte.

Die Breite der steinernen Brücke erlaubte
den Uebergang nur mit halben Zügen. Dieser
Uebergang geschah im Galopp.

Der Feind gieng konzentrisch mit den drei
deployirten Brigaden gegen den Punkt des Ueber-
gangs. Das 4te Regiment war an der Spitze
der Kolonne, und deployirte im Carriere. Als
es formirt stand, machte es einen Chok auf die
Chasseur-Brigade, welche in Front gegen dasselbe
vorrückte. Beide Linien stießen heftig aufeinander. Der Sieg blieb längere Zeit zweifelhaft.
Der Augenblick war kritisch — der Feind im
Vortheil des Bodens, der Zahl und des Manövers.

Es war ein ungleiches Gefecht. Ein unglücklicher Ausgang schien unvermeidlich.

Der Kronprinz wurde durch einen Trupp feindlicher Reuterei umringt, und focht für seine eigene Existenz.

Die feindliche Dragoner-Brigade des linken Flügels wollte den Ausschlag geben, und marschierte im Trab gegen die rechte Flanke des 4ten Regiments. Eine Rechtsschwenkung machend, gab sie sorglos ihre linke Flanke blos; ein Fehler, der dem Feinde verderblich wurde. Die Zeit war kurz. Auf diese blos gegebene linke Flanke dirigirte man das eben auf der Höhe eintreffende 5te Regiment, ohne es deployiren zu lassen, in Kolonne mit halben Zügen, wie es war. Dieser Chok hatte den glänzendsten Erfolg. Er rollte auf. Die dritte feindliche Brigade, mehr rückwärts, wurde in die Bewegung — und mit fortgerissen. Die französische Reuterei wich auf allen Punkten, und wurde bis unter die Kanonen der Festung verfolgt. Dieser Chok endete zugleich die Schlacht. Es war Abend geworden.

Reflexion.

Reflexion.

Diese Schlacht hatte ganz den Erfolg, den der Kronprinz davon erwartete. Dieser Prinz versäumte nie eine Gelegenheit, den entscheiden=den Thaten des Krieges zu folgen. Jedes Ge=fecht ist ein glücklicher Moment im Leben eines Kriegers. Nie ist der Soldat reicher, als wenn er für gelingende Entwürfe bereit ist, sein Leben abzutreten. Nur durch Thaten rettet sich der Name vom Dunkel.

Die württembergische Reuterei hat ihr we=hendes Panier, in vielen Schlachten und Gefechten dieser großen und reichen Geschichtsperiode gehabt. Die Ehre des Siegs liegt oft im Zufall; die Ehre der Tapferkeit immer in uns.

Schluß.

Mit offenem Visir tritt die Ideen-Taktik der Reuterei einher. Thatsachen sind ihre Wiege.

Die Geschichtsperiode, welche diese Darstellung umfaßt, hat sich für immer in die Jahrbücher der Zeiten geschrieben. Von der Geschichte spricht man mit Unabhängigkeit, im Interesse der Sache, nicht der Personen. Zu keinen Rücksichten ist man gegen die Geschichte verpflichtet: nur Wahrheit ist man ihr schuldig. Jede Zeit besteht aus zwei Theilen: dem Schluß einer vergangenen Periode folgt der Anfang einer neuen, und diese neue Periode tritt die Erbschaft der vorübergegangenen an. Daher ist es so wichtig

und folgereich, das Inventar zu prüfen, um
zu erkennen, wie der Nachlaß zu verwenden ist.

Die Schlachtordnung früherer Zeit, vereinigte die Reuterei in großen Massen auf die
Flügel; jeder Flügel hatte seinen Oberbefehlsha-
ber. Die fortschreitende Kunst der Schlachten,
hat der Reuterei das ausschließende Privilegium
der Flügel=Stellung entzogen. Sofort entstand
bei kleinen Feldherrn die Verlegenheit, was mit
der Reuterei nun anzufangen sey! Aus dieser
Verlegenheit zogen sie sich durch eine Zersplitterung der Reuterei, indem sie die auseinander
gerissenen kleinen Theile, auf der ganzen Schlacht=
Linie theils unter das Fußvolk mischten, theils
hinter solches als H ü l f s = W a f f e stellten.
Von diesen kleinen Feldherrn datirt das kleinliche
Verhältniß einer H ü l f s = W a f f e. Die Eifersucht, und der Mangel freier Erkenntniß, unbekannt mit dem Zwecke der Reuterei, machte
daraus einen unbegriffenen Lehrsatz, welcher in
taktischen Büchern nachgedruckt wurde. So erlosch
mit dem Andenken ihrer Thaten, die Einsicht
einer bessern Bestimmung der Reuterei. An

It 2

eine höhere Entwickelung wurde nicht gedacht. So schnell gieng der Fall einer verblendeten Einbildung, daß Friedrich II. kaum ausgelebt hatte, als auch bereits mit der Form seiner Taktik, eine Taktik, die ganz Europa angenommen hatte, der Geist derselben weggeworfen wurde. Das hieß mit dem Bade das Kind ausschütten. Die Reuterei hatte aufgehört den Rang der Exponenten zu haben. Coefficient, d. h. Hülfs=Waffe nur war sie noch. —

Napoleon regenerirte die Ideen über Kriegs= Systeme, woraus ein langer Friede, und kleine Feldherrn allen Geist gezogen hatten.

Napoleon, voll Achtung für die Reuterei, gab ihr den Rang zurück, den die Geistlosigkeit ihr entzogen hatte. Durch Vereinigung führte sein bleibender Wille diese Waffe über den Raum des hinweggesunkenen Kleinen, dauernd empor zur Größe. Mit Thaten lohnte sie den Wachs= thum, den sie ihm verdankte.

Napoleon führte die Reuterei in die Organisation der Reuter-Korps. Auf dieser Bahn nur kann sie ihre Entwickelung finden. Hier liegt die Gesetzgebung, auf die sie sich stützen muß.

Im kühnen Fortgang muß die Ideen-Taktik sich zur Verbindung von drei Reuter-Korps (30,000 Pferde mit 120 Geschützen), zu einem Ganzen, unter einem Marschall erheben. Dies zu ordnen, das Erkannte festzusetzen, die taktischen Schlachtordnungen zu entwerfen, ist die Arbeit einer andern Zeit.

Unterdessen daß der Geist damit beschäftigt ist, der Reuterei eine Zukunft fester Grundsätze zu gründen, stützt man diese Zukunft auf das Geschehene einer großen Vergangenheit.

Wie die Reuterei auf dem Aktivstande dieser Vergangenheit stand, ist in praktischen Beispielen gezeigt worden.

Je nach der Erkenntniß und Anwendung der Inventur wird der Ruhm und der Gewinn der Thaten seyn, den die Reuterei, in einer künftigen Zeit in Aussicht stellt. Die Bahn zum Rennen ist eröffnet. Der Held drängt kühn voran, der Schwächling bleibt zurück.

Nach den Erfahrungen, aus denen die Lehre entsprungen, muß sie auch vollzogen werden.

Die Zersplitterung, die Trennung des groß Vereinigten, würde die Reuterei nur auf eine Laufbahn setzen, auf der sie die höhern Thaten, welche Schlachten entscheiden, niemals finden kann.

Selbst der Zauber eines Namens, so groß auch sein Einfluß ist, kann den Angriffen keine Bürgschaft geben, wenn diese Angriffe, zerstreut, in getrennter Ordnung unternommen werden — wenn die Zersplitterung ein stehender Grundsatz wird — wenn die Reuterei permanent zu dem sekondären Verhältniß der Coefficienten degradirt ist — wenn sie keinen Chef hat, welcher als die Seele des Ganzen, an ihrer Spitze steht.

Vor dem Blicke eines großen Feldherrn legt sich der Sturm schlimmer Leidenschaften, und dunkler Vorurtheile.

Das Inventar wird für ihn nicht todt bleiben. Mit dieser Hoffnung steht man beruhigt vor dem Spiegel der Zukunft.

Nicht die Macht des Befehls, dessen Erbtheil nach geendeten Diensten entzogen wird, sondern der Einfluß, und das Zutrauen in einen Rath, der selbst da gesucht wird, wo man keine Dienste geleistet hat, ist Belohnung.

Beilage I. zum Feldzug 1814. Seite 443.

Eintheilung der Reuterei unter Kommando des Kronprinzen von Württemberg im Gefecht bei Fère-Champenoise.

Leichte Division:

General-Lieutenant Prinz Adam von Württemberg.

Das Kaiserl. österreichische Husaren-Regiment Erzherzog Ferdinand	4 Schw.
Die Königl. württemb. Jäger-Regimenter zu Pferd Nro. 2. 4. u. 5. jedes zu 4 Schw.	12 „
Das Königl. württ. Dragoner-Reg. Nro. 3.	4 „
	— 20 Schw.

Kaiserl.

Kaiserlich Russische leichte Division:

General-Lieutenant Graf v. Pahlen.

Grodnoisches Husaren-Regiment .	6	Schw.
Sumzsches Husaren-Regiment .	6	„
Oliopolchsches Husaren-Regiment .	4	„
Lubnysches Husaren-Regiment . .	4	„
Tschujugewsches Ulanen-Regiment	6	„

— 26 Schw.

5 Kosacken-Regimenter.

Kaiserlich Oesterreichische Küraffier-Division:

Feldmarschall-Lieutenant Graf von Noßiz.

Küraffier-Regiment Lichtenstein .	6	Schw.
Küraffier-Regiment Kaiser . . .	6	„
Küraffier-Regiment Constantin .	6	„
Küraffier-Regiment Sommariva .	6	„

— 24 Schw.

Kaiserlich-Russische Kürassier-Division:

General-Lieutenant von Kretow.

Katerinoslawsches Kürassier-Reg. .	4	Schw.
Astrachansches Kürassier-Regiment	4	„
Gluchowsches Kürassier-Regiment .	4	„
Plesskowsches Kürassier-Regiment .	4	„
	— 16	Schw.

zusammen — 86 Schw.
und 6 Kosacken Regimenter nebst 27 reitenden Geschützen.

Beilage II. zum Krieg 1815. Seite 482.

Drittes Armee-Korps der Armee vom Ober-
Rhein in dem Krieg 1815 unter dem Feldmarschall Kronprinzen von Württemberg.

Reuterei:

Das kaiserl. österreichische Husaren-Regiment Kronprinz von Württemberg	12 Schw.
Die württembergischen Jäger-Regimenter Nro. 2, 4. und 5. und das württ. Dragoner-Regiment Nro. 3. = 4. Regimenter à 4 Schw.	16 Schw.
	— 28 Schw.

Reitende Artillerie:

2 württembergische Batterien . .	12 Gesch.

Fußvolk:

Königlich Württembergisches . .	22 Bat.
Kaiserlich Oesterreichisches . . .	14 „
Großherzoglich Hessisches . . .	10 „
	— 46 Bat.

Artillerie:

2 Batterien 12pfünder . . . . 12 Gesch.

4 Batterien 6pfünder . . . . 24 „

2 Brigade-Batterien . . . . 12 „

— 48 Gesch.

Eine Pionniers-Kompagnie.
Provisorisch wurde dem Armee-Korps
des Kronprinzen von Württemberg
noch zugetheilt:

Die Division des Kaiserlich österreichischen Feldmarschall-Lieutenant, Grafen Wallmoden-
Gimborn, bestehend aus

5 Schwadronen Dragoner,

10 Bataillone, und

1 Batterie 6pfünder.

Das dritte Armee-Korps war also
im Ganzen stark:

Reuterei . . 33 Schwadronen,

Fußvolk . . 56 Bataillone,

Artillerie . . 66 Geschütze, und

Pionniers . . 1 Kompagnie.

Zur Berennung der Festungen wurden verwendet: 6 Bataillone.

Lightning Source UK Ltd.
Milton Keynes UK
UKHW011820281118

333023UK00010B/651/P